U0070679

面相筆記。

沈氏相法系列

沈全榮 主講　朱文秀 摘記

目錄

一、編者的話

　　面相好好玩，它雖不入流，但在華人社會裡，卻流傳了二千多年而不衰，從過去的古神祕文化，到當今逐漸成為「認識自己，見相識人」的一門顯學。有趣！老沈不學無術，業餘自學面相，無師自通，面相研究純屬無心插柳，柳卻成蔭。

　　老沈30餘年來，從免費看相、免費教學、及應經紀人公司、救國團台南學習中心、成功大學企管系、南榮科大等邀課，開起面相探索的人人旅程，直到兼任崑山科大講師，再到自己開班授課，並開設臉書社團「愛上面相棧」，過程雖然辛苦，但玩味其中，樂此不疲。

　　這一路走過來，承諸多學生迴響說：把面相帶入生活、運用於工作、用在風險管理、融入社群交際，還有用於認識自己，改變自己，提升自我能量等，大家才發現，面相真的實用又好好玩！

　　本面相筆記承蒙門生朱文秀小姐，就老沈過去上課內容，重點摘記，多次校稿，本書才得以二刷問梓，特此致謝！

　　老沈不揣簡陋，沉浸在面相世界裡數十年，自認才疏學淺，又，面相之學，浩瀚無邊，因此，本面相筆記缺漏難免，尚祈各位先進方家，匡闕補漏為禱！

沈全榮／老沈
謹識於屏東車城・好林居

二、作者簡介

※ 國立中山大學碩士畢業
※ 曾任國立成功大學事務組組長、採購組組長
※ 曾任國立成功大學企業管理學院管理師顧問班面相學專題講座
※ 曾任國立成功大學濟命學社社團指導老師
※ 榮獲教育部2012年全國大學院校特優社團指導老師獎
※ 曾任南榮技術學院進修推廣班面相學講師
※ 教育部合格講師〈講字第○九六○○五號〉
※ 曾任崑山科技大學進修部兼任講師首開『中國相人哲學』課程
※ 曾任救國團台南市社教研習中心應用面相學班講師
※ 曾受邀廈門大學專題演講（2012年）
※ 臉書社團「愛上面相棧」版主

三、開場白

　　人類的面貌五官隱藏著自己生命中的氣性才能，基本上有其脈絡可尋，《太清神鑑》云：「是以古之聖賢，察其人則觀其形，觀其形則知其性，知其性則盡知其心，盡知其心則知其道；觀其形則善惡分，識其性則吉凶顯著。」

　　世界上未開發的土地，不在非洲，也不在大陸，而是在你帽子底下的那張面孔。俗話說：「不識貨請人看，不識人慘一半。」索羅門王曾留下一段名言：將你所得的一切，去換取一個「瞭解」這兩個字。第一瞭解自己，第二瞭解你周遭的人。要瞭解自己，瞭解你周遭的人，面相學就是「認識自己，見相識人」的捷徑之一。

　　面相學是中國哲學的一支旁系，我們稱它是中國古神祕文化，它蘊藏了中國哲學三大主軸：

1、以儒家思想為中心，敬天畏地，順天而為，以四維八德為綱常，強調君君、臣臣，父父、子子，自我角色的扮演，並以家為單位，人人父慈子孝，個個兄友弟恭，建立富而好禮的社會。簡單的說，是以仁愛為本，德行為風範，講求群己關係，再擴大到大同世界。

2、有道家思想與技巧，道家崇尚自然，談明心見性，逍遙自在，與世無爭，追求精神層面更勝物質享樂，以有所為，有所不為，發展出黃老之術；並以煉丹治病，發展出中醫診病之岐黃之術，及衍生出陰陽五行之說。

3、有佛家的出世思想，如前生今世，因果輪迴論；善有善報，惡有惡報，不是不報，只是時候未到。佛家談四大皆空，與萬法歸宗，一切法都是在度化眾生，勸人諸惡莫作，眾善奉行，皈依持戒，教化斷惡念，行善因，得善果，以今生之修行去除業障，精進增上，證得無上正等菩提，或回歸西方極樂世界。

中國面相術三十六部位與十二宮位的命名，與許多的休咎立論條則，無不隱約的在反映這三大思想體系。

面相觀人術過去被指摘是江湖騙術，這說法並不正確。因為我們沒有深入對它暸解，當你深入探索面相的領域，你會發覺到，相術能在中國流傳二千多年，還不退燒，且逐漸成為一門顯學，當然有它的道理所在。

別以為面相之學不入流，但它卻是老祖先智慧的結晶，其實它蘊藏著很多人生哲理，它過去是隱學，現在與將來將會是一門顯學。面相學是門實用之學，絕非是江湖騙術。它的存在價值，不容自稱優秀子孫的我們，攀摘詆毀它，如果輕易忽略它存在的價值，損失的是自己，絕非是極富智慧的老祖先。

研究面相，主要在讓我們知道臉上符號，解讀符號休咎、流年，進而認識自己的生命曲線，掌握自己人生的方向，活出自己生命的色彩。

不識貨請人看，不識人慘一半。學習面相，旨在認識自己，見相識人，從自覺性的認知，以行動改變自己，提升自我，實現真正的我，並運用於工作與生活上，再回饋於社會……。

面相之學平民百姓要懂它，做生意的要擁抱它，追求成功的你我，不能沒有它。為政當官的更需要辨才識人，為團隊舉才。如諸葛亮以相治國，見魏延腦後有反骨，設暗細監視，防止軍事叛變案；如唐朝郭子儀以面相觀察待斬的李白，直認定李白是個人才，救了李白一命。這些故事流芳迄今。

曾國藩是中國歷史上，將相術運用在國家治理最為成功的人。文人的他出將入相，只因他能知人善任，舉凡文臣武將皆由其遴選拔擢，其所拔擢人才都是國之棟樑，國之俊彥，故立功、立德、立業之曾氏名留青史，無不是拜相術之賜。蔣介石、毛澤東皆想學曾國藩之知人善任，故蔣、毛兩人都奉曾氏為師。

學面相的作用，除了給自己自覺性的啟發，同時運用在生活中，

可自我健康管理、智慧的提升、與個性的改變。藉由自我的改變，縱不能大富大貴，至少可趨吉避凶，持盈保泰。

四、何謂面相學

　　面相學是依據五官長相符號，及其外在言語行為，綜合探索其人之吉凶福禍，富貴顯愚等；再採以流年法，預測其什麼時候，會應發什麼事咎的的一門學問。

1、面相是生理與心理交會活動結果，反射在臉上之符號，解讀符號推論休咎。
　生理：五臟（肝、心、脾、肺、腎）六腑之運作。
　心理：身心交瘁、壓力、情緒不佳等，刺激腎上腺素、副交感神經與生理互相碰撞，結果傷及（影響）五臟六腑之正常運作。如長期處於高度緊張情況，遲早會衍生出其五臟器官的病變。

2、面相分二個層面：（1）生理。（2）心理。
　生理：五臟對應五官，五官長相與五臟互為表裡，有甚麼五官長相，就會對應出五臟的運作功能；斑紋痣痘痕都是生理病變的外顯。
　心理：心理源於觀念，觀念對了，觀念指導著行為，觀念能控制情緒。
　心理歡喜，則壓力小，使人體五臟六腑之運作正常，表現在臉上就是喜悅、氣色好、眼神好。
　心理不快樂，就會在臉上五官會留下記號，如不好的眼神、不好的氣色。
　因此，基本上一個人是有兩種長相：一種是生理上的「物理長相」，一種為心理的上「精神長相」。

　　眼睛會說話，眼睛所說的話是世界共通的語言。
　　眼睛與氣色：包括了生理物理長相，也涵蓋了心理上精神長相。

身體健康愉悅，會表現出眼神安逸。兩眼神足、神定、神惠，且氣色明亮。

身體生病、壓力大，則顯現出兩眼無神。兩眼神弱、神耗、神濁、凶露，且氣色暗沉。

若處於長期壓力下，則黑眼珠會有藍色光環，氣色不亮。

面相學主要元素：

五官：眉、眼、鼻、口、耳。

五官周邊：如額、下巴、懸壁、命門、天倉、人中等。

違章建築：指斑、紋、痕、痣、痘、疤。

氣色：分青赤黃白黑，黃為正色，氣為表色為裡，氣色是生心理運作的反射。

聲音：聲音隱藏無數的命運密碼，會反映出健康、智慧、個性與社會的位階。

行為：行為會反射內在的氣性才能，解讀行為可解讀吉凶福禍。

流年：通用之流年法有75部位流年法與九執流年法。

所謂流年，是根據面相流年部位的符號，推斷何時之年或月，印證會發生甚麼事情。舉例來說，28歲流年在印堂，印堂相理好，28歲論吉，反之論凶。

案例

如：王※紅聲音粗濁，雖然宏※電股票曾居高不下，但王流年56歲後，公司營運恐將見瓶頸，不樂觀；直到65歲過後，恐怕會無疾而終，這就是相理與流年的交互運用例子。

如：有些女人家說話雄聲焦烈、語湍而嘶，流年入56歲，家運見挫而不自知。如果能改變說話的音質、音速與音量，傷害就能減半。但又有幾人明白個中道理，因為只要改變自己，就能美夢成真，就能改變流年的宿命窠臼。

總之，面相是將五官加違章建築，加氣色、聲相、行為與流年等，整合起來，藉由有條理有系統的分析，做出吉凶福禍、富貴顯愚的歸納，辨別所謂命運的好與不好。

因此，我們可藉由面相學習，看清自己的面相，自我反省，由知而識，識而悟，悟而行，掌握自己生命的方向，活出屬於自己的生命色彩。

五、面相發展源起

1、相獸之興演

　　古代諸侯征戰，需壯牛、戰馬、悍兵強將，故有選戰馬壯牛專家，如王良、伯樂等人，「相獸」行業隨之興起。牛馬是動物，兵將也是動物，鑒於人畜骨骼與生理，兩者相通，因而，隨之而起的是將選獸的技巧，運用在選兵擇將的相人術上，結果，相人術因此獨自演化成更精進的相人技巧。所以，相術最早是由相獸技巧發展演進而來。

2、中醫之創發

　　中醫始於春秋戰國，是由道家煉丹發展出一套藥理系統，同時相獸技巧的開發與臨床實驗，歸納出「視其外應，以知其內臟，則知其病。」簡單的說，就是藉由人臉上的或符號察知其病之所在。

　　診病四道程序：望、聞、問、切。

　　望：眼觀；望以眼觀，觀而知之謂之神。觀五官、氣色，介入病
　　　　症之所在。

　　聞：聞聲；聞以耳占，用耳聽其回答問題、聲音、語氣來論病症
　　　　之所在。

　　問：問於口審；用嘴巴問病況。

　　切：切以指參，用手指把脈。

　　中醫為人看病，診斷出人之疾病健康，再而改變人之生理健康，延長壽命。有趣的是，中醫望診病症之技巧，卻被相術家巧妙借來利用，相術家把中醫的望聞問切之診病技巧，化為觀察面相的技巧，運用在斷人吉凶休咎，福禍顯愚。

　　自此後，醫相同源，但面相更進一步的，將中醫之理論，計量其人健康能量，並運用發展在人生方向，及事業的指迷上。用健康之好壞，將之轉換成生理能量大小，以推測其人吉凶禍福，再據以追求富

貴極大化之類比的因果關係。

　　舉例來說：

　　身體健康能量大，則工作時間長，活動範圍大，有用不完的體力，追求富貴容易，可以推定昌吉。

　　體弱多病能量小，則工作時間短，活動範圍限縮，休養服藥，離富貴遠，主貧病。

3、巫師解卦：無形創發面相

　　古時家廟、宗廟為提供諸侯、君王做決策及征戰求神問卜之處。廟中有解卦之巫師、師爺，依據祭祀燒出之龜殼紋路，據以判讀吉凶禍福。最後有聰明又偷懶的巫師，僅憑觀察問卜者之氣色，不用殺龜祭拜，就能據以論斷吉凶禍福，且每言必中。因此，以氣色斷吉凶，是經驗值的累積，且有其一定之準確度，所以氣色臆測吉凶福禍，廣被古代相術家所採用。

4、政策助長

　　西漢董仲舒罷黜百家，獨尊儒家，事實上他尊儒家，卻大談陰陽五行〈春秋繁露一書〉，無形中鼓勵陰陽五行之研究。

　　東漢王充為陰陽五行家，他認為命為天地，命為父母生你當下已注定吉凶，命既是命定，命是不可變的。

　　在人相術的發展上，王充加入骨相。他說：看器皿知功能，見骨相知天賦使命，故觀骨相即能視其性，知其才，並推斷出富貴貧賤，與未來命運發展。又，漢朝末年，劉邵提出人倫鑒識「人物誌」之作，談適性適才，知人用人，故以相鑑識人才，一時蔚為風尚。

5、科舉制度：另類影響，意外創造相術行業

　　隋唐開啟科舉制度，拔擢人才，納為官僚體係，然粥少僧多，一些落榜學子無顏返鄉，逍遙山水間，或客居貴族門閥，充當食客策

士。

　　古代讀書人，基本上皆懂山醫命相卜，潦倒學子為三餐，幹起專業命理師。這些讀書人還藉著筆端，寫起了五術書籍，且廣為流傳；面相在這些落榜學子推波助瀾下，便成為中國民間深層的次文化。

　　以上是中國面相發展過程的說明。

六、面相之實用性

1、求職、投資、選老闆與部屬或交朋友，面相可以提供參考。

好的老闆與壞老闆，好部屬與惡部屬，用面相可以做為判斷的依據。

一個好朋友賽過手足兄弟，分辨香花與毒草，用面相切入，一眼就能辨別。

氣色不對，則財帛相理不理想，如果投資就是肉包子打狗，有去無回。

王羽：倒三角臉加額高寬凸，故年少早發，民國54年片酬就高達新台幣100萬元，當時台北市西門町每間約10萬元。然而中年41歲發生杏花閣槍擊案，開始走下坡，一路挨打。

孫越：正三角臉，48歲以老莫的春天一炮而紅，片酬由每片新台幣500萬漲至NT2000萬元後，晚年從事慈善事業，回饋社會。

請問？如果要選擇老闆，你要孫越還是王羽？你能辨識出誰才是績優股的老闆嗎？

2、婚姻擇婿選媳會影響你（妳）的一生，睡對人太重要了！

結婚要看親家門風，結婚容易，要退貨就不容易，既傷感情、錢財，又傷面子。

下巴為子女之舞台，父母下巴影響子女之中年運。

親家下巴像許水德下巴，或周遊阿姑的下巴，子女、媳婦會有很好的日子可過。

閩南話說：做田看田底，娶媳看娘勒。選婿擇媳就是看親家母的

下巴。

　　擇婿選媳，面相十字帶區可以是重要的參考點，選對了對象，睡對了人，攸關自己一生的幸福，印寬、鼻起、神足、聲清為優，反之則否。

3、分析與歸納己身及相關人之命運軌跡。

　　相關人指的是：配偶、父母、子女、兄弟姊妹。

　　額寬高，則年紀輕輕即有一番作為，又能昌旺父母。

　　已身大小眼（流年35-40歲，剋婚姻）＋鼻歪（流年41-50歲）：37-50歲辛苦，婚姻必有一剋，且事業必有一損，命運流年曲線圖會說話。

　　已身鼻相就是你的事業，鼻相破陷，就是不能合夥投資，中年就是要保守。下巴受傷，對子女與部屬就是要包容，並預作晚年的生涯規劃。

　　兄弟手足眉形特好＋父母下巴飽滿＋老婆鼻高寬挺，你就可以大膽衝事業。

　　以上這些都是面相的符號，也是命運的軌跡，你看懂了嗎？

　　為何看本身及相關人之相，可以劃出自己與他們的命運軌跡，這在面相上，我稱它為「推論與反推論」，這是沈老師面相研究的創發。因為至目前為止，面相界還沒見到有這方面的論述。

　　舉例來說：

　　小孩長相反推父母行運，如以30歲為一代，父親（30歲）事業做得很好，但小孩額低、受傷＋髮際線不平整，則小孩流年15-30歲間，父親45歲事業婚姻會開始走下坡，至60歲才有停損點。

　　自己面相正常沒問題，但事業不順，則可能是太太鼻樑低陷或兄弟姊妹眉毛長相不好有關聯。

自己面相符號不好，相關人如父母、兄弟手足、配偶、子女，相對的他們面相也會存在不好的符號，意味他們的運勢也會局部不好。

舉例來說：額頭低窄、受傷、亂紋，父母中停必有破陷。

事業好，表示親人相理佳，必有父母下巴飽滿，子女額美、膚白，兄弟姊妹眉相好，配偶印堂開闊，太太鼻樑骨高肉實。男女同論。

再強調：

父母地閣下巴內縮，己身中年運不佳。

配偶鼻樑低陷、歪斜不正、傷痕，己運不佳。

子女髮際低窄，受傷，父母時運不濟、婚情不穩……等等。

兄弟姊妹手足眉毛：疏、散、亂、斷，都會對應影響到己身之行運。

4、可以做危機管理預作趨吉避凶之準備。

如果天氣可以預測，颱風可以預測，人的當下或未來的吉凶事咎，也可以藉由臉上重要符號作預測。預測生理疾病，預測婚情，預測事業，預測風險等。

眼睛有大小眼，眼神外露，三白眼，或耗弱無神等相理，最容易出意外。

氣色黯濁不亮，諸事不宜，是病態也會意外頻仍。

印堂烏雲罩頂，就得要放鬆心情，大大玩樂個幾個月，因為這是極為不好的徵兆。

人之疾病，會以痣、斑、紋、痘、疣、棘與氣色，出現在五臟與五官相對位的穴上。如鼻準長痣斑，主腸胃疾病。

誰懂得面相的觀察，就會在意自己的眼神與氣色，提點自己，改變自己，才能趨吉避凶，持盈保泰。

七、面相研究主題

（一）健康

最原始賺錢的本事在健康，在體力、勞力、耐力。

富貴到貧窮僅一線之隔，此線即為健康。

我等皆追求富貴之極大化，沒有健康就失去一切，健康是唯一。

所得：本身對社會的付出，社會所給的對價回饋。

沒有健康，則賺錢能力遞減，所得會逐漸遞減，因為沒有健康，其他一切都不用說了。

假設健康是一，一分耕耘會有一分收獲，如果健康是0.8、0.6、0.4……，一分努力未必會是一分收獲。

所以健康才是追求成功、追求富與貴的第一關鍵。

（二）個性

心理、生理交會活動，反射在行為之表現是為個性。

行為造面容，心理造眼神，五官長相為個性之反射。

個性決定了你人生競賽的分組，勝利組的人，都是贏在有很好的個性。

看面相可解說個性。

膚黑：較懶散。膚黑＋胖：懶散。

膚特黑又胖：很少看到是有錢人，所以貧困者見多，只因這類形人懶散不積極。

膚白：較有潔癖。

膚特白且瘦：有潔癖，追求極端完美。

眼睛柔和，個性隨和；眼睛神凶，個性偏激。

眼睛呆滯、飄浮、睜露，則沒安全感，情緒陰晴不一，因此個性不穩定。

王雪紅：聲粗＋額痣（印堂痣，曾點掉，又長出）；喜穿長褲，56歲事業開始走下坡，晚年56-64歲一路挨打。陰陽顛倒，應少說話，說話盡量輕柔，不要在螢光幕前說話；改穿裙子，可以局部改變劣運。

相理分析：

1、女生雄聲，個性爭強不服輸，要扛家庭重責大任；流年入56歲見困。

2、女生宜柔不宜剛，不宜男性裝扮，適度改變穿著，可以化剛為柔。

女：屁股無肉，家運差，需穿喜氣之衣服、裙子，可改變晦運。

內弓牙：天地交戰，隔開天地為舌頭，因此應少說話，避免惹事生非，招來厄運。

陳水扁先生是內弓牙，個性爭勝不服輸，56-64歲之流年，不順暢，是個性的問題。

一樣米，養百樣人。差異在每個人的個性不盡相同，所以蘇格拉底說，個性就是命運。

以上是沈老師對個性簡單的詮釋。

（三）智慧

智慧是指解決問題之能力，正向影響別人，與被尊崇學習的對象。

聰明可以自利，但有智慧才能解決自身、多人、群體所衍生之問題，自利利他，所以智慧要高於聰明，也比聰明重要。

智慧需靠平時自覺，一般會隨時間與年齡而增加。所謂：前事不忘，後事之師。他山之石可以攻錯。以別人的故事啟發自己的心，由

自己的心去證悟自己的性，此即佛家所謂的「福慧增生」，與儒家的「吾日三省吾身」，從量變到質變，由此產生能量，能量從眼神與器宇自然會呈現出來。

媽祖神像讓人望之有安定感，這是普世所認知的慈悲與智慧之眼神。

可憐之人必有可憐、可議之處，可憐相從眼神會反射出來。

研究面相就是由自己周圍之問題去探索，再開創本身高能量之意境。

快不快樂看眼神；飆車族，眼神凶惡；能量愈大，可做大事業；能量愈大，活得愈快樂。

大領導者、大企業家都有過人的大智慧。

決策者要有領先觀察、捷足先登、發表論述的能力，這就是聰明與智慧。

健康＋個性＋智慧，就是能量，能量不是恆定的，能量會因健康、個性與智慧變動而變動。如健康滑落，個性不變，智慧趨下，能量會由上往下變低。反之，健康、個性、智慧提升，能量變大，就能接近成功。

面相為檢視能量大小的一門學問，它是科學性的。

君：決策領導者。能量特大，占群體比例約5%。

臣：高階管理或獻策者。幕僚長、總經理。能量大。占群體比例約15%。

佐：動口也動腳之管理者。組長、科長，能量稍大。占群體比例約30%。

使：差役，只有動手動腳，不動腦筋、動嘴巴，能量小。占群體比例約50%。

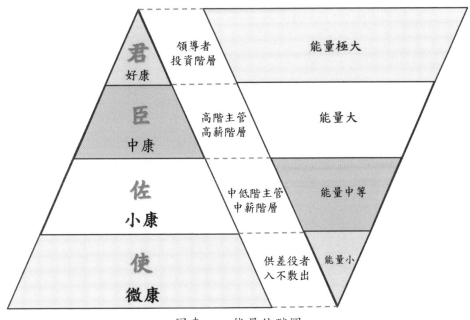

圖表一・能量位階圖

小結：

命定：天生受限，難以改變。如五官、膚色、先天疾病、遺傳、父母
　　　等；只能認命。

造命：自覺性自我認識，認識自己是知的功夫，改變自己是行的功
　　　夫。

　　　個性就是命，個性不改，就脫離不了宿命論；修身養性可以改變
個性，個性改變，命運就大不相同。

　　　命理諮商師僅能給方向，能改變自己的，是自己跟醫生。

　　　運的改變需靠自己，靠自己省思與行動去實踐，光說不練，誰也
幫不了你。

　　　健康出問題，要找醫師循正常醫療程序醫治，所以醫生能提升你
的健康，延長你的壽命。

　　　只要健康、個性、智慧能量穩定地提升，就能持盈保泰，改善生
活品質，反之則否。

八、面相理論根據

面相四大依據：生理、心理、遺傳、統計（經驗法則）。

（一）生理學

人之五臟與五官互為表裡，所謂有諸內必形之於外；外指的是五官長相，斑紋痣痘痕與氣色。

五臟與五官的對應穴位如：

肝－木（青氣色）：眉毛外側鼻樑偏側、左顴骨，與這些部位的斑紋痣痘痕，及臉色泛青氣色。

心－火（赤氣色）：山根、印堂，紅色會透光（其他顏色不會透光），與這些部位的斑紋痣痘痕，及臉色呈赤氣色。

脾－土（黃氣色）：鼻準、準圓，與這些部位的斑紋痣痘痕，及臉色泛黃氣色。

肺－金（白氣色）：眉頭、印堂、顴骨，外鼻翼，與這些部位的斑紋痣痘痕，及臉色泛慘白氣色。

腎－水（黑氣色）：耳、眼瞼、人中生殖系統，與這些部位的斑紋痣痘痕，及臉色呈黧黑氣色。

生理健康，臉上五官符號會通風報信。

舉例來說：

* 印堂長痘，心火旺，表示虛火上升，心臟虛火旺，係勞累過度。女生則可能是生理期來潮，須多休息。

* 高血壓：臉會潮紅，印堂赤紅而亮，上、下眼瞼偏紅，耳朵微血管清晰可見（透明可見）。

* 血管動脈粥狀硬化，中風，心肌梗塞徵兆，印堂有直紋、山根有橫紋，耳朵會出現皺褶斜紋。

* 女：人中附近多痣，是婦科暗疾的表徵。

生理氣色：

　　氣色來自五臟運作是健康表徵，有好的身體才有明亮潤澤的氣色。因為氣色是五臟運作的反射。

　　氣色簡分：

　　　　肝屬木發於青藍，臉色泛青，情緒失調主肝病。

　　　　心屬火發於紅赤，臉色潮紅，心悸失眠主心病。

　　　　脾屬土發於黃，臉色枯黃，消化不良主脾病。

　　　　肺屬金發於白，臉色慘白，代謝不順主肺病。

　　　　腎屬水發於黑，臉色泛黑，分泌異常主腎病。

娃娃相法解說：

　　娃娃相法：娃娃相法命名源自蕭湘居士，係以五官長相對應之五臟六腑，以簡易方式檢視於健康，包括五官運作功能之強弱。

　　娃娃相法係旨在看論健康、生理、性器官、性功能之簡易方法。

　　娃娃相法、小人相法兩者詞義相通。小人相法是日本人歸納出來一粗俗、不入流的名詞，因此不用。

　　倒娃娃相法與娃娃相法名異實同，都是在看生理健康。

娃娃相法五官標示與五官對應如下（詳附圖）：

　　額頭對應頭部，主頭痛症疾。

　　印堂對應頸部，主肺、喉嚨、支氣管功能。

　　兩眉毛對應手部，主手力道、手勁功能。

　　山根對應心臟，主心血管功能。

　　鼻子年壽對應肝肺，主脊椎功能。

　　鼻準對應腸胃，主脾胃功能。

　　人中對應生殖器，主男生腎氣、女生婦科功能。

　　法令紋對應雙腳，主泌尿運作功能。

　　髮尖、額受傷：年少常偏頭痛。

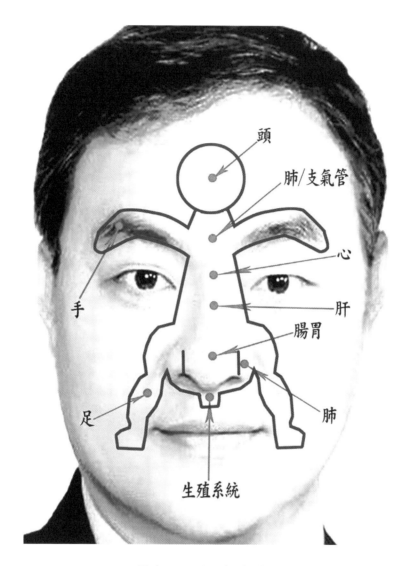

圖表二·娃娃相法圖
娃娃相法代表的內臟部位

娃娃相法個別相理解說：

髮尖額傷會偏頭痛，因此沖剋思維系統。

　　髮際線不平整、髮尖或額頭有傷至額骨：易有偏頭痛。

　　任督二脈在子午線交會，因受傷致交會不順暢，因此中午需睡午覺。若睡不好，則情緒穩定度不好，會有抗上、躁動等現象，這與頭痛生理有密切關聯性。

　　印堂：兩眉間，主肺、心。

　　眉頭雜毛交鎖印堂：肺功能不好，支氣管不好（偏弱），故呼吸量不大；肺部呼吸系統含氧量不夠，因此身體易疲倦。

　　印堂特開、眉頭退印：心肺呼吸系統好，動靜自如，體力過人。

　　印堂有痣、紋（直紋、橫紋），印堂紋愈多：心、肺功能愈弱。

　　印堂直紋、懸針紋：肩胛骨易酸痛。

　　印堂與山根間為心臟。

　　眼距愈窄，則鼻樑、山根較窄。若鼻樑、山根偏薄且低陷，顯示心臟功能不好，要注意預防心血管、心臟疾病。如前行政院長孫運璿曾因腦溢血一度病危，而辭職下臺。中風後經過漫長的恢復期，最後因併發症病逝。

　　印堂特開少有心血管疾病，沒有肩頸酸痛的問題。

　　眉：手。眉間：1.5指幅寬為標準。

　　眉頭交鎖，支氣管呼吸系統功能弱。

　　眉間距寬：肺功能好。

　　眉間窄、夾緊：肺功能弱。

　　眉間有痣：扁桃腺曾經腫大發炎，會習慣性乾咳。

　　眉有痣、受傷：手會酸痛。

　　痣：是病變之外徵，相對位穴曾病變。

　　眉黑＋眉型美＋眉稜骨突：手力道強勁。

　　眉黑＋眉稜骨突：手特別有力，如棒球選手呂明賜、陳金鋒。

　　眉稀疏：手無搏雞之力。

　　三清：眉清＋鬢毛清＋鬍毛清；手力不足，如胡志強因為心臟冠狀動脈血管阻塞，接受心血管繞道手術。因胡常年運動體能佳，恢復良好，手術後僅休養6天便出院。

　　眉毛痣：因手傷造成手臂酸痛麻。

　　眉毛傷痕：手傷，手酸痛疾病見常。

　　山根：兩眼頭相對之位置是為山根，山根主心臟。

　　山根低陷狹窄：先天心臟功能不足，是心臟病患高風險族群。

　　山根、印堂周圍長痘：心臟過度使用反射出來的現象。

　　山根有痣：心臟先天有問題或心臟曾有疾病或心臟曾受傷。

　　山根有紋、痘、痣：有心臟疾病。

　　山根有橫紋：心臟功能病變衰退。

　　印堂直紋、山根橫紋、耳垂斜紋：動脈血管硬化，心臟功能衰退，冠狀動脈粥狀硬化。

　　年上壽上：位居鼻樑中段，是肝與脊椎。

　　年上、壽上之皺紋、氣色，望診肝病。

　　年壽有蟹爪紋，是肝硬化的病徵。

　　年壽偏青色，是肝功能異常。〈肝功能異常者白眼球泛青〉

　　年上、壽上有小痣：最易肝膽結石。

　　鼻樑外側有小痣、鼻上有蟹爪紋，較乾燥，皮膚繃緊：肝硬化。

　　脊椎骨與鼻樑骨互為對穴，互成正比。

　　年壽鼻骨高寬厚實：脊椎骨質良好，生理健全，少疾病，反之則否。

　　鼻小低塌，脊椎骨質弱，容易骨質疏鬆；50歲以後常有腰酸背痛現象，51歲以後狀況更嚴重。

　　鼻樑彎曲、鼻歪、山根低、人中窄，都會有脊椎酸痛的問題。

　　鼻樑年壽橫紋，是脊椎疾病的外顯，如骨刺，脊椎異位，長期坐

姿不正。

鼻伏吟（側彎鼻）、反吟（三彎鼻）：會有脊椎側彎的問題。

鼻右彎：脊椎左彎。

鼻左彎：脊椎右彎。

鼻準：腸胃。鼻準屬腸胃，鼻準窄腸胃壁薄，鼻準大腸胃壁厚；鼻準下之鼻膈屬腎臟。

鼻準形狀偏大＋無違章建築：胃腸健康，反之則否。

鼻準形狀偏大：因腸胃壁厚，需注意十二指腸腫瘤或癌症。

鼻準形狀偏大、偏厚：十二指腸癌、腫瘤；十二指腸腸壁偏厚，易有息肉增生；55歲以後，十二指腸功能退化，息肉增生更嚴重，惟因腸壁厚，不易感覺出來；待大便出血感覺出來，已為第2期或第3期，欲治已晚。

腫瘤與癌症可以觸摸耳前、耳背表皮，若表皮有粗糙之棘粒狀，是腫瘤、癌，如腸胃癌、肝癌、攝護腺癌，乳癌等之外徵。

鼻子偏小薄、尖薄：腸胃壁弱，吃太飽或不吃皆會胃疼，如許純美。

鼻子大、厚：三天吃一次或三天不吃亦沒關係，體力好能拼命。

鼻子大、厚：用不完的精力，活動力強。

鼻準與鼻翼大，腸胃壁厚，55歲起須注意腸胃瘜肉增生問題。

鼻子小、薄：不能熬夜、不能失眠、吃太多或不吃皆不可，要注意飲食與生活規律。

鼻長痘：吃太油或燥熱，會導致腸胃發炎。

鼻準長痣：腸胃功能不好，腸胃曾病變。

鼻準長痘：腸胃虛火燥熱；鼻頭大，體胖，腸胃虛火燥熱，準圓易長痘；瘦子鼻窄鼻準不易長痘。

鼻準長斑：是內出血，如腸胃出血、潰瘍（同時嘴唇呈紫青

色）。

鼻樑有痣：年上至壽上偏下，不論在左、中、右長痣，都表示有脊椎病變，因此常會腰酸背痛。

鼻高起有肉，表示脊椎強壯、骨幹強，不會腰酸背痛。

印堂寬，鼻相好：不會有腰酸背痛問題。

鼻小＋人中淺＋鼻樑有痣（一或二顆）：脊椎曾病變，常腰酸背痛。

人中：生殖系統，看腎氣足不足，耳大腎大氣足；耳小腎小氣不足。

人中寬、深、長：生殖系統正常、良好；反之則否。

人中深、寬、長：腎氣較足，生子易；反之則否

人中淺、窄、短＋耳小：腎更弱，氣血不足。

人中平、歪、淺：子宮後曲，子宮發育不健全、功能特差，排卵期不準，如王建煊夫人蘇法昭女士，如政論節目裡的黃光芹小姐。

人中短、淺：生殖系統發育不健全。女主婦科疾病問題，男為腎虛氣虛。

人中深：生子多於生女。

人中淺：生女多於生子。

人中外側四周有痣痘：表膀胱發炎；痣為過去之病根，痘為當前的病兆。

人中：女表子宮卵巢。

女 人中有痣（痘）：子宮、卵巢功能弱，是婦科疾病之徵。

女 人中有痣（痘）＋鼻樑有痣（痘）：45-50歲子宮、卵巢會整付拿掉。

人中深、長：健康好，血氣足，可日夜操勞，可做大事業。

人中平、薄、小：血氣不足，精力不足，腰酸背痛，健康自51歲開始走下坡，如章孝慈。

法令紋：看泌尿系統與腳的力勁。

法令紋深：腳有力，如李登輝、馬英九。

法令紋淺：腳足膝蓋無力，新陳代謝不佳。

陳水扁 無法令紋，腳無力，所以不敢接受李登輝邀請爬觀音山。

胡志強 無法令紋，腳無力，所以從來沒看過他參與路跑活動。

馬英九 法令紋深長，所以60多歲還能參加鐵人三項，經常參加長跑。

紋、斑、痘、痣都是五臟運作結果，反應在臉上之符號。

紋是老化衍生，但部分的紋相當程度是反應生理病變。

痣是過去曾病變的標誌。

斑是生理退化表徵〈年壽與鼻準斑是例外，表示當下體內出血〉。

痘斑是當下正在引發的體內虛火。

點痣無效，點痣無法改變健康，說點痣可以改變健康，那是神話也是鬼話。

痘：虛火，體內燥熱，所以體內五臟之虛火會在相對位穴冒出痘痘。

年輕人（15-25歲，青春期）常在額頭長痘，此為陽剛火燥熱（來自心火）。

印堂痘是心火表徵；人中、下巴痘是為內分泌系統，子宮，卵巢下焦膀胱虛火的反射。

下巴左唇緣下方長痘（女長居多），係內分泌失調之表徵。

女 下巴長青春痘，為腎水失調（沖剋脾胃導致肚脹），有拉肚子的感覺；大便前段硬，後段溏稀或整段溏稀。

下巴長好幾顆青春痘（尤其女生），內分泌失調是為腎水外洩

（腎水無法藏在腎臟內），導致滋陰系統之水外洩，而冲剋脾胃。

下巴長青春痘：女吃白鳳丸調理之，男吃六味地黃丸調理腎水、固元。

下巴（田宅宮）長痘：半年內房地產買賣會不順利。

下巴（田宅宮）長痘：住家排水不通。

下巴長2-3顆痘：住家廚房潮濕。

男 下巴（奴僕宮）長痣、痘（左痣，痣偏左）：男部屬或子女會有短暫不愉快。

嘴唇亦可看腸胃：

唇厚：緩性，吃飯慢，安逸，腸胃較好。

唇薄：急性，吃飯快，未細嚼慢嚥，長年下來胃壁受不了；晚年腸胃不好，腸胃較弱。

唇愈薄，吃飯快，說話快，每件事都快，弄得很緊張，故唇薄福薄。

鼻薄＋唇薄：晚年腸胃疾病跑不了。容易腸胃潰瘍（出血），胃腸潰瘍當下鼻準與唇紫黑或紫青色。

鼻厚唇厚：不易得腸胃潰瘍，但需在意腸胃息肉，易導致腸胃腫瘤，嚴重則成為腸胃癌。

眉頭雜毛交鎖：肺功能不好，支氣管不好（偏弱）。

喘氣不大，身體含氧量不足，容易疲倦；個性保守，保護自己。

印堂特開、眉頭退印：心肺呼吸系統好，動靜自如，體力過人。

眼袋偏暗，一般為過敏體質，吃海鮮（高蛋白之物）皮膚會發癢，會氣喘。

鼻翼（1／2外側或邊緣）長痣：肺功能不好。

印堂長痣：小時候扁桃腺曾發炎。

眉頭有痣、印堂有痣：會乾咳，不適合抽菸。

肺有問題：臉色偏不透光死白（無血色），眼袋暗沉，臉呈粉白色。

腎開竅於耳：

耳大肥厚：腎功能較好。主腎大，腎水足，元神足、元氣足，可打牌三天三夜而不會累。

耳大：睡安穩，膀胱功能好，是長壽象徵其一。

耳小：腎水不足，很容易疲累、頻尿，所以不宜坐久打牌，打一陣子後急亂打，容易有腦脹、不舒服現象，所以耳小者，最好不要打牌，最是容易輸牌。

耳小：沉不住氣，腎水不足，較沒安全感反應特快，重效率，效果較弱。

耳小：中晚年需注意頻尿問題，是膀胱過躁症族群，故壽命要比耳大者促短。

臉黑黑、暗澹暗澹：腎有問題。 洗腎者：臉暗暗的。

耳黑、臉黑（晦暗，無光澤），為洗腎者。

糖尿病末期、洗腎者，耳變黑。老人生命將終，命門與耳朵臘黑。

土多制水：脾好者腎氣足，腎臟功能較好。

以上是面相生理學的立論依據與部分對應條則的解說。

（二）心理學

內心世界，會反應顯示在五官長相，也會出現在情緒反應上；從行為反射出來，養成慣性，最後形成個性，包括氣色都是面相心理學的依據。

心理與行為會反應在臉上的表情。

表情、眼神、說話＋氣色，會反射內心心理世界。

心理會影響到生理，再反應到五官。

眼睛會透露心理狀況，而嘴巴會把它說出來。

膚白＋耳小＋唇薄＋雙大眼＋雙眼皮：情緒不甚穩定，反應過度，神經質。

膚黑＋耳大厚＋唇厚：天不怕，地不怕，但反應不足。

體胖＋耳大厚＋唇厚＋單眼皮：情緒控制特別好，如顏清標。

耳大：水氣足，情緒穩，不易焦慮不安。

耳小、眼大、鼻窄小，最沒有安全感，情緒起伏大。

眼小：情緒穩定。

眼大：如演藝人員；情緒不穩，易鬧婚變。

陳水扁、李登輝、連戰、胡志強皆眼小，情緒穩。

宋楚瑜 雙眼皮，易情緒化，感性，會因觸景生情掉眼淚。

有眉六害者，心裡世界複雜不寧。

眼飄神蕩是心裡不安的外顯。

內心世界，展現在五官長相（最清楚在眉、眼）。

內心世界，會形成個人的觀念與思想，經由個性累積，形塑外在行為習性，可以是人際關係判斷的一環。

情緒會反應在五官，尤其在眉、眼、口。

長期精神緊崩，心術不正者，臉上顴骨與懸壁會出現不規則的橫肉。

長期處於安逸、和樂、有希望、有安全感：眼呈祥和、和樂。

處於生活不安定、落魄、失意、困境時，會有焦慮、焦躁現象：眼呈脫神、無根。

竊盜之眼：瞟眼：眼飄來飄去，東飄西蕩，漫無目標；如八大行業之保鑣。

眼 黑白分明（分際清楚）：眼神定（不飄不蕩不脫），表示內心安逸、穩定，有信心，有智慧。

眼 黑白不分（白帶濁），眼珠黑白界線有青藍色環狀似月暈：男為錢所困，女生為情所困，心理壓力會反射在生理眼睛上，如眼濁氣暗，眼神耗弱無精打采。

單親家庭小孩：眼神銳強或耗弱皆有。

正常家庭小孩：眼神定，生活安逸，情緒穩定，物質免於匱乏。

父母情緒穩定，家庭和樂，工作經濟穩定；子女眼神高人一等，此為心理世界之反射。

父母情緒不穩定，子女之眼神與別人不同，眼神缺乏安全感。

飆車族大都來自單親家庭，其共同特徵，眼神凶露，眼神不祥和。

外在行為透露心理狀況。如眼神閃爍，飄忽不定，兩眼無神。

家犬與野狗之眼神大不相同。家犬有安全感，會搖尾巴，所以眼神不凶銳，反之，野狗沒安全感，前攝行為下眼神極為凶銳。

氣色：能反應出心理世界，因為心理情緒會刺激生理，氣色會隨心理情緒變化而改變。

氣色亮：1.結婚喜氣未退；2.升官前後；3.財務穩定；4.諸事昌順；5.孝敬父母；6.積德為善。

氣色暗：1.生氣不快樂；2.月光族；3.生病；4.生活壓力大；5.事業失敗；6.心事重重。

自殺者：臉上氣色暗濁、眼氣耗弱。

就氣色來說，青色，受驚嚇時鼻色青，主肝膽因受驚嚇而分泌膽

汁,所以鼻樑呈現青色。

小孩受驚嚇山根青,逗他開懷大笑,山根之青氣會消退。

常開懷大笑(喜氣洋洋):鼻、印堂氣色呈紫紅色、光亮。

展開笑容,迎接別人,易得到朋友及成功,心理世界的反映,氣色自然明亮。

氣色由體內腎上腺素主導。腎上腺素主導情緒,情緒反應在氣色。

健康不佳:氣色偏暗,事業失敗。

處於快樂、希望、陽光之心態,氣色紅潤。

焦慮不安、瀕臨失敗、健康生命將結束,呈現氣色晦暗。

以上是面相心理學的依據緣由與條則說明。

(三)遺傳學

父母基因垂直遺傳給下一代,遺傳可分為心理遺傳及生理遺傳。

心理遺傳:

心理指的是觀念、思想、個性、情緒、外在行為習性。

父母心理穩定,子女眉尾聚、眼神定、耳形好。

父母心理不穩定,子女眉尾疏散、眼神濁、耳形反廓不正。

父母和睦:生下之孩子優質。

父母不和樂:生下之孩子壞料子的見多。

試管嬰兒之好歹看取精卵時父母之心情、情緒。

懷胎當下心理行為決定嬰兒之眉、眼、額。

懷胎施氣剎那+懷胎+過程,多是心理遺傳的一環。

花好月圓情境下所懷小孩,小孩優秀,小孩有前途。

若身心疲憊,心情不悅下所懷孕小孩則叛逆,具反社會人格。

需金孫須對媳婦好,要有包容心;男人要對太太好,孩子才能有

出息。

只有家庭和樂，才能孕育出好的下一代。

眼睛大小眼、眼神睜露、眼神耗弱：媽媽懷孕心理情緒壓力造成。

眉毛稀疏散亂：爸爸酗酒成性，脾氣暴躁而生成。

子女未來有無成就，看眼神與眉毛便知道。

眼神與眉毛是由父母的心性行為決定。

眼神與眉毛是父母送給子女的永久禮物。

相學名家東漢王充與清末曾國藩指出，父母施氣的剎那，決定了子女的一生，這是心理遺傳道理所在。

生理遺傳（基因）：

父母五臟健康會遺傳給子女，五臟的健康會顯示在五官，五官長相決定了命運的好與壞。

眼袋偏暗：過敏遺傳、膚癢、支氣管弱，上一代父或母其一有過敏體質。

眼袋：未來子女運勢、父母事業瓶頸、婚姻世界。

眉眼間距寬、鼓、滿：腎水分泌足，腸胃好，體力好，個性較溫和、緩和。

眉眼間距窄（眉壓眼）：父母出身寒微，父或母腸胃不好或十二指腸潰瘍。

眼瞼有痣：父或母早期腸胃不好。

家族病史，如高血壓、尿酸、地中海貧血、糖尿病、高血脂、高膽固醇等，多數是遺傳。

五官與父母健康有著密不可分的基因遺傳。

上一代的行為、身心與健康會遺傳在下一代的眼、眉、鼻、口、耳上。

（四）統計學

經驗法則，是人類生活經驗累積歸納出的類比機制法則。

看到一種現象，蒐集該現象相關資料，系統分析，邏輯歸納，大膽假設，小心求證，反覆驗證，尋求答案。經驗累積所彙整的結論，便具有參考價值。

類比機制，如易經：月暈則風，礎潤則雨。月暈：月亮呈外暈，今明起大風；礎潤：地面潮濕，明後日吹南風見雨。

以前恆春半島居民秋天觀察氣候，如老鷹飛在300公尺高，明日起風；飛在200公尺左右，隔天便是好天氣；低於150公尺，不能曬涼的，不能洗被單，因為天將下雨。

夕陽雲彩火紅，是颱風徵兆；雲綿呈一橫條狀，是地震徵兆。

這些都是老祖先無數生活經驗的累積，從現象蒐集，經分析整理，歸納出結論據以進行大膽預測。

統計學經驗法則案例：

三停勻稱，法令紋開，耳朵肥厚而大，基本相格佳，一生行運順暢。

三停不勻稱，鼻小眼弱，基本相格不佳，一生坎坷不順。

髮至天倉：天倉壓擠眉眼，家無恆產。

眼微睜露，眼偏圓大，眼神不定、不正。主原生家庭不和睦，未來會傷剋在婚情與意外。

兩眉交鎖，眉尾稀疏散亂。主兄弟手足沒大成就，自己理財失利。

鼻高聳，兩顴張露，懸壁凹陷：孤傲不群，難見容於群體，獨來獨往，主觀意識強。

額寬窄，髮際線不甚勻整＋眉稀疏散亂（不聚財，情緒不穩）＋眼睜露，是來自有問題家庭，或單親家庭。如顴寬大＋下巴飽滿厚實，中晚年尚有希望。

法令不開內縮：晚年無事業可言。

口小：流年56-64歲，晚年挨打，諸事不順。

眉毛稀疏年輕不聚財，下巴尖削晚年孤獨。

進入晚年格局，口大勝，口小敗。

口是為水星（嘴巴），主宰56-64歲之流年。

由眼睛瞳孔中心畫垂直半行線，口在此線內，謂之口小。

林洋港與李登輝競選總統，林洋港因口小敗給了大嘴型的李登輝。

李登輝：有懸天骨，髮際線低，有才華，但運無法在26歲展現出來；待髮際線退出額頭，走嘴運，因嘴巴大，56歲一路發。

李登輝：嘴巴大，下巴飽滿、開闊，法令紋深，玩弄政治無人能及，要鬥贏他不容易。又如——

黃俊英：曾先後擔任國立中山大學管理學院院長及教務長，並擔任高雄市副市長。在高雄市長選舉中，因謝長廷嘴大於黃俊英，謝勝出，黃敗選。

宋楚瑜：在政治人物中，下巴良好，但口偏小，54歲當選省長，56歲被凍省，62歲告李登輝，65歲判贏，要求李登輝賠償1元。

陳履安：口小＋地格尖窄，晚景不甚好。

周錫瑋：口小，晚年要在政壇上發光發亮有問題，台北縣長（改制為新北市）當完即會無聲無息，未來已沒有了舞台。

施治明：前台南市長，是櫻桃小口，雖年少得志，但流年入56歲後會就在政壇消失，晚運不佳。

政治人物中，錢復、劉松藩、張博雅、謝長廷、蘇嘉全、陳菊都屬嘴巴偏大，因此晚運仍佳。

額寬高：富人。額低窄：年輕賺不到錢。

地閣飽滿：晚運好。 地閣尖削：晚運差。

眼：神定、神足、神清，主昌吉；神飄、神濁、神弱，主困阻。

氣色：明亮或不亮（青：憂；赤紅：是非）。

凡大富貴者：眉秀＋鼻厚實＋眼神好＋顴微橫張＋法令紋張開＋下巴飽滿。

趙守博瘦、沒架勢，他與許水德等人，同為當年「催台青」風潮下被栽培的青年才俊。曾任勞工委員會主委、行政院祕書長、臺灣省主席、總統府資政等職，被稱為「末代省主席」。因妻（呂秀蓮堂姐）五官相好，讓趙先生官運良好。

呂秀蓮：鼻厚實＋眼扁神足。

官夫人：膚偏白＋鼻隆挺＋眼神和惠。

貧困婦 塌鼻＋膚黑：看起來是可憐相。

又：

10個肥，9個笨。男重額頭，女重下巴。

10個塌鼻女，9個嫁不到好先生。10個富，9個禿，另1個是為小屁窟〈股〉。

10個瘦，9個沒屁窟。

以上所談是面相的經驗法則，面相多數的對應條則，是生活的經驗，是先民二千多年來，無數生活經驗的累積，歸納成機械類比法則，它雖缺乏科學實證根據，但卻能言十而中八九，若以現代話語來說，它就是統計學的概念。

再者，面相統計學（經驗法則）還包括術數玄學的五行：

五行是經驗法則也是統計，五行術數是老祖先智慧偉大的創發與結晶。

　　五行：把人相分類出五行形相，用生剋制化做演繹推論，即是面相裡的五行論相。

　　根據五官、體態、氣色、聲音等化成。

　　五行即木、火、土、金、水。

舉例來說：

* 夫婦 膚黑＋體胖，五行為水上加水，家庭無生機，夫妻懶散成性，因此家庭財運不佳、家運不旺。

* 妻 膚白＋顴高，屬金；夫瘦＋身高＋臉色青，屬木。妻強勢會剋夫，又稱金剋木，女生會守寡或先生身體不好。

* 夫五行屬金，妻屬水，五行金水順生，家庭會旺。

※五行形相法，請另見第二十八章節講解。

　　以上是面相學四個理論根據概念解說，四大理論根據所列舉的相理條則，多數為古今相術家所認定，並收納在各相術書籍文獻裡，少部分是沈老師經驗歸納的創發，條則的真與偽，還有待大家一起再驗證，惟有透過驗證，才能揭開面相神祕的面紗。

九、三停與六府

（一）三停

觀察面相，首先是從三停看起，三停的比例要適度，不可過或不及。

面相所謂三停，即是將人的面部區分為三個橫斷面來觀察、分析、判斷其人之青少年時期、中年時期、老年時期三個階段之休咎。

1、上停：十五歲至卅歲之青少年運勢

　　部位：位在額頭，即自髮際至眉間為上停，象天文，又稱天位，屬人腦組織思維系統，是檢視其人與師長、父母、祖上關係的儀表板。

　　好相理：額部高而豐隆、方而寬闊、明亮如覆肝狀、沒有惡紋、斑、痣、凹陷、傷痕、髮際整齊不沖印堂、日月角骨不高低偏斜。主青少年運佳，享有親情，能得祖蔭及貴人提拔，少年得志，可平步青雲。

　　壞相理：額頭尖小、凹陷、缺角、傾側、有疤痕、斑、痣、髮際雜亂或額低沖印、色澤暗滯灰濛者，主青少年時期孤苦奔波，多災多難，不得祖蔭，諸事不順，妨剋長上父母，身心遭磨，影響其個性及人生觀，理想不易實現。

上停佳者，年少早發，但不必竊喜，該部之相理十之八九，承自於德及父母優秀的遺傳。有此相者，應基於感恩的心，把好的發揮極至創造乘數效果。

上停相理差者，即屬先天之不足，不可歸責於己，不可自怨自艾，凡事以忍辱負重，布局未來，萬不可好勇鬥狠，魯莽叛逆。應聽從長者教誨，學習他人經驗，以期後運能否去泰來。

2、中停：卅一歲至五十歲中年運勢

　　部位：自眉間至鼻準，包括眉目、鼻顴，象人文，又稱人位，屬
　　　　　人之五臟六腑運作系統，是觀看與朋友、兄弟、夫妻關係
　　　　　的儀表板。

　　好相理：印堂平闊光潤、鼻子豐隆而直、兩眉秀長而揚、兩眼形
　　　　　　秀藏神、兩顴豐隆有勢。主人際關係良好能得貴人提
　　　　　　拔、事業順暢、身心健康、婚姻幸福美滿、中年運勢騰
　　　　　　達，銳不可擋。

　　壞相理：兩眉鎖印、鼻樑歪斜、偏塌凸節、兩眉逆亂、眼形惡劣
　　　　　　無神、顴骨橫張高聳或低扁無勢、有惡痕、痣、紋、
　　　　　　斑，主中年有破有敗，勞獲難成正比；健康、婚姻、事
　　　　　　業易出警訊，辛苦自不在話下。

　　中年運好者，要多行善積德，為事不可逆道，宜謙沖不吝知福知
足，並妥善規劃晚年生涯，為自己留下揮灑空間。
　　中年相理差者，應知所進退，不可一意孤行，要修身養性，吾日
三省吾身，漸悟沉潛，檢討自我缺失，調整步伐再創佳績。

3、下停：五十一歲以後晚年運勢

　　部位：自鼻準至地閣，包括人中、口、顎頦，象地文，又稱地
　　　　　位，屬人之泌尿排泄系統，是探討與下屬、子女關係的儀
　　　　　表板。

　　好相理：人中深闊、上窄下寬、法令明朗外張如鐘、口形美好有
　　　　　　稜有勢、顎部豐隆、兩頤平滿、地閣有朝、色澤亮潤，
　　　　　　主心地寬厚、子女孝賢、部屬得力、晚景昌榮、名位望
　　　　　　重。

　　壞相理：下停短塌或長而特凸、下顎狹窄尖削、人中偏斜平滿、
　　　　　　口形不佳、法令形劣、地閣不朝、惡紋沖口、氣色暗

淡。主苛薄寡恩，子息不孝，部屬不力，孤苦悽涼，貧病交迫，猶如風中殘燭，老年備極艱困。

晚運佳者，要持盈保泰，多佈施行善回饋社會，積儲陰德以惠及子孫，對晚輩下屬之提攜及經驗之傳授，尤不可吝嗇自封。

晚年運不好者，應樂天知命，達觀處世，放開胸襟，改變心性，物質條件不佳，至少應追求精神的愉悅，多色容寬厚，方可以改變困境，才能安享天年。

（二）六府

六府即是從額頭在髮際中央點，以至地閣下頦中央點，劃一垂直線，又稱子午線，子午線將面相三停區隔為六個部分，稱之六府。

上二府：指兩輔骨，又稱天倉上府，位在輔角至天倉，包括日月角、驛馬等部位以輔角為標誌，約略在額頭的左右兩邊。

中二府：指兩顴骨，又稱顴骨中府，位在自命門至虎耳、包括顴骨等，以顴骨為標誌，約略在兩眼袋下方部位。

下二府：指兩頤骨，又稱頤骨下府，位在腮骨至地庫地閣等部位，以頤骨為標誌，約略在嘴角兩側。

六府以充實相輔為佳相，以支離孤露為凶相，可測斷人的財祿、人際關係。俗云：「六府勻稱、衣食無缺」，古相書云：「六府高強、一生富足」。六府首重在左右兩邊相互對稱，不可偏斜、尖露、破陷，猶如車子輪胎鋼圈，不可偏向一方，若有偏失其運轉必然不很順暢。

府位要對稱，五官任何一個部位左右偏斜者，是府位不對稱。流年所至運程多舛不順，最易有損剋災破。

　　鼻樑歪斜、塌扁者尤最。人的鼻樑猶如車輪之軸，車軸不正，軸承不堅，車輪運轉必生顛簸，狀況百出。（三停六府如下圖例）

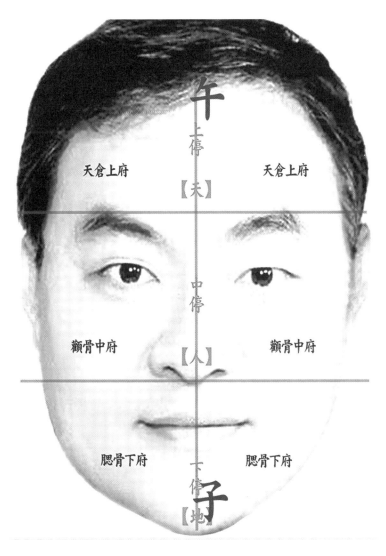

圖表三・三停六府圖示

十、專有名詞解說

（一）九州八卦

八卦原為方位名稱，加上中央（鼻子）配九州地理之名而成。這九個部位代表九個方位，部位以豐盈隆起為佳，忌瘠陷，氣色以光澤明潤為吉，諱黯滯。

卦位：乾卦（西北方）雍州，兌卦（西方）梁州、離卦（南方）揚州、震卦（東方）青州、巽卦（東南方）徐州、坎卦（北方）冀州、艮卦（東北方）兗州、坤卦（西南方）荊州、中央（鼻子）豫州。

我們可將九州八卦簡化為八個方位，即是以鼻子中點為中心點劃個十字線，再以十字線區劃×線而成為米字線。額頂為南方，地閣為北方，己身右耳為東方，左耳為西方，男女同論。

八卦方位用於觀看本人之先天吉利方位和外出貴人之所在方位。例如其人額頭相理不佳，地閣相理好。額主南方，地閣主北方，那麼其人則宜往北發展，不宜往南發展。

倘若左眼尾氣色不佳，枯暗無光，短期間則不宜往西方行走。如往氣色不好方位行走或發展，易有波折損剋。

（二）三才

面相師法於天，相術家將三才之說，引入面相相法範疇。三才即是天、地、人三者的統稱。

三才的大意，天是為陽，地則為陰，人本中和，故三才各有使命任務差異，三者相待相應關係，故人之天人地三才，是為大周天下的小周天。

面相三才指額、鼻、頦，其中以額為天，鼻為人，頦為地，額以圓而闊為佳，以獨凸或低陷為差，可測斷人是否有社會地位；鼻以豐而齊為佳，以獨高或塌扁為凶，可測斷人的壽命；頦以寬而厚為佳，

以獨長或削尖為下。

神相全編云：「三才者，額為天，欲闊而圓，名曰有天者貴。鼻為人，欲旺而齊，名曰有人者壽。頦為地，欲方而闊，名曰有地者富。」可見三才也是檢視貴富福壽的最根本的要點。

（三）四瀆

四瀆是以人的耳眼鼻口七竅作分項，耳朵為長江，眼睛為黃河，鼻子為濟河，嘴巴為淮河。

山根和人中為四瀆溝渠之通道，也是血氣流通溝渠所在。

四瀆以不塞不堵流暢為佳，若四瀆相理雖佳，而山根或人中不佳者，則血液循環系統不好，中氣不足，在廿五、廿八、四一、五一歲流年所至，易有凶險或重病。

倘若五岳是勢之所依，四瀆則是氣之所在，故勢在氣強，勢崩氣弱，勢與氣相互依存，相輔不爭。

五岳屬山，山要高要聳，是骨法的外相；四瀆屬水，水要深要通暢，山根與人中則是血氣循環的溝洫，溝洫功能好，血氣運通無礙，精神自然熠熠有光。

（四）五岳

地以五岳定形，面相學以人身無處不周天的理論基礎，把人的面部區分為五大部，即五岳。

五岳用在面相上指的就是，額為南岳衡山、頦為北岳恆山、鼻為中岳嵩山、右顴為東岳泰山、左顴為西岳華山。

五岳要外形隆起，要架勢威足，且必須相輔相成，才能算是上相。若殘缺不全，孤峰獨聳，均主不佳。

五岳中以中岳為主，且最為重要。中岳若高聳、豐隆，其人之脊椎骨骼必定是強壯，身體也較為健康。身體健康者，自信心足，所以中岳鼻子是事業根基之本。

中岳鼻子歪斜，則其人脊椎骨必也彎曲；鼻子扁小，骨髓則易有疏鬆症狀，相對的健康亦差，自信心不足，壽命短，自無事業可言。

五岳是臉部外形的表徵，五岳的形成是來自於頭骨，故有「骨相主一生榮枯」之說。

頭骨的相理好，霸氣與威儀的外在形勢渾然天成，先天條件便是高人一等。

（五）五官

人以五官論貴，五官者，眉毛為保壽官、耳朵為採聽官、眼睛為監察官、鼻子為審辨官、嘴巴為出納官。五官之中，但得一官成，可享十年之貴也，如得五官俱成，可昌榮到老。五官端正與否，對一個人的面相是極其重要的，五官不僅要看氣色、高低、痕紋等還要看協調度，不可過大或過小而影響臉部的整體性。

五官可看出人的聰明、愚笨，察覺人的善惡、宅心以及貴賤、壽元等，分別簡述如下：

1、眉

稱保壽官，看精力、個性、名氣、榮譽、兄弟。眉要寬廣、清秀、長揚、首豐尾聚、高居額中、如新月之或象，始為正格。

壽毫不宜太早就有，年少長毫是為凶相；四十歲後長毫者，則主長壽。

眉毛主看壽元、名氣，若眉毛相理太差，功名無緣，且易有意外之凶禍。

2、耳

稱採聽官，古相書云：「耳司聞，耳善所聞皆善，耳惡所聞皆惡。」

腎開竅於耳，故耳相佳者腎功能亦佳。左耳為金星，右耳為木

星，耳相不佳者，左剋父右剋母，且流年四十六、四十七歲時，金木相剋，影響自我運程。

　　耳朵要色澤鮮明、要大、正、厚、貼及城廓分明，垂珠朝口始為正格，主健康高壽，福祿俱得。

3、眼

　　稱監察官，觀看人之財富、健康、心性、婚姻、膽識、智慧、貴顯、威望。

　　眼睛長相好的能監察事情之好壞，判別是非之曲直，讓人有敬畏三分之威權。

　　當指揮官或主管者，必定要具備一雙形美神藏的眼睛，才能獨當一面，有智慧要領地領導部屬。

　　眼睛要含藏不露，黑白分明，瞳子端定，光彩射人，秀藏神清，始為正格，主貴顯福壽。

4、鼻

　　稱審辨官，看財富、健康、心性、婚姻。

　　鼻短塌扁，則健康欠佳，財運蹇促。

　　鼻子也看心性，鼻正心正，鼻斜心歪。

　　鼻子對女性來說，主夫星夫運，鼻若短塌扁斜或過長，夫運不佳，婚姻有待經營。

　　鼻子要樑柱端直，印堂平潤，山根豐隆連印，鼻骨貫天，準圓有勢，不仰不露，形如懸膽，蘭廷收斂，齊如截筒，色澤鮮黃明潤亮始為正格，主富貴，夫賢妻美，平安順暢。

5、口

　　稱出納官，看婚姻、子息、壽元及信用。

　　口相不佳者，言而無信，健康亦差，口正心正，口偏心偏。

口唇太薄者個性多急多語，會給人嘮叨的感覺，主晚年孤獨，難享子女親情。

口的標準相理是：口要大而有收，稜角分明，唇紅端厚，唇上有紋，口角朝上，齒齊而白，正而不偏始為正格，主家運昌榮，夫妻恩愛，子息賢孝，仁慈厚道。

※五官另見章節細說。

（六）五星

天以五星垂象，五星者，左耳為金星、右耳為木星、嘴巴為水星、額頭為火星、鼻子為土星。

金木星—左右雙耳雙顴相理佳者，主祿命早發，多福安逸。若相理欠佳者，損田宅，無學識，早年貧困不順。是看論中年運的指標點。

水星—嘴巴相理佳者主有才華，出文秀，為官食祿豐厚，善良守信。若相理欠佳者，勞碌無成，貧賤短壽，不守信用。

火星—額頭相理佳者，主早年發達得貴人助益提拔、天資聰穎，父母尊貴，衣食不缺，事業運佳。若相理不佳者年少勞碌，多敗少成，六親不力，傲上魯莽不得長輩賞識。

土星—鼻子，相理佳者主有福祿壽，仁慈厚道，夫賢妻美，事業暢達。

五星若有一星不明者，主二十年滯運，尤以火土兩星，更屬重要。若相理不佳者貧困勞碌，家業薄賤，心性不良，五臟迫位。

五星相理以外形隆起有勢，內表氣開亮澤為佳，不足或過者皆屬不佳之相。

（七）六曜

六曜者，左眼為太陽，右眼為太陰、山根為月孛、印堂為紫氣、左眉為羅睺、右眉為計都。六曜重點在氣色，氣色越亮，越是富貴顯達。

太陽星、太陰星—左右雙眼相理佳者主貴顯、萬事如意、妻賢子賢、有威望有膽識。若相理不佳者主損妻剋子、破田宅、敗事業、多災短命、威望膽識不足。

月孛星—山根若相理佳者主健康、樂觀、童年生活快樂。若相理不佳者子孫不吉、多病多難、童年生活不快樂。

羅睺星、計都星—左右雙眉若相理佳者主衣豐祿厚、六親皆貴、妻賢子孝、心性善良。若相理不佳者，六親緣薄、個性不良、易遭凶災。六曜觀人意識、人緣、智慧、潛力、度量、氣宇、果決、魄力作用表現。

大體而言，六曜是在檢視個人財運良窳。六曜在乎於光亮度，六曜皆亮者，財運亨通；反之，六曜暗滯無光澤者，財運塞促，調度欠靈。

（八）當陽十三部位

額頭從髮際到下巴地閣之中線，依序劃分出十三個部位，其排列自上而下分別為：天中、天庭、司空、中正、印堂、山根、年上、壽上、準頭、人中、水星、承漿、地閣。

當陽13部位是為面相中央線的最基本部位，各自分別統領橫向的若干部，聯合構成一個包括一百三十五個部。各部的相理良窳各自主宰不同的流年，不同事宜的休咎，並據以判斷人的賢愚、善惡、吉凶與健康疾病。

大體而言，當陽部位以不破不陷為佳，氣色以黃明潤亮為吉，主一生昌旺，富貴壽福皆得；若部位相理不佳，影響不僅是當陽流年部位的休咎，還會左右到橫向部位的流年休咎。

　　當陽部位的重要性，恰似轉輪的軸承一般，軸承偏損不正，輪盤的運轉自然跟著不順暢，倘當陽部位破陷在上停則主年少運蹇，在中停則主中年不順，在下停則主晚景淒涼。破陷愈多，影響層面當然愈大。

　　當陽部位相理好，沒有破者，宜公眾性群集性行業，如公職或有長官有部屬之科層組織職業。反之，則宜自由性、個別性行業，如設計、研發、藝術等沒有長官部屬上下關係的工作。

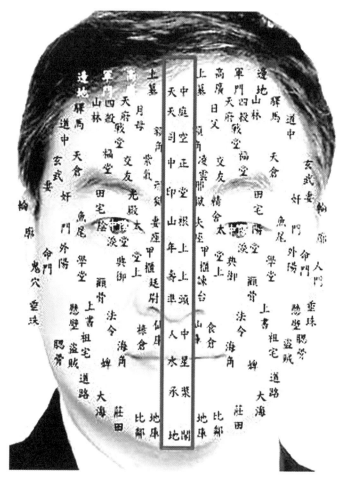

圖表四・當陽十三部位圖

（九）九執流年

又稱九執流年法，相術家認為人的流年運勢，每九年輪執一次，九執流年的定位依序是：1.左眉、2.鼻子、3.水星（口）、4.左耳、5.左眼、6.印堂、7.右眉、8.右眼、9.右耳等九個部位，每個部位依排序輪流主導著一個年歲的運勢，九個部位輪執完後，周而復始，再從頭依序輪流。

例如左眉輪執數序是第一個，所以從一歲起輪，以九年為一輪，因此左眉所輪執的歲數流年將會是一、十、十九、廿八、卅七、四六、五五、六四、七三⋯⋯。

又如印堂輪執數序是第六個，所以印堂是從六歲起輪，以九年為一輪，因此印堂所輪執的歲數流年，將會是六、十五、廿四、卅三、四二、五一、六〇、六九⋯⋯等。

若輪執的左眉相理佳好，則其所輪執歲數流年如一、十、十九、廿八、卅七、四六、五五、六四、七三⋯⋯，會較為順暢昌吉。反之如相理不佳，則所輪執歲數流年阻礙較多，是屬不好的流年，依此類推。

流　　年	本　　　位	九　執　位		流　　年	本　　　位	九　執　位	
1-7歲	左　　耳	略		45歲	壽　　上	右　耳	
8-14歲	右　　耳	略		46歲	左　　顴	左　眉	
15歲	火　　星	額		47歲	右　　顴	鼻	
16歲	天　　中	右　眉		48歲	準　　頭	口	
17歲	日　　角	右　眼		49歲	諫　　台	左　耳	
18歲	月　　角	右　耳		50歲	廷　　尉	左　眼	
19歲	天　　庭	左　眉		51歲	人　　中	額	
20歲	左　輔　角	鼻		52歲	左　仙　庫	右　眉	
21歲	右　輔　角	口		53歲	右　仙　庫	右　眼	
22歲	司　　空	左　耳		54歲	食　　倉	右　耳	
23歲	左　邊　城	左　眼		55歲	祿　　倉	左　眉	
24歲	右　邊　城	額		56歲	左　法　令	鼻	
25歲	中　　正	右　眉		57歲	右　法　令	口	
26歲	丘　　陵	右　眼		58歲	左　附　耳	左　耳	
27歲	塚　　墓	右　耳		59歲	右　附　耳	左　眼	
28歲	印　　堂	左　眉		60歲	水　　星	額	
29歲	左　山　林	鼻		61歲	承　　漿	右　眉	
30歲	右　山　林	口		62歲	左　地　庫	右　眼	
31歲	凌　　雲	左　耳		63歲	右　地　庫	右　耳	
32歲	紫　　氣	左　眼		64歲	陂　　池	左　眉	
33歲	紫　　霞	額		65歲	鵝　　鴨	鼻	
34歲	彩　　霞	右　眉		66歲	左　金　縷	口	
35歲	太　　陽	右　眼		67歲	右　金　縷	左　耳	
36歲	太　　陰	右　耳		68歲	左　歸　來	左　眼	
37歲	中　　陽	左　眉		69歲	右　歸　來	額	
38歲	中　　陰	鼻		70歲	頌　　堂	右　眉	
39歲	少　　陽	口		71歲	地　　閣	右　眼	
40歲	少　　陰	左　耳		72歲	左　奴　僕	右　耳	
41歲	山　　根	左　眼		73歲	右　奴　僕	左　眉	
42歲	精　　舍	額		74歲	左　腮　骨	鼻	
43歲	光　　殿	右　眉		75歲	右　腮　骨	口	
44歲	年　　上	右　眼					

圖表五・九執流年表圖

（十）三關四隘

　　三關四隘，15、25、35為三關，41、51、61、71是四隘。主要對驗何時會有關隘，三關看為學習過程與事業，四隘則是論事業與健康，尤其健康生命隘口所在。

　　三關：15、25、35歲，這三關是人生學習過程與轉折者。部位落點為15歲火星，25歲中正，35歲眼睛太陽。三關之部位不宜破陷，主思維、學習、災禍與貴人。

　　四隘：41歲、51歲、61歲、71歲，重點在健康，再由健康看論事業與下半場人生。四隘流年部位分別是，41歲山根、51歲人中、61歲承漿、71歲地閣，四隘部位相理好，主健康好，事業穩定，反之則否。

　　三關四隘除35歲外，其於流年部位，都居在當陽十三部位中，因此，三關四隘部位以無破陷者為優，主一生昌順，如果一處破陷，將會影響10年之運。

（十一）神祕十字帶

　　人有七尺之軀，抵不上一尺之面。一尺之面之精髓，盡含藏在神祕十字帶上。以左眉眼尾兩指幅半，橫畫至右眉眼尾，是為橫帶區，以中正、印堂、山根、鼻樑至人中；同樣以兩指幅半，直線縱劃，是謂縱帶區。橫帶與縱帶形成臉上的十字帶區，又稱為「神祕十字帶」。這十字帶區，是面相精華之所在，隱藏著無數命運的密碼。

　　十字帶區包括了當陽十三部位加上、眉毛、眼睛、奸門上下左右各三指幅，形成十字帶區，從十字帶區部位可以計量其人健康、個性、智慧之高與低，多與寡，計量數值總和高者，可功成名就。

　　神祕十字帶可以應用觀論在事業，財運、疾厄、婚姻等，十字帶區相理越好，越是吉昌喜慶；反之則否。人之能量並非恆定不變，能量會變動，能量攀升或是滑落，這神祕十字帶區會發出變動的訊號。誰能管理十字帶區能量訊號，誰就能掌握自己的命運。

　　神祕十字帶是沈老師面相研究的創發，過去相書並沒有這個詞彙，因為它具有簡單實用，與高度的準確度，因此，值得推介並期待後學繼續傳承。

十一、髮相

　　色為氣之餘，所以稱氣色；髮為血之餘，所以髮毛是氣血之華表。頭髮與頭的關係就如山上的樹林，又好像樹木的枝葉，山林要清秀，不宜枯焦，樹木要茂盛，不宜禿亂。髮相能局部反應健康、個性，還會影響到富貴貧賤，勞逸與壽命，所以應予以重視。

一、觀論：

　　1、髮毛是氣血華表，雖非面相的主要重點，但卻能局部反應健康、個性與出生背景。

　　2、頭髮與額頭長相關連至大，額頭相之好與劣，大半由頭髮髮相決定。

二、相理：

　　髮細柔、烏黑潤亮、髮際線平整、髮際不宜壓破額頭。

三、相理分析：

　　頭髮可歸納分類：（一）髮質、（二）髮形、（三）髮色、（四）髮量、（五）髮際線五種。

（一）髮質：

　　潤澤：氣為陽血為陰，血氣調合，健康之徵；勤勉本份，祿壽雙得。

　　髮枯：頭髮焦枯不潤。先天氣血不足、健忘、自尋煩惱。

　　髮細：家世好，命好，脾氣好，個性溫和。

　　髮粗：個性固執，脾氣暴燥，氣度窄，難入社會名流。

　　髮柔：性情溫和，聰敏多智，好溝通，命底好。

　　髮硬：個性剛毅，不易妥協，先天命差。

（二）髮型：

長髮：男：特立獨行，聽不進別人意見，不易相信別人。

長髮＋臉清楚＋眉清目秀＋膚偏白：有特殊內在才華，如李泰祥，音樂工作者。

鬢毛長而阻擋著命門（耳前緣）（長髮遮住命門）：風門被擋，訊息不入耳，如前明日報董事長詹宏志。

耳司聞，鬢毛被阻，訊息被遮住了，正常資訊進不了，無法收集情報，事業決策有阻礙，故事業經營者，不能披頭散髮。

長髮：女：正常，溫柔嫵媚。（適當）

短髮：男：是雄性與陽剛之徵。（適當）

短髮：女：中性，少嫵媚，陽剛，個性強悍，叛逆，難馴服（駕馭），對婚姻有影響。

適中：中正，不偏不倚，允執厥中，髮型不可與性別落差太大。

捲曲：反應快，脾氣不好（躁）。

捲曲＋膚白：反應很快，做事直接了當。

細直條：正常。

髮中分：清末民初，革命先烈、愛國志士髮喜中分。

中分頭：中分如刀箭冲劃印堂、額頭；主叛逆，抗上抗世，不安現狀，男女同論。

女中分頭與公婆相處會不愉快。

頭髮不要梳中分頭；當陽子午線，由火星起算，天中、天庭、印堂、山根、年上、壽上，因此，髮型中分天生抗世，負面影響比較大。

髮際線要平整，髮際美人尖、鋸齒狀，髮際漩渦，髮際開岔，都歸類不好的髮型。因髮際處額頭之上，美人尖、鋸齒狀，髮漩渦，髮開岔，對年少運傷害與影響甚大。

（三）髮色：

髮者血氣之華表，髮色是血氣末梢反射。

髮黑而亮表示生理健康，精神愉悅正常。

髮枯焦而白，主腎水不足，用腦過度。

天生基因父或母有少年白，自己也會遺傳出現少年白偏多。

50歲前，為用腦過度，勞累過度，體力透支，血液循環不好，血氣失調，腎水不足（腎功能偏弱），腎水不濟，心火過旺，先天不足，後天失調，故頭髮會呈現枯焦髮色。

50歲以後髮仍黑，身體根基不錯，本身元氣足，無煩惱，生活安逸。

頭髮以黑色為正色，不宜染成白紅青金紫綠色，會影響時運。

年輕人頭髮漂染多色：往往欲展現時髦與創意，但有時會被視為怪胎，因太過展現自我，顯得孤傲不群，又帶些叛逆性，反而被視為異類。

紅色：火上加火，暴躁，叛逆，具暴力，會產生交剋；若年紀有一把，則具叛逆性。

金黃色：與紅色同論。

年輕人頭髮染成紅色，不必與其講道理，講了他也聽不進去。

髮色帶微紅色，非純漢人；純漢人，髮少偏紅。

張雨生：頭髮染金黃色，髮成鋸齒狀刺眉尾（主肝）、眼（肝主目），是為金剋木，31歲車禍死亡，若30歲染髮沒事。髮屬水，黑屬水；額屬火。髮黑額亮，水火相助，水火相化為吉。

年輕人有亮麗額頭，髮黑，不宜染髮。染他種顏色屬叛逆個性、行為。

額：思維系統之總匯，反應記憶高人一等，故頭髮不宜遮蓋額頭，頭髮宜黑不宜漂染它色。

（四）髮量：

頭髮不宜太多（額低＋後腦髮尖低），髮量多者，頭腦思維不精細。

相書說，髮厚多呆滯，男髮厚者，腦袋不靈光。

頭髮量少，額頭微凸，記憶、推理、直覺，會高人一等，男女同論。

髮禿頭薄少：

男：好吃，身體容易有三高問題，高血脂、高膽固醇、高血糖，排不出去，存積髮毛囊，營養過剩，導致髮質脆弱，容易禿頭。故所謂10禿9富，立論成立。

女：更年期後，因飲食營養過剩，導致毛囊膽固醇阻塞，頭髮容易斷脫，（與男同論）。

病態者，髮量會遞少，化療者更是。

出生髮量少者男主旺父母，女反而是傷剋父母。

（五）髮際線：

髮際線之形狀，高與低，決定額頭的寬窄高低。所以髮際線可以看論祖德、出身背景、父母中年運、己身青少年運。因此，髮際線以平整無尖錐或鋸齒狀為佳好相理。

1、平整

退額：年輕運較強，父母中年運旺。

壓額：侵額；年輕運較弱。

額寬廣＋亮麗：年輕運較強，父母中年運旺。

洪仲丘：額低窄＋髮際侵（壓）天倉；年少奔波，難享父母親情。於退伍前夕，因攜帶行動電話和MP3隨身碟進入軍營，被關禁閉。炎夏室外溫度過高，洪體重達98公斤過高，仍遭強迫操練，造成洪仲丘中暑、熱衰竭，引發彌散性血管內凝血而死。

洪仲丘：髮際壓額（額低、窄）＋髮際不平整（髮尖、髮成鋸齒）；年輕較他人辛苦、奔波，年少運較弱，父母運相對較弱（額）。

富二代大多耳皆肥厚，膚偏白，眉眼間距偏寬，可享安逸物質生活。

2、不平整

（1）髮尖（美人尖）：沖印堂（命宮：本命之所在）。

（2）髮如鋸齒：髮有好多尖。

（3）髮岔：額頭分岔。

髮際線不平整，如有髮尖、髮如鋸齒、髮岔者，推論父母之健康、事業（錢財）、婚姻感情（家庭和樂）出問題。父母之一方健康堪慮，父母必有一傷、一跌、一破，父母一方有宿疾纏身。小時父母常吵架，致己身小時物質條件弱、小時無貴人緣。己身有偏頭痛（髮尖者更明顯），己身個性叛逆（對父母、師長）。

由髮尖偏左或右看性別。

額前髮際高，後頸髮際亦高，聰明才智高，能享清閒；反之，前後髮際線低，反應不靈敏，是奔波辛苦之髮相。

（1）髮間（美人尖）：

男 髮尖偏左：剋父，與父有代溝、沖剋，父之事業運不甚順利，父之感情世界複雜。

髮尖偏右：剋母，與母有代溝、沖剋，……。

女 左右反向論之。

（2）髮尖如鋸齒：

傷父母之事業（傷日月角）；奔波情形較髮尖者更甚，齒角越多沖剋越多。呈現眼神為無奈（較他人辛苦打拼，易較他人歹命），需靠改變自己來改變命運。

髮尖如鋸齒＋髮際線低窄：孤兒；六親不力，出身貧困、低微。出生無親人照顧，離鄉背井，背祖離宗。

八大行業之工作者，父不旺、夫不旺，父、夫皆無法提供安定的環境；三十出頭歲（反射上停（父母）），家庭、父親無法給予好的受教育及生活環境。顯示額偏低窄＋髮際線不平整（鋸齒狀或髮尖）之相理；父母離異居多或父母感情不好，父親事業失敗甚或二者同時存在，因此年紀輕輕就要奔波、下海。

（3）髮岔：又稱額頭岔。髮際線兩尖角間有漩渦髮毛，由偏向看傷父或傷母。偏左 父先走，偏右 母先走，年紀輕輕即會剋死父母，或父母親離鄉背井，難享父母親情。

額高＋額岔：尚有全家團圓之機會。

額低＋額岔：難享天倫之樂。

長子、長孫：頭頂髮漩長正中央。一般長子耳方正。

兩漩：脾氣不好；一中、一頂，二者間亦有漩毛。

女 額岔：有著很不愉快的年輕時光，及不美好的婚姻。對婚姻之影響在31歲前，31歲以後影響力減弱。

女 額岔：不宜早婚（31歲前），早婚婚姻不美，早婚90%沖剋夫家，會嚴重敗夫家財產或剋夫（剋夫或剋夫家產業）。

男 額岔：傷父母或家產；年輕即會變賣家產，人生際遇較他人不順暢。

男 額岔＋額低：吃盡人間苦頭。

額岔＋額寬高：出身望族，年輕奔波。

額岔＋額低窄：出身貧困家庭。

髮際不平整＋額寬高：出身沒落的旺族。

髮際不平整＋額低窄：出身卑微低下之家族。

蕭薔：為臺灣知名模特兒、女演員，有「蕭大美女」之稱。其額頭岔（偏左）：傷母健康或父母感情。

額頭岔：兩美人尖中間有漩窩漩毛，換句話說，髮際線基本上要有雙髮尖。

額頭岔：

1、額頭岔：影響父母親的運勢15年。

2、額頭岔：靠山山倒，靠牆牆倒，靠豬寮死豬母，意思是天生帶剋。

3、男 額頭岔：第一任太太不是死就是離婚。

4、男 額頭岔：淪落黑社會者相當多。

5、女 額頭岔叉：先生夫家家業會慘敗；淪落八大行業者不少。

6、額頭岔：15～41歲人生肯定是黑白的，不是彩色的，影響很深遠。

7、大官、大企業及其夫人少有額頭開叉的。

8、額頭岔：官祿宮事業宮之殺手，比額受傷來得更嚴重。

9、額頭岔：31歲以後結婚才可免此災。男女同論。

女：髮際線高，額大骨凸；有主見，有創意，有思想，有意見，強勢，剛硬；能與男生在職場上一較長短；在家庭中則不適宜，丈夫較委屈，婚姻不幸福美滿；如殷琪、湯蘭花、林憶蓮、崔苔菁、李鐘桂等。

溫柔是女生婚姻的矛與盾，強勢只能用於外面，婚姻如果太強勢，婚姻就不完美。

案例

　　30多年前，高雄長順漁船船隊有長順2至18號等十來艘船（每艘造價時價約一千五百萬元），少東太太有髮岔（額頭岔），結婚時非常風光，民國73年左右，太太時年22歲。然而婚後一年多，長順一艘漁船停於小港船塢之魚船，焊工進行廢船解體，不慎船艙起火爆炸，當時少東在現場，受傷致一眼瞎、一眼剩微弱視力（約0.2或0.02）。後#12船，至阿根廷海域補魷魚被追趕，被阿根廷海軍砲擊，打中船尾沉沒。

　　#16船在日本海捕魚，與日船相撞，送至日本港修理，未付修理費，趁半夜駛離，被日方發現船遭扣押，至此一蹶不振。少東夫人額頭岔是負面影響之一。

案例相理分析：

* 額頭岔指的是髮際線不平整，有明顯髮漩渦，形成兩個美人尖，例如蕭薔。
* 男生額頭岔是為雙妻之命；女生傷剋父，與父親緣薄，出嫁則剋夫家。

　　髮際線排列整齊＋有細雜毛（或雜毛）：有依賴性（稚性），一般20歲之額不應有雜毛。

　　髮際線無雜毛：獨立性強。

　　髮際線不平整（一高一低）：陰陽不定，情緒起伏大；父母不能同終同壽。

　　髮際線壓日角：傷父。髮際線壓月角：傷母。

　　男 髮際線右邊低，與母親情弱，與母有代溝（同屋簷）、格格不入；已身個性叛逆、不平衡，有抗上個性。

　　祖先福德會遺傳給下一代，髮際線是祖先福德的一種外徵。

　　額相好＋膚白：先祖德性好，蔭及子孫。

案例

　　沈老師一位朋友，兒子國小六年級生，眉清目秀，但有
美人尖，小二即懂程式設計，國中畢業保送台南一中，高中
卻太放鬆，致未考上理想大學而重考，現為醫學生。女兒亦
有美人尖，大學也重考，現在即將畢業為醫生。這位朋友中
年家道中衰，母親健康亦受影響。

案例相理分析：

　　二子皆有美人尖，二子皆重考，而父母家道中落，顯示父母中停
失陷。家中如有三子，么子有髮尖，則準備過苦日子，暗示小孩流年
16、19、22、25、28、41歲時，會影響父母健康、事業及父母感情。

　　髮尖的流年16、19、22、25、28歲還及於41歲。

　　髮尖沖剋父母健康、事業、財運及父母感情至少兩項以上。

　　家中有二個小孩，都有髮際線不平整（髮鋸齒），顯示家道會有
重大挫折。

　　髮際線不平整＋額受傷：祖父母（先祖）之德行有所偏虧。

　　髮尖：求學過程不順暢，考研究所不順暢。現考上大學很容易，
故延為研究所。

　　女 髮尖（叛逆）：傷婆媳關係，與婆婆相處不融洽，婆媳之間
有問題。

　　髮尖＋膚愈白＋額愈高：叛逆性愈強。

　　額有奇骨＋M型髮：具有才華，如連戰。

　　額中間髮際線往後退：叛逆。

　　美人尖、髮際線不平整，愈中間或愈低愈不好。

　　女 髮際線高：額寬、高、凸，稱為「照夫鏡」；太強勢，會把
先生比下去，會奪先生的光彩，會影響夫運；如陳○好氣勢壓過趙○
銘。解決方法：用瀏海遮住額頭，有助於婚情的經營。

十二、額相

　　額為頭之首，相應於天；額為火星，天庭，天空，司空，中正之位，下接印堂，俱在於額，是分別貴賤，聰明才智的處所，主宰15至30歲流年運。額頭為思維系統運作中心，如記憶、推理、直覺、反應等能力，重要指標部位。所謂：「男重天庭，女重地閣」，又「無額不富，無額不貴」，可見額頭在面相占有很大的重要地位。

一、觀論：

　　己之個性、才能、智慧、求學運、貴人緣、健康、婚情、青中年事業與祖德、父母之事業、婚情、健康。

二、相理：

　　（一）額頭寬闊。
　　（二）額頭奇骨起。
　　（三）正看四平八穩，側看額形如覆肝。
　　（四）髮際平整不壓，氣色明亮。
　　（五）沒有惡紋痕痣痘斑。

三、相理分析：

（一）額頭寬闊

　　額頭相理佳，額頭飽滿明潤，氣勢當旺，事業順暢，額頭為官祿宮，是大腦組織的部位。大腦組織發達，聰明有才華，能力佳，事業才會有成就。

　　額之內在為思維與智慧蘊藏處，而額之外在形狀，如呈現奇骨，同指為外在創造與破壞力較高；額骨多起者，其能力創造與破壞，思考等腦力相關各方面較強有關，自然有貴人提攜；但在另一方面，展現個人後天閱歷，額豐盈，色明亮，思緒清晰，理解思考能力穩定。

相書說：「前額聳起隆而厚，定官爵祿升。」又說：「山蹇不崩，必有奇石鎮之。」奇石指的又是額骨隆起。額骨隆起，色澤明亮，官通財亨；各行業翹楚、高官大吏皆有很好的額相。

額有奇骨必有其氣相應，故年輕時重天庭額骨，晚年重下巴地閣。

女 額：3指半以上為高。

男 額：4指以上為高。

男 額高4指＋額無受傷＋髮際線平整：26歲即可走入年輕之好運。

（二）額頭奇骨

骨相宰一生榮枯，氣色主一時休咎。

面相：怪、異、俊、秀、奇；「奇」指額頭骨起或奇，如馬雲額骨屬「奇」。

證嚴法師、聖嚴法師 頭前凸後凸，主孤相。

星雲法師 頭左凸右凸。

少林僧：頭角多凸，頸項偏細居多。

頭角崢嶸：指的是額頭奇骨。

額前有奇骨，額後必有枕骨。

枕骨：分車輪骨、品字骨、一字骨、玉枕骨。

聽命者及受教唆者，無奇骨及枕骨；額扁平及無枕骨，是凡夫俗人。

黑道能混出名堂，如張安樂、陳啟禮、羅福助等，皆有奇骨。

奇骨：非富即貴；如李登輝、蘇貞昌、胡志強、謝長廷、羅瑩雪、證嚴法師、聖嚴法師……。

有奇骨，記憶、推理、判斷、直覺高人一等，聰明，有主見，可獨當一面，為主帥或高僧。

額頭奇骨態樣：

1、日月角骨：

年紀輕輕即可光耀門楣，易得父母歡心，如王郁琦、陳水扁、羅智強皆屬額日月角骨亮。思維系統超乎一般人，推理能力特強，記憶能力特強，反應能力特好。

日月角骨＋額無受傷、髮際線退額＋膚偏白：學習能力超乎一般人，年輕會受長官喜愛與提拔，年少即有一番作為。

日月角骨不對稱：年輕奔波。

2、懸天骨：

額如覆肝；分大、小懸天骨；天賦異稟，聰明才智過人，過目不忘，如李登輝（有大懸天骨）。

懸天骨＋無髮際沖印（破線）（或髮際不平整）：年紀輕輕即有一番作為。

懸天骨＋眉目清秀＋額無破陷：求學過程一路順暢，26歲後有一番大作為，如李登輝、許信良。

懸天骨＋髮際線未破（平整無瑕疵）：26歲後有一番作為。

3、天城骨：

日月角骨＋懸天骨 且位置偏上；才華過人，有競爭力。如胡志強、謝長廷、蘇貞昌。

4、華蓋骨：

日月角骨＋懸天骨（又稱三山骨）且位置偏下，在眉上；如王清峰、林全。

5、三山骨：

日月角骨＋小懸天骨（三塊骨長出來），在額中間，且三塊骨間

有凹下間隔（似路面凹凸不平整）；反應好，思維較有系統；當官，如羅文嘉。

6、巨鰲骨，佐串骨：

兩耳畔溝臚骨高起為巨鰲骨；位在眉上，稍高似角，向左右橫出，聳入邊地髮際耳上兩邊，是佐串骨，又稱輔角骨，主官大事業大，為領導者或和尚高僧。如蔣介石、江澤民，星雲法師、聖嚴法師、證嚴法師、惟覺法師等，左串骨或巨鰲骨特大。

7、伏羲骨：

是額頭縱直向的奇骨，從鼻樑鼓骨直貫山根、中正、天庭與頭中心百會骨一氣相連貫，面相所謂的「虎頭燕頷」，虎頭指的就是伏羲骨，主大富大貴。如蔣介石、毛澤東，李登輝，王金平。

奇骨愈多，頸項細，是孤獨相，如不入流的僧尼見常。
若兩側骨大：不是當王，便是當強寇〈黑道角頭〉或高僧。

（三）額形：

正看四平八穩，側看額形如覆肝。

（四）髮際線：

髮際線愈高，額頭面積愈大；髮際線愈低，額頭面積愈小，即髮際壓額。

男：額面積多＋奇骨：大吉。 額太高凸：剋母
額面積多：吉，少年得志。
額低（髮厚多呆滯）：無思維，無主見，無法舉一反三。

額低窄：

1、出身寒微（貧困小孩，額偏低）。

2、父母親年齡差距很大。

3、父母親教育程度差距很大。

4、父親運勢不好，無法支援年輕求學資源。

5、就業市場職位低，缺乏長上人緣。

6、年輕相對奔波、不順暢。

髮際線不平齊，如髮尖、髮鋸齒，額頭岔，主年少多奔波，如逆浪行舟，其中以額頭岔傷剋最大。

女 額寬、高、凸：骨盆腔窄。女性骨盆通常是圓形或橢圓形，最適合生產；若骨盆腔窄，則生產不易，會難產，須剖腹生產，如林憶蓮、殷琪、陳○好都是例子。

女 有日月角骨、懸天骨、華蓋骨、三山骨：生產不易，須剖腹生產。

剖腹產能否順產看人中、眼袋氣色與額頭氣色。

女額太高聳：太過陽剛，剋父，同時也剋夫。

額上停：主思維系統、創意。

額高聳：思維系統、創意特好。

額高＋膚白：很有主見，不輕易相信別人。

額傷嚴重度以傷及骨，其負面殺傷力道大於額表皮傷。

額頭胎記基本上是不好的。小朋友之胎斑是會退的，血管瘤亦會消，若不退消，長大須再處理。

（五）額頭違建：如斑、紋、痣、痘、痕。

斑 天生：影響力減半，影響年輕之運勢，但影響（傷害）力減半。

後天：晦暗之斑（斑之氣色偏暗）。又分有形之斑及氣色交會出來之斑。

斑 影響事業：少年影響父母之事業，中年影響己身及家庭事業。

額斑 印堂：陽宅之方位、地理位置不佳，陽宅偏陰。

日月角斑：陰宅祖墳出問題。

額頭晦暗，在日月角為陰宅出問題（日月角有青、黑或赤色之斑）。

額日月角氣色偏暗、微卡斑，則為祖墳有問題。

日角卡斑，父親尚在，則為祖父之墳有問題（最近之血緣）；月角斑則是女尊親之墳有問題。

陰宅（祖墳）出問題：

1、蔭屍：墓碑底與座相連處有潮溼狀（水痕，油漬）。

2、墓穴蛇鼠築窩。

3、大厝傾斜。

4、墳地斷裂。

5、墳地淹水。

墳地有問題不處理，則災禍連連，易發生意外，甚至導致家道中落。

子孫二人有額日月角氣色偏暗、微卡斑之現象，則上述災禍、意外、家道中落必然發生。

墓碑立名，字跡特別不好或碑石上名字風化之房，該房家運會敗。（經驗法則）

額見烏雲如見斃（意外身亡）

運勢不好，往往情緒低盪到谷底，人容易失神，一不注意交通號

誌，就容易發生交通意外……。

額無額紋最好，有紋皆不好。

額紋又分好與不好之紋。

佳好之額紋：

1、伏犀紋：三條橫紋，不亂、不斷、平齊；主思維清晰，才
　　華橫溢，人際關係良好，年輕（35歲前）極為奔波；經過
　　努力，35歲能白手起家。如唐飛、游錫堃、陳長文、曾巨
　　威……。

2、偃月紋：二條橫紋，有內在才華，年輕奔波，中晚年享福。

3、華蓋紋：一條橫紋，孤獨紋；人際關係不好，孤僻，站在自
　　己立場，不在乎別人想法，憑自己良知做事；然可因自己的
　　努力，逐漸往上攀高。

人際關係：三紋（天、人、地；不亂、不斷、平齊）比二紋
（人、地）好。二紋（人、地）比一紋（人）好。

天：天資夠，長上會提拔。

人：人際關係好，會照顧周邊同儕，同儕亦會照顧己身，故朋友
多。

地：己身部屬擁戴、子女有出息。

額不好之紋：有飛雁紋及亂紋。

祖先福德不足，出身寒微，父母為勞力工作（非好的工作）者，
親情、物質及精神生活不好。年輕極為奔波，30歲前吃盡人間苦頭，
離鄉背井，到老未必能落葉歸根。

額有不好之紋＋膚色黑：是貧困相，沒救了，除非眼神好。

額頭看祖先福德、父母家運、年輕運、長上緣。

飛雁紋＋髮際偏低＋髮際不平整（額岔或髮際如鋸齒）：遺腹

子。

額亂紋＋髮際偏低＋髮際不平整：年少常被欺侮，沒長上緣。

額亂紋＋膚黑：這輩子要爬上來，機會不大，除非有相理好之配偶。

額無紋＋髮際線平整：相理最好。

額無紋＋額高寬＋髮際線平整＋膚偏白＋日月角骨明顯：年少早發，才學過人、昌旺父母。

額紋路愈亂，年輕愈奔波，但非一輩子奔波，還得以中下停看論。

女 額有抬頭紋：

紋粗亂：出身寒微，傷剋父母。

紋細亂：細而亂如麵線，影響夫之運勢；40歲前有此紋，表有婦科疾病、賀爾蒙失調、皮膚水分光澤消失致細紋出現。

若先天不足，後天失調，易成為黃臉婆（額有細紋）。皮膚老化快，常有婦科疾病等問題；且先生工作常變動，聚少離多，難享夫情。

女 說話表情多、肢體語言太多，額頭常有亂紋出現，主個性強勢，會壓住先生運勢，影響夫運，應以溫婉為宜。

額頭上之違章建築：

額痘：

流年：15-30歲，年輕人血氣方剛。

推論：年輕人血氣方剛，於15-30歲長痘為正常。

生理：心火旺，則火氣大，易抗上。

學生額頭上長痘，對其管教，不能用強硬的，只能善意用水滅火，動之以情，用情感化他，用包容滅其火氣。（以水滅火）

30歲以上有青春痘，需看其部位之所在。30歲以上，額頭原則上

不應再長痘。

日月角、印堂（眉眼上、額周圍）上之痘：易與長上（父母）爭辯、據理力爭。

人際關係會跌宕、不順暢，長官會挑毛病，故與長官相處不好。（含父母、公婆）。

額頭痘：

1、父母有心事。

2、與父母、長上有意見爭執。

3、自己火氣大，缺乏自知之明。

痘長於眉間三角帶（印堂）：

1、女：生理期之表徵，表血氣不足，氣血兩失，致體內燥熱，印堂長痘，一星期後痘即自動消失。

2、女生有此現象，須注意與公婆之相處容易出現意見爭執。

女：若無長痘，表氣血足，生理運作正常。

男30歲以上於印堂（命宮：事業之指標）長痘。有下列現象：

1、心火旺：勞累過度。（健康上）

2、事業有瓶頸：（1）爭訟（被害）。（2）倒債（損財、賠錢）。

3、婚姻感情出問題：

（1）雙鳳搶珠。（2）緋聞事件或男女間存在不正常之戀情。

4、男：妻子此刻心境不是很平靜。女：先生事業遇瓶頸。

額痣：

額有一顆痣：年輕即有一份責任，比別人多承擔一份責任。

痣在子午線之左：年少即需擔負家庭之責任，父事業有瓶頸，因

父之能力不足，擔負父親之責任，與父親感情相對疏遠。

　　痣在子午線之右：擔負母親之責任，與母親溝通不良，與母親親情較淡。

　　痣在當陽子午線：擔負祖先與家族之責任。

　　許惠祐：前海基會祕書長；右額有痣，出生時母親即產難死亡。須承擔母親之責，親情較弱。

　　女　當陽子午線有額痣：如因票據法〈修法前〉，為大坐牢。（1顆痣即成立）

　　女　有2顆痣：為夫辛勞，為家庭付出很大。主另一半事業瓶頸偏多，先生工作勞多獲少，或揹一屁股爛債。

額痣在當陽：

1、比一般人辛苦、辛勞。男則年輕相對奔波，女是為夫辛勞。

2、離鄉背井，難享家庭親情。

3、負有使命感，第六感較靈敏（對神鬼特別靈敏），有宗教情
　　懷。

4、父母之健康、事業、感情必有一傷。

5、男　有額痣：難享親情，難獲長上提拔，工作表現不易獲長官
　　認同。

6、六親不助，又得扛起家庭經濟重擔。

7、女　丈夫事業大起大落，難享婚情，為夫背債。

8、女　不能與公婆在同一屋簷下，否則易引起家庭風波。

　　此外，額痣在當陽者第六感靈敏，凡進入不乾淨之地，如墳地、凶宅，神廟、博物館，會有打嗝、不舒服或起雞皮疙瘩、毛骨悚然、不寒而慄的反應。在進入乾淨之處，磁場好，就沒有上述的現象。

　　額正中間有髮尖、受傷、痣皆有此現象，有一者存在即成立，有二者如髮尖＋痣等，以上現象更明顯。爾後會走入宗教信仰，或成為

命理工作者。

額有痣：小時候發高燒，高燒達39℃以上且持續多天，即會在額上留一顆痣。

額痣在中間稱佛祖痣或觀音痣，為人仁慈、悲天憫人。紅色硃砂痣，宗教情懷更明顯，男女同論。

額之天倉痣位於眉尾偏上方、鬢毛上方、髮際邊緣。若有此痣，需點掉。

天倉痣：表父母親留下財產，半路會被其他親友搶奪、攔劫。

天倉長痘：表示此刻當下，父母留下的財產會被其他親友搶奪、攔劫。

額傷痕分表皮疤痕及骨內疤痕；比抬頭紋、痣、斑之傷剋更大，為大上加大。

表皮疤痕：負面影響力道減半。

骨內疤痕：負面影響力道大之又大。

額骨內疤痕：父母不旺，年輕吃盡人間苦頭。

疤痕在當陽子午線：生性叛逆，年輕時做任何事皆不順。

骨內疤痕在當陽子午線：有嚴重偏頭痛；個性沉不住氣，恃才傲物，精神不濟（需休息、睡飽飽的）。抗上，父母家道中落，家裡有苦日子要過。

骨內疤痕在額兩側者，影響力減半。

額頭有傷之子女、部下，需以鼓勵、關愛、感情來感化他，不能用打壓方式。

若用打壓方式罵小孩，小孩易走入歧途。為非作歹作奸犯科之小孩，皆為額頭受傷者見多（年少吃盡人間苦頭）。

長官對額受傷之部屬，需多一份關心與善意情感，對其付出，將

會獲得部屬以生命為代價的回饋（回報）。

當陽子午線額傷，主祖德偏虧，祖先業障轉移至陽世人間子孫（另類遺傳，隔一或兩代），凡額受傷，吃盡人間苦頭是在償還累世之因果債。

當陽子午線之額傷：父母婚姻、事業、感情三者俱敗。

當陽子午線額傷：年輕相當不順遂，適合異路功名，如宗教、五術。

額傷個性叛逆、抗上，聰明反被聰明誤，離鄉背祖，此種人不適合科層組織之行業（即有長官、部屬之行業）。

額受傷＋額寬高：年少叛逆，中晚年可增高門楣；少小離家，為祖先爭光榮，還祖先德偏虧的債，又為自己創造一番氣象，下巴寬闊者尤是。

額受傷：祖德偏虧，人在做，天在看，主天人感應，這是儒家與佛家的思想觀。

額頭氣色：黃、明、潤、亮。

額：火星之所在；火星會亮，印堂要亮。

黃：我們為黃種人，膚色為黃色。

明：光朗清秀，神情有采。

潤：看起來如塗油，不能慘白。

亮：亮似包裹紗布的燈泡。

額頭氣色不能晦暗無光（彩）。

男左額氣色晦暗無光（彩）：與父不合。

男左額受傷：與父不愉快。右額受傷：與母不愉快。

對父母孝順，額會亮，日月角亮。對父母不孝順，額要亮，難矣！

額亮不亮與心理因素、健康有關係外，若父母親健康好，則子女

額亮；父母親健康不好，則子女額暗。

父母親往生，陰宅佳、地理位置好，風水佳，則子女額亮。

父母親往生，陰宅不佳、地理位置不好，風水欠佳，則子女額偏暗，日月角骨氣色斑雜。

觀氣色宜平靜，大喜、大怒、喝酒或行房之後之氣色不準。

起床半小時內去照鏡子之氣色最為準；坐下30分鐘後觀看也宜。

若氣色偏暗、晦暗，表示此刻心境不順，心中必有掛礙。

長期掛礙結果，氣色會一天一天晦暗，濛灰不亮，容易出事。

經常心悶不樂，氣不舒，則氣色晦暗，思維短路，容易做出錯誤之決策，致錯誤一再發生。當負面能量加總至一定程度（量變到質變）時，則臉色晦暗，意味人生缺乏希望與光明，容易尋短、自殺。印堂發黑、烏雲罩頂、見斃（意外死亡），就是依循這邏輯道理而推論。

兩眼呆滯無神＋眼神似脫（心、眼不相交）＋氣色晦暗：最易發生意外（含自殺）。額頭不好符號愈多，流年15-30歲年輕坎坷奔波，父母事業多阻礙、不興旺。

額相好壞，是由祖父母之德行決定〈因果輪迴說〉。

髮際不平整＋額受傷：年輕不倒楣，誰要倒楣？

額頭（流年15-30歲）不好符號愈多，年愈坎坷。

額頭氣色明亮＋額四平八穩如懸天照耀四方：年輕早發，早運很好。

額光亮＋無惡紋、惡痣、惡斑、惡痘＋額偏高＋髮際線平整：特好。

額低＋髮際線不平整＋額有亂紋＋額受傷＋氣色暗：特不好（流年15-30歲）。

十三、印堂

　　印堂又稱為命宮，是12宮位之首，位處神祕十字帶區的交匯點，對所謂的命運，有著很大的主宰與牽引力；印堂是六曜之一，名曰：紫氣，紫氣明亮，富貴通達。

　　在西方的相法，印堂又稱為人緣點，是人際關係的中心部位，也是健康的儀表版。

　　部位：額頭中正之下，兩眉之間，山根之上。

一、觀論：
　　主家宅、健康、個性、智慧、婚姻、貴人緣、人際關係、事業與福禍吉凶。

二、相理：
　　印堂寬平不凹陷、兩眉不侵印堂、氣色黃明潤亮、無惡紋痣疤痘斑。

三、相理分析：
　　（一）寬闊平整。
　　（二）氣色：黃明潤亮。
　　（三）無違章建築：斑、痣、紋、痘、痕。

（一）寬闊平整
　　寬闊：眉毛不交鎖。
　　平整：摸起來不要起起落落、凹陷不平整。
　　眉要退印：眉毛要離開印堂愈遠愈好。
　　眉狹窄：兩眉間距不足一指幅。

狹窄與開闊印證在心肺部與支氣管健康。

印堂開闊：肺功能好，可做大事業。

印堂開闊，事業會做較大。

如蔣經國、唐飛印堂開至4指幅寬，謝長廷印堂開至3指幅寬。

印堂開闊＋山根豐隆：主所生子女善良優秀。

兩眉交鎖：支氣管比較弱，呼吸含氧量不足，人易疲倦，致情緒穩定度不高。個性遂行度（執行、貫徹）相對滑落降低，遂行度降低後，他人就喜歡挑毛病，無貴人。

兩眉交鎖：對與己無關的事，個性相對保守；對與己利害有關的事，則顯得激進急躁。遇事易情緒化，難以擔當大局，因此長官不提拔，人際關係也不好，不可能賺大錢。另外，視野不夠開闊，較無遠見，事業順暢度不理想，社會地位不會太高。造成原因：回歸祖德。無大老闆兩眉交鎖。因此，宜修身養性，多行善積德，為自己、家人及後代子孫累積福德，庇蔭造福後代子孫。

祖德為一經驗法則，少有人會說自己的祖先福德不足。

額有傷氣暗，係祖德在主導。

傷痕、痣、雜紋、青春痘留下的疤痕，會造成印堂不平整。

（二）氣色

六曜之紫氣星在印堂（命宮），因此，印堂氣色要光亮明潤。

印堂氣色要黃明潤亮，是為正常之氣色，主當下昌吉無阻。

印堂紅得發紫：男生主升官發財，女生則是丈夫事業運當旺。

印堂青氣色：主受到驚嚇，內心憂煩不舒，也是損才敗業之先兆。

印堂赤氣色：主是非爭訟，也是血壓高的表徵。

印堂白氣色：家中辦喪事，或肺部病變。

印堂黑氣色：是烏雲罩頂之凶相，主意外身亡。

印堂經常青赤黯雜氣色，主祖墳出問題，住家陽宅地理風水不

佳。

（三）無違章建築：斑、痣、紋、痘、痕

印堂痣：支氣管較弱，曾弱到扁桃腺發炎，腫到有大拇指第一指節大。

印堂痣：因相對位穴—喉嚨覺得卡卡的，會有因清喉嚨的動作，發出微咳的聲音。

痣漆黑而亮：扁桃腺已好轉。本命會較辛苦。出身背景、投入社會會比一般人辛苦，但辛苦會有代價、會有成就。

痣灰色：成就相對差。

印堂長痣：男稱雙鳳搶珠，談戀愛過程有2女爭1男，不知選誰是好；女則是雙龍搶鳳，三角戀愛會困擾著她。

男 印堂痣或痕或痘疤：太太活得不快樂、不自在，太太愛用精品，太太錢花得多。如鍾鎮濤（阿B）痣非漆黑而亮，前妻章小蕙花錢不知節制，最後破產收場。

女 印堂痣或痕或痘疤：先生工作不順暢，直到妻52歲後方不受該符號的影響。

印堂痣或痕或痘疤：當陽十三部位之正中間，此生會遇到小人，此生錢財會重大虧損一次。其流年尚需用九執流年及七十五部位流年法交叉推演，若九執流年正好在鼻準，則在流年48歲那一年（九執流年48歲在嘴巴）會應驗。若嘴巴相理好，破財減半，若嘴巴相理不好，則晚年挨打，會有重大錢財損失。

印堂長痣：生理上有喉嚨、支氣管之疾病，支氣管偏弱，或扁桃腺發炎、腫大（如大拇指大），經常會乾咳，晚年需防被痰噎死。

印堂痣與祖德有關，祖德有虧，則會送上一顆痣在印堂，意味是為祖先償債，同時也是擔負普度眾生的重責大任。

印堂痘：

印堂痘：此刻當下財運發生問題（財損），事業順暢度不好。

印堂痘＋眼睛氣暗：眼頭與印堂構成三角帶；損財，事業順暢度當下不好，人際關係當下會有爭執，或情場失利。

印堂痘＋眼睛亮如漆光、如鑽石亮：損財有限，影響不會很深遠，但會引來緋聞桃花。

印堂痘：注意官司訴訟，避免人際關係出問題。

男35歲以上 印堂痘：五臟六腑虛火旺，心火旺，則心肺功能弱，常咳嗽（心臟弱，呼吸含氧量不足，經常會咳嗽），健康本身出問題。

女 印堂痘：生理期間，血氣兩失，身體偏虛寒。

印堂痘：有桃花、緋聞、豔遇。如果眼眶赤紅，更是應驗，男女同論。

已婚者 印堂痘：注意夫妻情感以外的男女感情。

男 經常印堂長痘：財損業困，還會惹桃花。

經常印堂長痘，人際關係不好，經常有是非爭鬥。至於以後會不會有任何不利或不好的事情，尚需看眼神及感情十字帶來解讀。

印堂紋：

直紋：

懸針紋：印堂中間的直紋；上沖官祿宮，下沖疾厄宮（山根），劃破龍宮（眼睛），則健康上會有血濁、肩頸酸痛不舒坦、血液循環不良、狹心症之前兆。倘劃破印堂命宮，缺乏人緣，個性很會挑剔，人際關係易破裂，事業財運相對滑落，事業經營會遇瓶頸。

斜紋：肩膀酸痛。

橫紋：肩膀酸痛，支氣管功能弱，呼吸含氧量不足，身體容易疲勞、倦怠，事業成功難。

直紋＋斜紋＋橫紋：雜紋，印堂雜亂。

印堂雜亂：心境雜亂，辛苦多波，此生追求成功較難。

印堂有雜紋，事與願多違，會與成功背道而馳。

心境亂，印堂紋路會愈亂，此心境來自健康與情緒。

心境亂，事業不會成功，情緒不穩定。

印堂兩邊八字紋其休咎與懸針紋同。

印堂雜紋：情緒不穩定。

印堂直紋＋耳垂斜紋＋山根橫紋：心臟病，心律不整。

旗桿紋：兩直紋至眉頭謂之，直紋以不劃破眉頭為準；經常兩眉交鎖在思考問題，留下之紋路，主白手起家，學者專家見常。

旗桿紋：情緒穩定，白手起家，學有專精，如教授、張忠謀、曹興誠等。

旗桿紋劃破眉頭至眼頭至眼頭龍宮：人際關係惡劣、人緣惡劣、極差；極端主義，極不好相處之人。

悲云紋：有弧度由上往下至眼頭（似Coach標誌），主心思不穩定，心胸狹隘、個性非善類，不可與之為友。

八字紋、川字紋、爪字紋：紋不交會，一生奔波，雖辛苦但可白手起家。

人字紋、十字紋、井字紋：兩紋或多紋交盤，人際關係不佳，十分奔波。如黃俊雄布袋戲裡的藏鏡人，印堂被紋上十字紋，叛逆多波，與武林為敵。

命宮有交叉紋：奔波，配偶辛苦，夫妻之間不恩愛融洽。

命宮有不規則、不對稱之紋路：夫妻之間不融洽。

印堂如被橫紋沖破者，主祖業遭破敗耗散少部分；如有直紋沖破，祖業耗失大多數；此紋又稱謂「懸針紋」直紋沖破，紋深者加倍論，紋淺者減半論之。

印堂懸針對應論則：

（1）神經質且固執頑固，意志力堅定，不畏困難，易大成大敗。

（2）公共關係不好人緣差，欠缺圓通性情急躁，易刑剋他人惹事生非。

（3）心血管系統不佳，應防心臟病、高血壓及意外事故。

（4）事業上宜陰性職業，或離鄉背井發展，如係木形人則不忌。（木形人指形體瘦長、走路會搖擺者）

（5）女性宜晚婚，早婚主多是非、夫運差，生活不美滿，晚年孤壽。

（6）如係懸針紋主神經衰弱、心神不寧，志大不遂，促壽。

（7）如懸針紋生腳，主凶中帶吉，可絕處逢生。

印堂悲云紋、川字紋、火焰紋事咎：

（1）心血管疾病。

（2）人際關係跌盪。

（3）配偶生理、心理極度不安全，過著極度不滿不安的生活。

（4）先生有此紋，太太物質、精神生活皆不好。

（5）太太有此紋，先生工作辛苦，賺錢很少，很辛苦，精神無所依託。

悲云紋：紋從眉兩頭上，微彎劃過眉頭，眼窩，直到眼頭龍宮之紋路。

川字紋：三條直紋劃破印堂，紋越深，印堂越顯得不平整。

火燄紋：多條不規則縱紋，如火燄劃留在印堂之紋。

印堂開闊，印堂無較雜的違章建築，印堂氣色偏黃明潤亮，主夫妻之間關係融洽恩愛，事業平穩順暢。

印堂有違章建築紋：人生順暢度較不順利，勞多獲少。

印堂傷痕、痘疤：

（1）配偶心境不平靜、經常起伏不定、不滿、會有抱怨，夫妻之間相互稱讚鼓勵的少，相互抱怨的多。

（2）先生印堂傷痕：太太會抱怨，先生為太太付出多，但太太感受不到，因人際關係的磁場受此傷痕破壞掉了。女同論。

（3）事業：此生命運運作的順暢度是不順暢的，如輪軸軸心受傷，輪子在運轉就不順暢，人生的運勢不順暢偏多，勞多獲少。

（4）注意至少被倒債一次。

（5）人際關係不順暢：付出多，但常被人誤會。

（6）人生比他人辛苦，擔負家庭、家族重任，又不能得到六親認同相助。

　　印堂傷痕、痘疤者，51歲人中運後，進入52歲，可漸脫離厄運，因印堂傷痕、痘疤會影響到51歲為止。晚年走人中的運後，就可不受印堂破陷的影響。

　　我們臉上的每個符號背後，有代表好的與不好的，好的要把他發揮到極致，不好的要將損失減到最少學面相求個早知道，再改變心態並以行動運作改善，這樣懂面相才有它真正的意義與價值存在；千萬別把自己看到的缺點，無限放大，自己嚇自己。

結語：

　　子孫印堂、額頭的長相，是取決於祖父母的福德做得好與不好，積德多不多。如果做得好，積德多會給子孫一幅寬敞明亮的額頭、開闊平整的印堂，反之則否。所以「德」主導印堂，雖無法做科學的論述，卻是每言必中。

　　印堂，本命重點在乎觀念，只要觀念改變，印堂就會改變。人沒有十全十美，本命不好，心性心念要正確，心性心念改變，福德積得多，印堂會開闊，氣色就會明亮，眼睛也會跟著變好，命宮自然就隨著往好的方向發展。

十四、眉相

　　年少一輪眉，老來一抱鬚，髮者血之愉，眉者血苗，故問壽在眉，眉為保壽官；眉毛含有明媚之意，是兩眼的華蓋，臉面的儀表；所以眉毛涵蓋了健康、個性與智慧。眉毛是兄弟宮，眉形好與壞，與手足的成與敗，有間接的影響力道。

一、觀論：

　　才智、個性、健康、婚情，功名、社會地位，兼看兄弟手足運、朋友等。

二、相理：

　　兩眉開闊，眉秀長，不逆亂斷散，不壓眼，不短不蓋覆眼，無違章建築。

　　眉毛忌諱：眉散、眉亂，眉斷、眉稀疏、眉交鎖、眉壓眼等眉六害。

　　眉相理需符合「龍眉八要」（男：眉毛相理八個要點）是上乘眉相。

三、相理分析：

（一）龍眉八要：

　　1、要退印。2、要居額。3、要揚起。4、要尾聚。
　　5、要有彩。6、要過目。7、要貼順。8、要根根見底。

1、要退印

　　印：印堂。印堂愈開愈好。女 印堂特開反而不好。
　　印堂寬 男要2指（食指＋中指）幅。
　　男 若無2指幅寬，則為眉毛交鎖。

俗話說：朝廷無鎖眉之相，山野無高額樵夫。

唐飛、謝長廷 退印3指幅，位居宰相之格。

蔣經國 退印 4指幅，位居廟堂高位。

退印：眉頭（主肺）愈開，主肺功能愈好，呼吸含氧量夠，有利於心臟，心肺功能特好。

退印：女 2指幅以上：個性開朗，不會防範別人，不保守，不會有狐疑心，比較易受騙。先生有社會競爭力，先生日子過得愜意，是幫夫運之眉相。

眉毛交鎖（有雜毛）：心肺功能不好，肺功能特弱，支氣管不好，一感冒就久咳不癒。個性固執，沉不住氣，心理偏保守，人際關係較差，無貴人。與長官相處欠佳，難以得到提拔，事業做不大。

眉退開印堂：主夫運、妻運皆佳。

高官、顯要夫人：退印＋鼻樑骨微突＋鼻有肉，此面相對先生未來事業有加分作用。

男 退印（印堂特開）：事業會做相對大。如蔣經國、唐飛、謝長廷等。

印堂特開：健康特好，支氣管、心臟功能特別好。個性沉得住氣，不煩躁，不叛逆，冷靜，因此貴人多，人際關係好，事業平順。家庭幸福，妻子日子過得快樂，太太心理舒暢，家庭就有安全感。

2、要居額

居額：眉毛長在額頭上方；眼瞼之上。

眼瞼高度1指幅半以上：腸胃、內分泌特好。

眼瞼大於1指幅半：貴格。指幅愈高，出身背景愈好。

眼瞼小於1指幅：眉壓眼。

眉壓眼：眼瞼小於1指幅。

生理上：腸胃不好。內分泌不正常，腎水不足，會影響腸胃運作。

眉壓眼：出身寒微。

個性上：個性急，沉不住氣，易與人爭鬥，較無安全感。

居額適中：1指幅半或1指幅半以上。

居額適中＋眼瞼豐滿：個性沉穩、冷靜，做事較有方法、技巧，不會急。

眼瞼豐滿：眼蓋蓋眼球；內分泌正常、強盛。

眼瞼凹陷：病相，內分泌不好之表徵；內分泌失調，屬病相之徵。（腎、腸胃功能要注意）。

長期睡眠不足，眼瞼微凹陷（年輕即眼瞼凹陷）。

年齡未達六、七十歲，卻眼瞼凹陷：內分泌不足，要注意腎、腸胃功能是否正常。

眉居額：出身名望貴族，名門之後。如蔣○勇享受公子哥兒生活，有點不知民間疾苦。眉居額者個性緩和不急躁。

3、要揚起

眉揚起：眉頭低眉尾高，呈約15-20度角微微上揚，眉型佳。年少即有一番作為，年輕即可實現理想與願望。

功名問眉型。

眉相好：功名可成；情緒穩定度好，理性判斷好；身體健康，肝肺功能好，個性冷靜。

眉相好：一般位居管理階層職位。

當稱職之管理者，需有很好眉毛。

年少一輪眉（揚眉）：問功名在眉，年輕有一輪揚眉，可功成名就。

老來一抱鬚：表穩重與威嚴〈過去年代〉。

高階管理者、想當中等以上官位者，需有一輪秀眉。

4、要尾聚

眉尾聚，似一輪明月，清秀：手足生活安逸，名位皆有所得。

眉尾聚：理性，做事有規畫、有計畫，理財能力較好；可交到益友，真誠換真意，兄弟、夫妻感情好，理性與感性兼具。

眉尾散亂：肝功能不好（異常），喝酒會有非理性或即興之行為。搶付帳，喝酒喝到吵架，相對不理性；做事沒原則，不按牌理出牌，率性、隨性。

眉尾不聚：眉毛是鼻子的根，所謂眉疏不積財，眉尾不聚理財能力較差，52歲前難積大財。

眉毛前濃後疏淡者，謂「陰陽眉」，主個性較情緒化，易意氣用事；31-34歲宜防配偶外遇而婚變，或婚前配偶已失童貞。

鼻相好＋眉尾相好：理財能力好，不會因非理性或即興之行為而花掉錢。

眉疏不聚財：眉尾稀疏，永遠聚不了財，即使賺很多錢也聚不了財。

眉尾疏：51歲前財運不發。鼻子流年運41-50歲，故50歲以後才有財運可言。

眉尾稀疏散亂：交不到益友，會被朋友出賣，交不到真心朋友，虛情換假意；翻臉如翻書，不念舊情，率性。情緒不穩定，會易受傷害。

眉亂：指無法根根見底，無法貼順，長的方向凌亂。

眉尾不聚，33、34歲會損財、損情。

眉尾疏散：33、34歲受益友損財，傷情（兄弟、朋友、夫妻彼此自我傷剋，損及友情、手足情、夫妻情）。

眉尾稀疏散亂：求功名、做事業之最大關隘。

大老闆少有眉稀疏散亂者。

眉較淡基本上沒有班底，不會拉幫結派，難以登上管理階層。

眉稀疏散亂：兄弟姊妹生活不安逸，功名與社會位階難求。

修眉，把眉修掉：3個月內兄弟姊妹會婚情事業跌宕、災損，倒朋友或被朋友倒債。

紋眉：兄弟姊妹生活不安逸，名位不可保。

男女情愛盡在眉眼間。

眉相好：夫妻感情恩愛穩定。眉相不好：夫妻感情不穩定。

5、要有彩

眉要微亮有光澤。

亮：身體健康，血液循環可達眉，眉自然有光彩、黑亮。

眉光彩：生活正常，生理、心理健康。額亮光度夠，眉會有光彩。

若額亮度不夠，因生理、心理交瘁，過度耗用，致氣色晦暗不亮。眉表皮失去原有黃明潤亮色澤，而變偏暗，眉無光澤，顯得焦枯。

焦枯：眉稜骨骨質鈣化，元氣虛弱，生理機能衰弱之表徵。生活上放縱七情六慾，致雙眉光澤喪失。

焦枯：縱慾、生活極端不正常、吃喝嫖賭＋跳舞玩樂，眉稜骨骨質碳化、鈣化，眉焦枯（無眉表皮底色照亮）。

焦枯如黑炭、髮白眉枯：傷手足、不積財。

男掉眉：損財，男女感情起波瀾。

眉烏黑漆亮（太過）：黑得發亮 男：妻子外遇。

眉毛光澤來自己身所積陰德，眉毛上頭與印堂就會出現陰騭光。

陰騭也稱為陰德、陰功。

6、要過目

眉長過目：眉尾超過眼尾：冷靜度超乎常人，聰明，理性，不會意氣用事。

眉長過目＋尾聚：功成名就，可為設計者、管理者、老師、醫生等中上流行業。

眉毛和一個人的壽命有關，眉頭主肺，代表氣血。眉尾主肝，眉尾過目者肝功能好、免疫力好。

7、要貼順

眉要貼順，反向碰觸不會刺刺的；眉柔貼，情緒穩定。

眉貼順：財運、理性、個性、夫妻感情、健康、社會地位皆好。

眉頭翹、眉毛逆亂、眉如鋼刷：脾氣硬，個性不穩定。

眉毛逆亂、眉如鋼刷：脾氣作梗，其想法不為一般人所料想得到。

8、要根根見底

根根見底：眉稜骨骨質好，表皮有亮度，眉毛根根見底，主健康好。眉稜骨有氣色，有陰騭光（陰：暗示，騭：德行），德行好，問心無愧，不會身心交瘁，也不會情緒逆亂恐懼。

德行好，則眉毛有光彩，眉能根根見底。

眉開眼笑、眉毛秀麗皆與德行有關。

眉相好：兄弟姊妹婚情穩定，事業會有成就。

（二）眉骨：

眉稜骨：眉毛長在骨上，眉稜骨高，企圖心旺；如果眉稜特高，則主獸性強，知進不知退，凶惡多滯。反之，眉稜低陷平整，個性鬆

和，企圖心不大，不與人爭強鬥勇。

眉稜骨與華蓋骨，兩骨重疊，霸氣十足，個性強悍，性情凶頑。相書說：眉骨高高常受波濤，意思在此。

凸（高）：意志力特強，下定決心使命必達，貫徹到底；固執，講義氣，衝太快；不善變化，一成不變（此為社交上之弱點），食古不化；原諒不了敵人，睚眥必報；獸性（似猩猩）、野性較大，人際關係不好。

微凸：最好之相理，奇相。

低平：個性緩和懶散，性緩無爭，隨和。

低平：對兄弟、朋友不會太熱情，無特殊兄弟姊妹情，不重義氣；與之交往平淡如水，較無個性，不會結黨營私。

掌權者都需有眉稜骨。

（三）眉型：

眉形介紹：眉形各家說法不一，茲列舉幾種眉形說明——

揚眉：眉尾比眉頭高；揚眉吐氣，主少年得志（早發），年少即有一番作為。

揚眉＋額寬廣：26歲起運，26歲起即有一番作為；有才氣，年少早發，年少即有一番作為。

眉毛豎起，性格豪邁，不受拘束；眉尾下垂，垂至眼角，性格懦弱，膽怯。

平眉：眉尾與眉頭等高，年少不發（34歲前），35歲以後才發。

平眉＋額有違章建築、缺陷：34歲前吃盡人間苦頭，35歲以後漸入佳境，惟尚需看眼神氣色等。

平眉＋額有違章建築、缺陷＋眼炯炯有神（有才氣）：35歲以後才發。

平眉＋額有違章建築、缺陷＋眼無神：35歲以後未會必發。

平眉者是否應發在35歲，以眼神為量度。

倒眉：眉頭高眉尾低，且高低落差大。

八字眉：一生不缺錢。

八字眉＋眉尾稀疏散亂：終生倒霉。

八字眉＋眉尾聚：一生不缺錢。

一字眉：眉頭眉尾呈水平狀，主博學多才，34歲前不發，發在35歲以後。

一字眉者與印堂是分開的，這與兩眉交鎖的一字眉形不同。

羅漢眉：眉尾蓬鬆壓天倉，不好。

虎眉：三角眉、斗笠眉，個性剛，天生帶貴，如林彪、郝柏村（虎眉＋小三角眼）。

三角眉＋三角眼：非富即貴，如蔡同榮、林重謨。

三角眉＋三角眼＋眼特亮：大富大貴，極為貴旺之相，如郝柏村。

三角眉＋三角眼＋眼細長、亮：貴旺之相，如胡錦濤。

龍眉：眉頭圓，眉身彎彎向上，眉尾有聚過目，為男性最標準眉型，聰明過人，非富即貴之相。

獅眉：三角眉＋眉尾鬆、過目、未壓天倉，眉形可。

臥蠶眉：眉形似蠶之狀，眉頭既圓又彎下，似臥蠶之頭在擺動之狀，眉尾上揚有聚，主其人滿腹經綸，成名頗早。

促秀眉：眉清短秀，印堂特開，志向高遠，重諾守信。

刀劍眉：眉濃揚上翹起，眉揚起眉形如刀劍，主富智力膽識，忠肝義膽，最宜軍警界發展為武貴，戰亂則是凶死之眉相。

臥蠶眉：說話眉微動（眉頭與眉尾微顫動），眉形可。

陰陽眉：眉前濃後淡，眉形不佳。

新月眉：如上弦月（初三、四），做事心細，個性溫和。男則吸引異性、易鬧緋聞，31-40歲易有外遇。

柳葉眉：眉型呈現弧型彎曲，從眼頭長長的到達眼尾後方，女性最好擁有柳葉眉，心地溫柔善良，易受成功男士追求。

細眉：眉如一條細線，又稱春心眉（春心蕩漾之義），眉毛相對稀疏。

女 眉來眼去，用來形容男女之間的傳情，易勾引異性。主有異性緣，感情世界之一舉一動易反射出來。

掃帚眉、羅漢眉、鬼眉、間斷眉…等。

眉之格局：

三清格局：眉清、鬢毛清，鬍鬚清；又稱三輕，聰明敏銳，心地善良，主貴大於富，可居高位。

三濃格局：額高眉毛濃、鬢毛濃，鬍鬚濃；腎水特足，身強體健，冷靜不燥，平穩踏實；膚白者，可擔重任，平步青雲。

四濃格局：額低窄，眉毛濃、鬢毛濃，鬍鬚濃；腎水特足，身強體健，性情溫和，年少奔波，膚白者41歲起開運；膚黑者生性懶散，無大作為；體胖膚黑者，庸碌一生。

三寒格局：指眉寒、肩寒、聲寒，是下乘相，主貧困，晚景不佳。

三寒格局：

（1）眉寒：眉稀疏，馭夫無術，駕馭先生沒要領，夫妻感情淡薄；最小小孩額受傷。（眉疏不聚財）

（2）肩寒：肩下垂，一般偏瘦，肩寒無胸，晚年孤獨，丈夫婚情易向外發展。

（3）聲寒：破嗓子，56歲家庭分崩離析。應少開口、少責備親人。

案例

　　25年前，沈老師33歲，張小姐31歲，從事壽險業務，某一天在小姨子家，巧遇張小姐等多人，在小姨子的鼓噪下，沈老師幫大家看了相，從張小姐面相與柔軟的手指，已看出來張當時正旺，但其旺運僅旺至36歲，36歲後運勢就開始走下坡。

　　張小姐聽完一臉不悅，立馬掉頭走人，場面尷尬。事後驗證了張小姐36歲後其運開始走下坡，41歲遇到人生重大瓶頸，先生事業失敗，小孩叛逆，半夜去警局領小孩，娘家父母事業凍結，家道從此一蹶不振。就在一年前年，小姨子向沈老師說：張小姐年入56歲家庭幾乎分崩離析……。

案例相理分析：

1、 張小姐三寒格局＋下巴尖削＋鼻樑骨高起無肉＋額寬、亮、無瑕疵（旺父母）＋倒三角形臉，因此，三寒格局者，走入眼運35，36歲，運勢達最高，爾後開始走下坡。

2、 張小姐手掌骨特柔軟，按手相學來說，女生手掌骨特柔軟，36歲前旺父旺己，36歲後旺運退去，由昌運轉衰敗。

3、 張小姐眉寒，兄弟姊妹無特殊成就，夫妻感情33-34歲開始不好，她31歲時丈夫任副營長，35-36歲丈夫任營長，從此後大運滑落，不再攀高。她36歲走下坡，41歲後每下愈況，51歲最可憐。先生的事業運不昌，且與先生的感情不好，自己健康開始走下坡，同時業務業績大幅下滑。

4、 張的聲音聲寒低沉，女生聲寒56歲家道必衰，晚年不好。

5、 張下巴尖削：與子女（1男1女）會有嚴重之代溝，又下巴是子女職場舞台，女生下巴尖削者，子女不能成大器。

沈老師備註：

1、 張小姐於42歲時，幾度央託小姨子請再幫忙看相，指點迷津，沈老師給回說：張是奇人異相，請她另請高明。

2、 張突如其來轉身離去，一臉不悅。人的態度就是高度，人的格局就是人生的結局；她要遇上貴人，恐怕很難。

3、 這件事給沈老師很大的啟示，話多不如話少，話少不如話好。以後看相不該單刀直入，要考慮當事人內心之感受，幫人看相還得要帶些心理輔導。

4、 當面相不能改變時，只有改變心念。當心念轉變，所謂的命運都會隨之轉變；心念不轉變，一切再多的指迷還是回歸在原點。

小角揚眉：

眉毛前頭有3至5根偏長，微朝上豎翹，稱為小角揚眉。

小角揚眉：情緒不穩定、個性歇斯底里、肺功能弱。

眉頭小角揚眉＋髮尖或髮際不平整（髮亂）＋鼻尖削＋菱角嘴（有嘴珠）：（小角揚眉為主項＋其他3項中之2項），難駕馭，有此主管或部屬需費心帶領，不能碰觸其禁忌及痛處，否則會一哭二鬧三上吊，如于楓。

于楓：小角揚眉＋髮尖＋鼻尖削＋菱角嘴（有嘴珠）；個性強烈，一哭二鬧三上吊，于楓與已婚商人黃○○情感牽扯16年，期間與比她年長25歲的華僑結婚僅3年即離婚，離婚後仍與黃○○同居，還剖腹產產下一子。後來上吊自殺，結果香消玉殞。

一哭二鬧三上吊歇斯底里相者共同特徵：皮膚偏白（完美主義者），即會自殺者90%皮膚偏白。

皮膚偏白＋小角揚眉（情緒不穩）＋髮尖（性格叛逆）＋鼻尖削（抗壓力弱）＋菱角嘴（相辯不會輸，相賭不會贏）：任何事都要辯贏，若輸就一哭二鬧三上吊，

稍不注意即自殘，極端情緒不穩定，男女同論。

（四）眉痣：

　　男 羅睺痣（痘）：左眉頭上方之痣（痘）。

　　計都痣（痘）：右眉頭上方之痣（痘）。

　　印堂四周有痣（痘）在眉毛附近，稱羅睺痣（痘）或計都痣（痘）。

　　男 在眉頭中央有痣：不宜投資合夥，不宜自己當老闆，不宜自己開業。

　　眉心有痣及痕，或痕斷眉心，則主兄弟無緣，並乏子嗣。

　　眉頭上有羅睺痣（痘）或計都痣（痘）：做事業會有爭訟或被倒債、損財。

　　彭恰恰 47年次，眉頭羅睺痣＋朝天鼻（財庫；位於當陽子午線，破陷）：48 歲被倒1500萬元。

　　眉頭羅睺痣＋年壽上〈鼻樑〉有痣（流年45歲）：若當保人，45歲會損大財，損財前1-2年會莫名其妙投資、做保人。

　　羅睺、計都有痣：萬萬不能當保人，會被倒巨額錢財。

　　羅睺痣：刑獄宮；有官非訴訟，會失手打傷他人；一般需注意痔瘡、腸胃問題。（男女同論）

　　計都痣：刑傷宮；會被他人失手打傷；一般需注意先天心臟問題。

　　羅睺痣、計都痣：需防爭訟、損財及牢獄之災。

　　有羅睺痣、計都痣者：被領養或認義父母之機會較一般人多。

（五）眉斷：

　　脫落的斷（自然）：肝功能異常。

　　遺傳：父母酗酒（喜怒哀樂無常），小孩眉尾散、眉斷。

　　自己行為：中年己身酗酒，中年己身眉脫落、眉斷，結果己身行為乖舛，難以捉摸，情緒不穩定。己身肝功能異常（不能過度熬夜），情緒不穩，感性，吃飯搶付帳，不給付就莫名其妙吵架打架。

　　眉尾主肝，眉尾脫落，肝功能有問題。

　　眉斷、亂：

　　傷痕的斷：外力造成，會影響婚情，傷剋手足，錢財借損，手臂受傷。

　　眉傷痕：兄弟姊妹有難，流年在己之31至34歲，要依傷痕位置論斷。

　　眉頭痕斷：肩胛骨受傷機率大，會酸痛麻痺。

　　眉中痕斷：手肘受傷機率大，會酸痛麻痺。

　　眉尾痕斷：手腕受傷機率大，會酸痛麻痺。

　　眉尾痕斷：33-34歲不利感情，此年結婚，婚姻路較會有波瀾。

　　眉尾斷：手掌、手肘、手腕會受傷（車禍或意外）或酸痛麻痺（己身體質）。

　　眉長痣同論。

　　眉散亂斷：婚姻易出現理財不力，己之33-34歲，兄弟姊妹見難，如車禍、血光；且年紀愈大，兄弟姊妹情份愈差、愈淡薄。

　　眉者鼻之根，尾散、亂、斷者，理財不力忌合夥投資、借貸。

　　眉散亂斷＋眉疏：對兄弟姊妹來說都是扣分。

　　眉散：情緒、個性不穩定，肝功能異常。

　　眉亂＋眉散（自然產生）：眉上下左右參差不齊；肝功能異常，情緒不穩定。

　　眉亂＋眉散＋眉稀疏上下左右開弓，單邊不超過10根，是精神分裂症者。

（六）眉壓眼：

眉眼間距（眼瞼）約1指幅為標準。

眼瞼＜0.5指幅：出身寒微，父母腸胃不好，己身吃飯速度快，個性較偏激、急躁，未來需注意腸胃問題。

有錢人吃飯速度較慢，經過2-3代後，眼瞼愈寬。

（七）眉鎖印：

眉鎖印：印堂標準：男2指幅以上，女1.5指幅。低於上述標準即眉鎖印。

眉間愈寬，器宇愈大，思維穩定，肺功能好，可成大事、立大業。

眉交鎖：肺功能弱，氣不足，有過敏體質或支氣管弱，容易疲倦、不耐煩；、情緒躁進，人際關係差，事業發展欠佳遇阻，無法開疆拓土；主先天本命不足，需修身養性改善之；調整氣之功能，個性不要急躁。

眉交鎖：貧困刻薄，妨礙兄弟手足事業，傷剋夫妻感情。

眉毛鎖印：父母早逝，個性膽小羞怯，猜忌狐疑，患得患失；家室不和，人際關係差。

（八）眉濃淡：

眉濃：兄弟姊妹、朋友情深，友誼較牢固，重視朋友情義。

相書說：「眉濃不點翰，以眉為臣，目為君」，因此眉濃壓眼者，難為輔君之臣。

眉稀疏：較本位主義，自我主義較強，不會講義氣，不會為朋友兩肋插刀。

無眉：眉稀少到只剩數跟，手足乏力，沒成就；己身偏才自用，

孤而不群。

　　眉淡：任何事無所謂，好說話，但說過的話不會負責任。

　　眉淡情淡：眉稀疏與部屬情感不是那麼融洽，做官船過水無痕，眉較濃較有人情味。

　　眉焦枯：乾、無色澤、若多則似木炭般焦枯，腎水不足，勞累過度，體力透支。另外眉骨骨質鈣化，眉濃焦枯者，是盜僻之相，己身德行偏虧，益友少，損友多。

　　眉上：福德宮之所在。行為舉止端正，眉稜骨明亮，眉毛自然有亮度，眉能根根見到眉底，面相所指的陰騭光其意在此。

　　眉淡＋眉心痣：功名難求，手足多難，兄弟冰碳。

　　眉相不好：31-34歲婚姻不穩。

　　眉相不好＋眼神不定、眼形偏大且不對稱、眼氣不足：婚姻經營難或出問題。

　　婚姻出問題＋流年37-38歲：當事人小孩10歲左右額受傷，兄弟姊妹易出問題……。

　　眉有問題，則眼有問題，主婚姻不穩定，另小孩額頭有問題〈如：額低、髮尖、傷痕等〉。

（九）眉痣：

　　眉內有痣，稱草叢藏珠，手臂背面相對位置80%長痣，主聰明。

　　眉痣：痣愈大愈不好，固執不易溝通，傷兄弟姊妹感情。

　　眉痣愈大，兄弟姊妹意外肇事機率愈大，兄弟姊妹易有非自願性死亡。

　　眉有痣：影響到手臂、投資理財，影響己身婚姻感情於31-34歲與37-38歲。

　　眉毛中間有痣，又稱土中藏金，很會掙錢，但卻存不住錢。

　　眉有長痣：災難級數較眉傷痕者大，兄弟姊妹有非自願性死亡，

其中一人會英年早逝（未滿50歲，因病或意外）之遺憾。

　　眉頭有肉瘤傷痕或凹陷者，個性剛毅固執，如眉毛又散亂逆生者，宜防中年傾家蕩產。

　　眉型好（眉八要）＋眉痣：婚姻感情減半論，31—34歲與配偶常有小爭執。

　　眉疏散亂（眉六害中之1-2項）＋眉痣：理財、婚姻感情皆不好，有錢留不住錢，沒錢到處騙錢，一生貧賤收尾。

　　眉稀疏散亂又少：精神分裂症（眉毛長約1公分），眉毛一邊10根以下。

　　精神分裂症衰到掉眉毛。

　　眉主功名：古代流年17-26歲。17-18歲開始求功名，25-26歲即有一定成就。

　　痣會影響功名，少有高官顯要眉毛長痣。

　　女 左眉頭、眉內、眼尾奸門、鼻皆有痣，婚情不穩，家庭難幸福美滿，紅顏薄命。

（十）其他：

　　眉濃＋髮厚：多呆滯，年輕對外界環境之反應、應變偏弱，如孫越（年輕運不顯）。

　　髮厚＋額低窄：年輕運不開。

　　額不高：15-30歲貴人難出現。

　　眉間距狹窄：鼻樑桿窄，山根尖削，性急，有潔癖。

　　眉間距狹窄＋膚白：個性急上加急，有內在才華。

　　眉間距狹窄＋膚黑：急性會稍緩，但懶散，無特殊作為。

　　眉疏者馭夫無術，過去日本女性流行將眉刮除，眼上中心畫出一圓（橢圓）點：此眉相是駕馭老公不得要領，故日本有大男人主義，

女性毫無社會地位可言。無地位也無權力。

女 忌刮除眉毛再紋眉：情感上易有不愉快，財難聚。

女 眉疏：駕馭先生不得要領，如春心眉（細眉）。

女 眉疏：馭夫無術，難掌大權，不聚財，31-34歲先生易有外遇。

男 眉疏＋膚黑：不好。

男 二清＋膚白：主貴。

男 眉漆黑而亮：太太外遇，如薄熙來。

十五、眼相

　　頭為一身之主，眼為一面之尊，眼睛是面相重中之重，所謂：七尺之身比不上一尺之面，一尺之面抵不上方寸之眼。故眼相才是命運的主宰者。

　　天地之大，托日月以為光，人相之重，依兩目以為本。所以說天重日月，人重兩目，眼睛是精氣神健康重要指標，眼睛也被譽為監察官。

　　眼睛會說話，眼睛所說的話為世界共同的語言；眼睛可反應內心世界，人的心裡世界會反射在眼睛。

一、觀論：

　　健康、個性、智慧，事業、婚情、富貴顯愚，福禍吉凶與人際關係等。

二、相理：

　　眼形正秀扁細，眼神足定、和惠含藏，眼珠黑白分明，眼氣清朗，無惡痣逗紋痕。

三、相理分析：

　　眼睛相理70%來自父母，30%來自己身耕耘與修為。

　　父母生理健康狀況決定小孩之眼氣。

　　父母心理世界決定小孩之眼神。

　　父母做人結合時即已決定小孩眼之形、神、氣。

　　父母酗酒、情緒不穩定，生下小孩眼睛不理想。

　　父母之遺傳決定小孩之眼形（單眼皮或雙眼皮）。

　　健康達最高峰、心情最是愉悅下，當製作人，這結果反映在新生命眼睛上，這新生命就是天生贏家，反之則否。所以說：眼神是母親

送給子女的最佳禮物。

面相75部位眼睛即有六個部位：

太陰 太陽。指眼頭，流年歲左35、右36歲。

中陰 中陽。指眼中、流年歲左37、右38歲。

少陰 少陽。指眼尾，流年歲左39、右40歲。

女生反相論之。

眼睛三相：相形、相氣、相神。

眼睛三相：是沈老師對眼睛相理最簡易的歸納與分析，只要從這三個角度切入，就能清楚分辨眼相的優劣與差異。

（一）眼形

眼形是指眼睛的形狀，眼形重點在兩眼要對稱，其次是單或雙眼皮、鳳眼、眼之外幅形狀，眼大眼小，眼長眼短等。

眼形不對稱：

眼形一高一低：易意外。

眼形一大一小：易意外。

眼形不對稱：易意外，如一圓一三角形，一圓一半圓。

以上三者50歲前易死於意外或死於非命，37-38歲婚姻不幸福，婚姻慘澹經營，夫妻易起勃谿，婚姻感情波動大。

多層眼皮：感性，易受外在環境嚴重影響；在乎別人的態度與感覺，易受激怒而不愉快。

眼窩凸：無情，愛說話。

眼窩凹：心機重，不輕易說出內在心裡的話；有內分泌失調現象（情緒不穩，有睡眠障礙），不利婚姻經營。

天生眼窩凹：內分泌失調，腸胃不好，腎水不足，致火氣偏旺，易有睡眠障礙，情緒穩定度不高。

眼珠外凸：

1、眼瞼薄：好說話、薄情激燥。

2、眼瞼厚：霸氣，無情，一般感情收場不好。

眼凸＋眼瞼厚：一般收場不好，水火交剋，37-38歲印證在婚姻出問題；明九、暗九印證在易發生意外。（眼珠：火，眼瞼：內分泌，論水）

眼特外凸：內分泌特旺。甲狀腺亢進眼球會外凸。

眼形大：感性，易受外在風吹草動、他人一舉一動影響情緒。較會賺錢，但不會理財，眼大不宜逛百貨公司，因不會說「不」字，所以有寅支卯糧之困。

眼形大：易受情境影響掉眼淚，演員眼大者多，政治人物以眼細小者多。

眼形大＋雙眼皮：更不宜逛百貨公司，易受外界五光十色左右而花錢。

眼形細扁小：理性，保守，思考深遠，成功機率偏大；不易受激怒，但怒起來不得了，如連戰、陳水扁、郝柏村、李登輝。

少有大老闆為大眼；業務對大眼客戶若動諸感性，對眼細小客戶，則要訴諸以理，成交率會很高。

三角眼：極有智慧，十分冷靜，非富即貴。如郝柏村、陳水扁、胡錦濤、王岐山，還有清末名臣曾國藩。

王岐山（中共決策小組14人中之一）：三角眼＋眼特亮，雖長得醜。

眼形大（感性）＋眉疏（不聚財）：90%窮光蛋，易受感動或誘惑而花錢；沉不住氣，易因感性不吐不快而行跡敗露或得罪人，且易有緋聞事件。

　　眼形大（感性）＋眉疏（不聚財）＋雙眼皮：有購物狂，易感情用事。

　　眼形大＋眉黑濃：如演藝員馬國畢，爆出簽賭美國職棒負債千萬，為避免連累妻女，與妻協議離婚，並以Uber計程車司機等工作為兼職副業。

　　書讀得好皆是眼小（冷靜）居多，眼大者缺乏冷靜，不是真正讀書的料子。

　　張飛：眼形大，銅鈴眼，不理智；關羽：眼形扁小，丹鳳眼，心細冷靜。

　　眼細長：眼尾及鬢（或奸門），聰明＋智慧，如陳水扁、呂秀蓮、段宜康。

　　羅文嘉：眼細長，三濃格局＋口小，中年運好，晚年挨打。

　　眼偏圓且亮：有小聰明，缺大智慧，如政治人物趙○麟、徐○勇、徐○菁。

雙眼皮：

　　外雙：感性多於理性。

　　內雙：既感性又理性。

　　單眼皮：很理性，又冷靜。

　　單眼皮＋眼神含藏：極為冷靜，非常有智慧之相，如江丙坤、胡錦濤。

　　割雙眼皮：破財；割不好，家裡會漏水；再不好，37-38歲婚姻不愉快。

　　小針美容等醫生，不懂面相，不要亂為人開刀整形。

　　單眼皮割成雙眼皮，眼皮上割畫一圓弧形線，前不接眼頭，後不接眼尾；這一割割會畫掉婚姻（37-38歲不穩），錢財流失，家宅龜

裂漏水。

錢財：眼、眉為錢財之所在，刀一劃，35-40歲錢財花費較多又大。

家宅：屋子會漏水、龜裂，在家待不住。

兩眼間距：

間距大（開）：性緩，做事不在乎、無所謂，做不出甚麼事。

間距大＋膚黑：性特緩（緩上加緩），做事更不在乎、無所謂，懶惰成性，很懶。

間距大＋膚白：緩性會減輕。

間距狹窄：鼻樑桿窄，山根尖削，性急，有潔癖。

間距狹窄＋膚白：個性急上加急。

間距狹窄＋膚黑：急性會稍緩。

眼尾如刀裁：指眼睛秀細長，眼尾如被刀子裁剪過。

眼尾皆如刀裁寬大：眼細長尾皆偏大，沉著冷靜，為智慧之象徵。

眼尾皆短小：眼尾短小，一般眼短圓，不夠沉著冷靜。

眼尾及鬢：沉著冷靜，如呂秀蓮（相理棒，眼尾細長）。

眼尾及鬢：接近耳旁兩頰上的頭髮。

眼尾及鬢＋尾裁面積大＋眼間距大：沉著冷靜，極為有智慧，如曾國藩。

曾國藩：眼扁細長＋眼尾裁大＋眼尾及鬢毛。

眼苞：指上眼瞼特別厚實、微鼓，拋拋如苞。

眼苞厚實微鼓：內分泌特旺，水（腎水）火（心火慾望）穴，腎水足，精力旺盛，性慾需求大。男為色魔之相，女則會牝雞司晨，男

人婆個性。

眼瞼微鼓＋眼珠含藏（藏在上面）＋眼下三白：聰明且非常冷靜，智慧高人一等。男為色魔，性需求相對高、大。

眼瞼微鼓＋眼珠含藏＋眼珠正常（在中間）：還好。

眼瞼微鼓＋眼珠含藏＋眼下三白＋眼珠飄浮（眼球未能定於一）：心術不正，作奸犯科。

眼珠下半圓＋上眼瞼微鼓（厚實）至眼尾：女 冷靜，心狠，心橫似冷血動物，無情，霸氣，有男人個性，為大姊大、午妻、小蜜；男則易作奸犯科。

眼珠上半圓＋上眼瞼微鼓：女 熱情，有情，霸氣，性需求大，情感泛濫。

以上二者內分泌特旺，女皆難享正常婚姻，婚姻易破裂，女易入八大行業，體力特好，有用不完的精力，霸氣，為鴇字輩人物。

眼拋（微鼓）：帶霸氣，精力特旺，男女同論。

黑道老大通常眼苞微鼓而拋，意味精力旺盛，雄性賀爾蒙特足，天生霸氣十足。

女 眼尾拋（微鼓）：帶霸氣，男人個性，大姊大，除非老公願當弱男子，否則婚姻不好收場。

女 眼苞至後眼尾較鼓：性需求相對大，八大行業媽媽桑（老鴇）眼尾拋拋（微鼓）居多。

中國造字很有意思，「鴇」字拆開是「匕」、「千」、「鳥」，是要殺過很多隻鳥的女人，才能當八大行業的老鴇。

（二）眼神

美國學者愛默生說：眼睛會說話，眼睛所說的話為世界共同的語言。

我國亞聖孟子說：「存乎人者，莫良於眸子；眸子不能掩其惡。胸中正，則眸子瞭焉；胸中不正，則眸子眊焉。聽其言也，觀其眸子，人焉廋哉？」

眼睛可反應心裡世界，心思皆會反射在眼睛。

白眼球白亮無雜質，黑眼球瞳孔細小，眼珠黑白分明，是為眼有神。

白眼球白亮暗雜，眼珠黑白不分明，視瞻無力，是為眼無神。

「人若呆，看面（臉）就知。」不會騙人，眼神一交會，稍有相學基礎的人，就能快速判讀出誰是呆子。

有人聲聲說自己要做大老闆、要做春秋大業，那都是在作夢！因為他的長相氣質沒有到位，眼神沒到位，器宇濁俗，只要花個幾百萬，是能幹起總經理、董事長，甚至於當起了總裁。結果是不到半年，全部員工被裁掉了，這不是「總裁」誰才是「總裁」？想作春秋大夢前，別忘了要先認識自己，否則是慘字了得。不能認識自己，就無從自我風險管理。

觀論眼神四大方向

1、神定：定於一，不瞟（源），不能輕易瞟眼球。

神定心正，眼飄心不正、不定，眼斜視，眼神閃爍；男瞟盜（偷癖），女瞟娼。

飄：沒信心，心虛不踏實，學工夫心術不正，有做不能攤在陽光下的事。

與人說話時，對方眼神會飄，表示對方有心事。

學生犯錯，眼睛會往下看或飄。

流鶯、皮條客（八大行業保鑣）眼睛會飄。

英國黛安娜王妃，眼神很少定於一，總是斜眼看人，婚姻出問

題，且出了意外。

　　狼眼蜂目：眼瞼特薄，眼球微外露，稍睜露，眼偏短圓，眼神飄浮，表示其人心性如狼，動作如蜂，為己利會做出卑劣、不恥之行為。

　　狼眼顧盼：眼睛神銳神強，眼神飄浮，斜眼環視，表示其人心機極重，城府深沉，奸巧不仁。

2、神足：眼珠亮如黑豆，真光含藏。如李登輝、連戰、江澤民、胡
　　錦濤、陳水扁、段宜康等，皆真光含藏。

　　神足（亮度高）＋神定：黑金、白金（眼球）黑白分明。

　　神足：身體健康，智慧超高，精神愉快，精、氣、神貫一，反射在眼睛。人之精、氣、神反應在兩眼，神足者如是。

　　神定＋神足＋神和＋眼尾如刀裁＋眼珠含藏：智慧的表徵，冷靜，不易受激怒，內心世界踏實。

　　神不足（耗弱）：五臟六腑運轉違和，嚴重變神脫神鎬濁；生理上元氣虛，心理上有自卑感，女為情，男事業會挫敗、失敗。

　　眼無神：神耗弱（不亮），健康不好，元氣虛，做不出大事業。

　　男 事業失敗、從事卑下行業：眼無神、耗弱，失神。

　　男、女失戀：眼神耗弱。 女 自殺前：眼神耗弱。

　　眼神耗弱：物質條件差，精神條件又未能獲得滿足。

　　神脫：眼神離根，如彌留狀態、病入膏肓、智障、蒙古症、精神病。

　　智障：看眼神＋嘴型＋語言測試（眼尾會動真智障，不會動假智障）。

　　窮人之子快樂，神足和惠，媽媽下巴飽滿，這一家子會旺。

　　窮人之子眼神耗弱：家庭貧困，如似對生命的抗議。

　　小孩眼神耗弱：家庭失和，父母不懂教育為何物，複製貧困的下

一代。

　　眼神耗弱之因：
　　（1）懷孕環境：母懷孕時受到委屈，家貧窮式微。
　　（2）生活環境：如父母只知打罵、沒信心。
　　（3）在外與他人無法相比（物質），學習能力差，無自信。

　　面相40歲前父母負責，40歲後自己負責。
　　面目猙獰：其實指的是眼神凶露不寧，心理世界有問題。
　　神特強銳，眼睜露：表示家庭失和，有暴力傾向，如黑道兄弟。
　　神耗弱：窮人子弟、婚姻挫敗、老人家身心兩虧，健康（生理）
與情緒世界（心理）出了問題，物質條件享受不好，沒信心，沒自
信，賺不到錢；此種眼神最容易意外。
　　眼神不定＋神不足＋神不和惠：婚姻不幸福，易發生意外；事業
正業不興。

3、神惠：眼神溫和，又帶點威嚴，讓人覺得不會害怕；想親近，又
　　不會被戲弄、吃豆腐，或被冷嘲熱諷。
　　眼神定＋神足＋神和：個性穩健，不易受激怒，屬貴相。
　　眼神和惠：眼真光含藏，讓人覺得安定，如媽祖等神像之眼神，
主非富即貴。
　　眼神和惠：貴氣，家教好，修為涵養好；書香世家、學者貴婦如
是。
　　眼神睜露：家不和，小孩來自不祥和之家庭。
　　小孩眼神睜露、神耗、神濁：都屬來自不和樂之家庭。
　　小孩眼神睜露：如飆車族，街頭小霸王，只能論凶不論吉。

4、神藏：指不露眼珠，眼神明亮，真光含藏。

眼珠要被蓋住一些。眼珠睛光外露是神露，相書指的「狼眼顧盼」是為眼神飄而不藏。

眼神90%為父母給的，因此我們稱眼神是老天給的禮物。

父母做人時帶殺氣、霸氣，生下的小孩眼神要和瑞不易。

父母蠻橫、不講理、想占便宜、欺侮他人，生下的小孩不會有和瑞的眼神。

小孩眼神可鑑別父母親個性。

小孩眼睜露、神濁、神耗：家不旺、小孩沒安全感，家庭不和樂，致青少年變眼神睜露（神銳，眼神強銳）。

小孩眼祥和：積善人家，是來報恩，母親下巴飽滿，眼神佳好，可再興旺於下一代。

眼神不藏而露，是為眼神強銳。

眼神強銳，指的是眼神銳厲，充滿自信之眼相。

眼神強銳：企圖心旺，不服輸，有過人的膽識。

眼神不藏而露，眼神過於強銳，是不佳之眼相。

飛機之飛官、職業駕駛、高危險行業有下二種眼睛，最容易發生意外。

1、眼形不對稱：大小眼、眼一高一低、眼睛形狀不一。

2、眼神過於強銳：眼神強銳，怒露如帶殺氣。

眼神神銳：眼神強烈，聚精會神，帶殺氣，才華能力夠，可獨當一面，但多意外。

空軍官校學生訓練眼神要定於一，眼神要神足強銳，但眼神太銳利不好，易變成凶相之眼神。

精於觀面相者，翻開空軍官校學生畢業紀念冊，光看眼形與眼

神，即可得知誰會飛機失事，飛機失事殉職者，多數是眼睛形、神、氣出了問題。

本人幾次在網路發表「飛機失事都是飛官眼睛（形與神）出了問題」這方面的文章，遺憾卻未曾被軍方或航空業者注意到。原因有二，一是文章未被傳播開；其次，多數人並不肯定或並不瞭解面相的存在價質。

桃園大園空難，正機長康龍麟眼形不對稱，一圓弧一三角形＋大小眼＋三白眼，多方夾殺下，於暗九54歲罹難。飛機失事與飛官眼睛相關聯，這案例很多，可以去搜尋這20年來空難事件之正副駕駛相片做比對，就會發現眼相大小眼、神強、神銳、或三白眼，殉職的比例非常之高。

據說長榮航空招聘機師及空服員，會以生辰八字篩選，凶相則不錄取，所以至今長榮航空尚未發生過飛安事件。

眼形不對稱不能再有神露、神銳、神瞟、眼三白，這都是意外凶難死亡眼相，不宜從事高危險行業。

103年4月14日彰化員林馥卡諾烘培坊一家5口因火災喪生，5人中至少3人眼神出問題，其中女兒眼睛露又四白眼，死者都逢明九、暗九流年。

給各位一個良知的建議，如果你搭乘班機的駕駛，眼睛是一大一小，眼神過度強銳，請趕緊退票，別跟自己生命開玩笑。

眼神呈下三白、四白眼：上白必奸，下白必剋，敗婚姻，易意外。

鬥雞眼（兩眼珠偏內）：易意外，婚姻不幸福。37-38歲換工

作，工作跌宕。

　　鬥雞眼＋鼻小＋顴塌：事業變壞。

　　鬥雞眼＋中、下停好：事業變好。

　　60年代影視星蔣光超：一眼鬥雞眼＋一眼正常，37-38歲婚姻失敗。

　　大睡鳳眼：眼睛大單眼皮，極聰明，如李濤（37-38歲婚變）。

　　小睡鳳眼：眼睛小單眼皮，眼含藏但下三白，極聰明，如趙少康（37-38歲婚變）。

（三）眼氣

　　眼氣：生理與心理之反射。

　　健康弱，眼氣弱；健康好，眼氣強；眼氣可藉調理身體加以改變。

　　眼氣：眼四周氣色與白眼球（眼眶＋白眼球）。

　　眼袋、眼瞼皆是內分泌與體力之表徵。

　　眼氣：明亮（正常，吉）、明朗、蛋清色澤。

　　眼袋、眼眶微亮，內分泌正常。

　　眼氣：晦暗、偏濁，現象如下：

1、　先天：過敏體質（支氣管會哮喘，皮膚過敏），肺功能不好。

2、　後天：勞累過度（如賭博熬夜三天三夜），似熊貓眼，係因腎水未能歸元，腎水不足。或因熬夜，用火過度，虛火上升，致三焦火旺（三焦：肺（上焦）、胃（中焦）、腎水（下焦）），進而傷肺，乾咳，傷脾胃，肚子悶悶的，膀胱脹脹的。或飲食不正常，心懸如肌（腸胃不舒服），以致頻尿。

相書云：「眼濁多淫慾、烏光定不祥」，眼珠小兼斜視，主多淫亂；婦人眼氣烏黑暗濁者，為守寡空床之相。

女 眼袋氣色偏暗：主腎水不足，內分泌、生理失調，滋陰不足，婦科疾病見常（性冷感）；另情緒高低起伏，易過敏，腦神經衰弱，致睡眠不穩定；且個性不穩定，易影響婚姻經營。

男 眼袋氣色偏暗：主腎水不足，體虛（性冷感），事業做不大。

黃○交（鼻有痣，桃花，45歲桃花劫）曾發生多角戀情，與前妻鄭○悅（眼袋偏暗，眼窩凹，過敏體質）於37-38歲婚姻失和。

女眼袋偏暗：眼窩凹，主性冷感。

眼氣：偏白濁
1、見喪（瞼偏白素）。
2、肺氣弱：（1）憂心腸枯，（2）焚香點火，主肺功能不好。

眼氣：赤紅
初期為睡眠不足。
1、眼水分偏多，興奮，此刻鬧三角戀愛、緋聞。
2、內分泌特旺。（男 超過負荷）

男 眼氣赤紅＋眉豎起（幾根）：外遇。
女 眼氣赤紅：眼眶赤紅，水分偏多，婚變中。
眼眶赤紅；興奮，慾火中燒；行房炒飯，眼眶赤紅。
經常眼眶赤紅，不論男女，是外遇相其一參考點。
眼水分不足（乾澀），會眨眼或揉眼，眼睛赤紅。
女 眼袋偏暗＋赤紅：被拋棄，婚姻上善意受害之第三者。
女 眼袋偏暗＋赤紅：未婚，婚姻之受害者（男友被搶）。

女 眼袋偏暗＋赤紅：婚姻之受害者。

女 眼袋偏暗、偏青、浮腫＋赤紅：為情所困。

女 情傷，茶不思、飯不想，故眼氣失陷不清朗。

眼瞼偏赤氣色：生理上需注意高血壓（上下眼瞼有微赤紅色）。

高血壓：印堂赤紅色＋耳（正反兩面）血筋微浮＋眼瞼赤氣色。

適婚年齡 感情、婚姻有問題：哭過，揉眼，微血管破裂，致眼瞼赤紅。

日不食夜不眠，眼瞼氣色偏暗，主感情不利，為受害屈居下風者。

女 未婚 眼睛赤紅＋眼袋偏暗：丈夫訓練班之班主任，訓練男友成為別人的丈夫，此種氣色為短暫的，若長年累積，會有婚姻感情重大困擾。

黑眼圈：是為心腎不交，內分泌失調，原因有二，

1.縱慾過度，勞累過度；2.過敏體質（遺傳）。

黑眼圈者，在中醫的論診是三焦火旺，易渴，胃漲氣，心懸如飢、瀕尿。

眼球黑白不分＋眼袋偏暗：感情世界屈居下風，難享正常婚姻生活。（女性偏多）

眼球黑白不分＋眼偏圓大：感情世界的弱者。

眼球黑白不分＋眼偏圓大＋法令紋微壓嘴角：非元配之相，永遠當暗房（不能見光的老婆）、小三。

眼球黑白不分、暗濁：難享正常婚情生活。

眼偏圓大：感情易受外在因素影響。

過敏的小孩：眼袋偏暗。

眼睛黑白分明：生理與心理皆健康，眼氣相對清朗。

黑眼球烏亮如鑽：眼球水分不乾不濕，眼球水分適中，表示身體

健康。

　　黑眼球水分含量：看起來無水，微碰觸則有水，燈光照射眼球，眼神聚焦反射出來；眼球水分過與不及是病態。

　　眼神定於一（不飄浮不定，神、形、氣定於一）＋眼睛黑白分明：非富即貴、既富且貴。

　　眼氣弱＋眼睛黑白不分：1.健康不好，2.心理有障礙。

　　眼氣強：黑道殺手，橫霸臉（眼神反射出凶煞之氣），眼氣似箭射出為眼神所造成凶煞之氣，故戴墨鏡。

　　黑道兄弟眼神眼氣強銳，有一股凶煞之氣，角頭被殺凶死，八九不離十都是眼形、眼神、眼氣失陷。

　　眼睛黑白不分，眼氣弱，兩眼無神。眼神失焦者，無才無財也無情可言。

　　眼神祥和：吉，平安，長壽。

　　眼神凶煞：凶，難長壽，眼帶凶煞，更是易被槍殺，多應驗在明九、暗九，用75部位流年法、再以九執流年法，去推那一個部位破陷，是可以求得凶死之年。

　　75部位流年運走在當陽，九執流年運亦走在當陽＋眼帶煞、失陷、失破，凶的流年即為那一年。

　　眼氣清：吉、昌。眼眶四周明朗，眼球黑白分明。

　　眼氣濁（黑白不分）：凶、晦。眼眶四周偏暗，眼球偏濁、黑白不分。

（四）沙顯理論：

　　沙顯理論是觀看眼睛、眼神，判斷對方所說的話是真或偽。

　　當人在笑、說話、答話時，眼睛是否與心理作出真實的反映。

神經線與眼神整體連接，當開懷大笑時眼尾會顫動（眼珠會動）。

答話時眼睛會閃爍，其言是為虛偽。

答話時眼睛雖不會閃爍，眼尾亦無顫動，但一臉不自然，如皮笑肉不笑，主虛偽。

（五）虹膜論診：

虹彩指的是眼珠內外之黑眼球，當五臟生理病變時，黑眼球會有如凹凸不平、坑洞，與黑藍黑褐之色差，是為病眼，再從眼珠凹陷位置與色差，去辨識病疾之所在，稱為虹彩論診。

蔡冠漢中醫師是台灣虹膜論診專家。（亦稱虹彩論診，網路可搜尋到）

生理有病變，相對位置黑眼球有坑洞，若坑洞愈多，疾病愈多。

心理壓力大，持續未改善，久而久之，黑眼球即有藍色外環狀（藍暈）。

藍色外環狀愈多，表示精神壓力愈大。

心理：黑眼球藍色外環狀，環狀愈大愈明顯，表示心理精神壓力大，會影響生理健康。

男 印證在事業、工作、生活壓力；精神壓力愈大，精神層面狀態偏弱、低下。

女 印證在婚姻、感情、生活壓力；名人貴婦生活優閒者，少有眼睛藍色外環狀；收入低下、生活壓力大者，則較多眼睛藍色外環狀。

黑眼球藍暈，黑眼球界線漸模糊，到白眼球偏暗，眼睛偏濁，表示生活、精神壓力大，最後眼睛黑白不分，眼相變不好。

眼球會微凸：多數是高度近視，與甲狀腺亢進症。

眼黑白不分，眼睛濁相，健康、事業、財務與感情都會跟著出問題。

眼珠相理很好，其他五官長相可不用太在意了，因為一貴可抵九賤。

白眼球偏紅：感冒、發高燒。又如服過量抗凝血劑者，眼睛微血管會破裂。

眼睛的違章建築：斑、紋、痣、痘、痕。

眼瞼痣：

上眼瞼（上眼皮內）之痣：37-38歲婚姻、感情有問題。

上眼瞼有暗痣（眼皮內之暗痣）：眨眼才看到；

1、37-38歲婚姻、感情有問題。

2、有說謊的習性（選擇性的言語表達）。

下眼瞼痣：小孩小時健康狀況不甚好，小孩長大後仍為子女操心擔憂，這顆痣又稱憂子痣。

淚堂、臥蠶有痣，胸部乳暈有痣，稱為硃砂痣，可推論小孩有出息。

有一命理書說：有一和尚，看見哺乳的林彪母親，乳頭旁有一顆硃砂痣，又見強褓中的林彪額頭多奇骨，和尚便對林彪父親說， 林彪未來是一人之下萬人之上之大貴相（僅次毛澤東主席）。

胸部硃砂痣：兒女皆有出息，以母親的痣為最重要的論據。

胸部有硃砂痣：兒女皆有出息，家中會有成就之子女。惟若為灰黑痣則不能論貴子。

眼袋有痣＋下巴飽滿：胸部乳暈必有硃砂痣或為漆黑而亮的痣，其子女必有出息又孝順。

下眼袋之憂子痣：

男 左：憂兒子，眼頭：憂長子，眼中：憂次子，眼尾：憂三子含其後之幼子。

右：憂女兒，眼頭：憂長女，眼中：憂次女，眼尾：憂三女含其後之幼女。

女反向依序而論之。

眼白痣：

1、 37-38歲婚姻不幸福。（潘迎紫：左眼白有痣，37-38歲離婚）。

2、 善意說謊的習性，說謊成性。

眼白或黑眼球有痣：37-38歲事業會有轉折。

眼睛失陷：一大一小，不對稱，一高一低。

眼睛咕嚕咕嚕的轉：主婚姻易挫敗，如謝玲玲、潘迎紫。

眼氣當下可調整，練眼神固定於一點，生活正常，多閱讀，眼氣變足變清朗。

眼氣偏弱：一般為短期或最近氣不足，若長期氣不足歸之不好看論。

眼睛失陷＋眼球痣＋眼氣不足或飄移不定：

1、 容易意外。

2、 善意的謊言（選擇性語言表達）。

3、 37-38歲婚姻、感情破裂。

4、 37-38歲事業恐有轉變。轉變好或不好，看鼻樑、顴骨、嘴巴及下巴作定論。

　　鼻樑偏尖削＋顴塌＋嘴巴偏薄小＋法令紋不明顯＋下巴偏尖：屬不佳面相；此相一般額偏高、偏大，為倒三角臉。眼氣如清朗，臉型正三角臉，面相會由不好變好。

以眼白青點論內傷：

　　斑痣稱青點：有青色的點在眼白內，主內傷。

　　青點：內傷，身體中段（脖子至肚臍）受外力撞擊產生內傷，在眼白留下瘀青之點，依瘀青點的位置判斷受傷位置。以眼頭與眼尾拉一水平線，上半邊主背部撞傷下半邊則為胸部撞傷。

　　眼球橫中心線上，靠眼頭邊：背部靠近脊椎心臟處受傷。

　　眼球橫中心線上，靠眼尾邊：背部靠近外肋骨處受傷。

　　眼球橫中心線下，靠眼頭邊：胸部靠近壇中穴心臟處受傷。

　　眼球橫中心線下，靠眼尾邊：胸部靠近內肋骨處受傷。

　　瘀青存在：影響健康運作，影響到內臟，影響到眼睛，影響婚姻、事業、感情。

　　眼睛瘀青是體內內傷的反射，對造成血路不通，影響氣血運行，故會乾咳。

　　眼頭痣：龍宮痣，痣在眼頭靠近鼻樑處；男 事業不旺，女 背負家庭重擔。

　　眼尾痣或痘：兩眼尾裁交會處，位在奸門，是為夫妻宮，主桃花劫，影響夫妻感情。或夫妻經常為小事吵嘴。

　　男 眼尾痣或痘在左（男之主位），是男方挑起夫妻間之不愉快。女反之。

　　男 眼尾痣或痘在右（男之客位），是女方挑起夫妻間之不愉快。女反之。

　　紋：指眼瞼單、雙眼皮。單優於雙，優於多層眼皮。

眼瞼長痘：虛火旺，勞累過度，傷婚情。

長針眼：虛火旺，勞累過度，傷婚情。

血絲：眼睛出血產生而來。

白眼球有紅絲：

1、莫名其妙的血絲，如紅血絲貫穿睛瞳，又稱赤絲貫瞳，凶相。

2、生理上：熬夜，用眼過度，疲勞過度，如打三天三夜的牌。

3、有大片血絲：有高血壓、心臟病，長期服用抗凝血劑，逢天氣變冷，微血管破裂。

服用高血壓抗凝血劑易紅絲貫睛＋耳微血管浮腫＋面潮紅。

紅絲貫睛者，凶相，不論橫貫或直貫，需注意預防意外。

血絲很忌諱由白眼球穿過黑眼球，不論橫貫或直貫，紅絲貫睛（瞳）。

紅（赤）絲貫瞳：血絲貫穿過黑眼球，易中邪卡陰，不吉。

中邪：婚姻、感情不幸福，事業破敗，意外（見斃），左右邊眼睛同論。

眼為日月，日月被箭貫穿，主事業破敗，婚姻難保。

眼白血暈：女 生產、墮胎的紀錄。

眼白血暈鮮紅：女剛分娩。

眼白血暈黃赤：3-5年分娩。

眼白血暈黃褐：5年以上分娩。

生產或墮胎1次即會在眼白留下血暈紀錄。

眼白乾淨無血絲、血暈表示沒生過小孩。

懷孕20至30年以上，血暈點變模糊，故多產婦與少子婦相比較，多產婦之眼白偏褐黃色，眼白如似朦霧，少子婦則眼白清朗。

舉例來說：

眼白2血暈（懷2次胎）＋人中1疤痕（墮胎1次）：表懷2次胎養1子。

人中疤痕：憂子痕；對子女行為過度干預，致小孩反彈，男女同論。

墮胎為用鴨舌板刮子宮壁（過去醫技），主子宮壁受外力侵襲受刮傷，而子宮傷口反射在人中，故人中萎縮，留下疤痕，而留下墮胎的符號。

人中為生殖系統，與子宮同一穴位，流產則眼白留下血暈。

人中（子息宮）有疤痕：是子息宮破陷，與子息的親密關係或親子關係有所衝突或有代溝。

憂子痕：對小孩有所擔心、擔憂，生理、心理會讓己身很煩惱。

外力之人中疤痕：在己身51歲，孩子適在15、16、19、22、25、28歲與子女間有衝突或有代溝。而該有代溝子女，其額頭髮際不平齊。

金沙眼：黑眼珠呈金砂色，主機智，反應靈敏。

車輪眼：以瞳孔為定點規則線狀放射金砂色如車輛狀。

車輪眼：

1、生理上：健康良好。

2、心理上：個性好勝心強，好辯，好勇，好戰，個性倔強，恃才傲物，機智、智慧聰明、反應特好。

3、車輪眼者易意外凶死。

車輪眼＋眼珠特亮：有意外、感情緋聞。

（六）達摩相眼七法

1、細而長

　　眼形以細為佳，如瞇眼一般眼形；長指的是眼尾特長近髮際，指標人物：如張忠謀、習近平、胡錦濤、江澤民、呂秀蓮、段宜康。

2、秀而正

　　秀：單眼皮之上、下眼皮畫出眼睛的形，無雜亂紋路，看起來扁、秀氣。

　　不秀：眼型偏圓而短。

　　正：眼睛要正，如眼頭與眼尾高度差大（吊眼梢）、大小眼、一高一低、不對稱皆為不正。眼要四方正，位置適中，非眼頭過寬或龍宮相擠（兩眼頭相擠）。

　　如胡○婷：秀麗不正，吊眼梢（眼尾較眼頭高）且眼尾之上眼瞼特拋，主37-38歲剋傷婚情。

　　鳳眼：眼頭微偏低、眼尾微偏高，但斜角角度平緩，眼尾不能太揚。

　　眼尾太高揚不好，影響正常婚姻生活。

3、上下不白

　　無三或四白眼，黑眼珠在中左右有眼白，但上下不能看見眼白。

　　相書說：上白必奸，下白必剋。

　　眼睛為白眼球、黑眼球及眼眶所組成。

　　四方白眼、三方白眼皆不好，為奸相或刑剋相，會印證在婚姻、事業及生命交關憾事。

4、定而出

　　定：平靜。心情平靜，主心定、靜，再把眼神放射出去。

　　平時修身養性保持心理安定、冷靜的內涵，將清和足定的眼神放射出去，對方用同樣的眼神回饋回來，吉；反之為凶。

　　以仁慈之心所產生之眼神放射出去，他人會以同樣的眼神回饋；眼睛凶煞，眼神外露，神飄不定，讓人望之產生畏懼，皆屬不正常之眼神。

　　心虛，不敢正面看人，頭低下或看人用偷瞄，這些做法都不對。

　　看人用凶煞之眼神看對方，對方會害怕，會影響人際關係與事業。有此眼相可推論父母失和，己身傷情敗業。

5、出而入

　　眼神和惠收放自如，用什麼眼神給對方，對方用什麼眼神回饋回來。

　　如用凶煞之眼神看對方，對方會害怕，對方回饋回來的即為驚嚇的眼神，這種眼神比我們的還銳利、強悍。

　　人在吵架時，即靠眼睛在說話，吵架時睜眼、怒眼相視，對方會用相同的眼神回饋，產生爭鬥，此為不正常的眼神。

　　眼神出而不入：短暫吵架尚無大礙，經常吵架，修身養性基本上有問題。

6、視久不脫

　　眼重精神、元氣、神情皆聚集在一寸之眼，即在眼珠內。

　　看東西越看越聚精會神，最後眼神會脫離心的根，眼神會飄漫。

　　看物視久失神，常語無倫次；眼視久而脫（即眼神無根），不佳，生病與心病者見常。

7、遇變不眊（耗）

　　遇事眼神不會飄閃（閃爍），泰山崩於前而色不變。

遇到緊急狀況，反射內在的氣性才能。

有人遇事驚惶失措，有人則處變不驚，此二者即可看出內在質氣強或弱。

為大將者有大將之風，來自於遇事臨危不亂，常人難做到，是來自天生根深柢固之氣性。此氣性來自父母之遺傳，加上自己練就，氣性存在內心的根部，故膽識過人。此相萬中取一。

（七）貴相眼形：

1、龍眼：又稱龍目，其特徵是黑睛特大，若懸寶珠，珠光穩定，如寒潭秋水，通神若聖，熠熠神光，如璞似玉。

2、虎眼：特徵為眼大單波，黑睛呈黃色而有威，眼瞳時短時長，略為三角狀。

3、獅眼：指眼大露威，黑白分明，眼上下均有雙波（眼皮），眼珠含藏而定之眼相。

4、鳳眼：又稱鳳目，指眼形細長入髮，眼睛黑白分明，秀氣而有神彩的眼相。

5、伏犀眼：頭圓眼大兩眉粗濃，目光祥和仁慈，神足清澈，讓人視之心生寧靜安定感。

6、鳴鳳眼：鳳眼的一種，指眼上堂弦有秀紋，睛球微凸，眼尾長，眼光可達耳朵，眼神藏而不露之目相。

7、睡鳳眼：鳳眼的一種，指視瞻平正無邪，眼形細長，眼珠上藏，如盹睡略顯三白，笑帶和藹秀氣的眼相。

8、瑞鳳眼：指兩眼黑白分明，兩眼角齊平，眼皮內雙，波紋清秀細長，常帶笑意的眼相。

9、丹鳳眼：鳳眼的一種，眼皮單成形細長微揚，斜上天倉，神光含藏，如光彩射人。

10、赤鳳眼：又稱烈鳳眼，眼形單鳳，眼白呈赤紅色，視瞻十分強銳，咄咄逼人之眼相。

（八）凶險死亡前兆的眼相：

1、神脫：眼珠上瞪，下方浮白露光，或眼珠下沉，上方浮白露
光，眼神呆滯，見其親人流露一種依捨不離之神情。

2、神退：眼白好像凸出而眼珠變小而凹入，四面白睛浮露，眼
神慘黯深沉，睛不靈活，精神恍忽，語顛多覆。

3、神滯：眼神凝視不動、忽怒、忽燥、忽愴、忽靜、眼光黯滯
細數不滿，語無倫次，翻來覆去。

4、神變：眼睛忽變混泥糊狀，露煞側視，多恨不安的神態，言
語空泛，精神恍忽。

5、貫瞳：眼白佈滿血絲赤縷，有由上而下，或由下而上，或由
眼尾向眼前的紅色絲脈貫穿過眼瞳。

十六、鼻相

　　所謂「鼻祖」，鼻字由「自」與「畀」組合而成，位居面部的中央，在面相五官中是居領導與發號司令之地位。鼻子在五官是為審辨官，鼻子位居中土，稱之中岳嵩山，是五岳之領頭，在五星中是為土星，意指五官之首。

　　鼻子又為「四瀆」之一名曰：「濟水」，是血氣流通之渠道，宜高宜寬，乃象徵血氣對流順暢無阻，鼻子又是脊椎骨骼功能強弱的反應所在，五臟六腑經絡之所繫，因此，鼻子也是健康運作系統之總匯。

一、觀論：

　　健康、個性、事業、疾厄、婚情、配偶運與人際關係等。

1、健康

　　鼻相在父母做人時即已決定，由遺傳而來，決定健康及個性。

　　父母健康好、五臟特好，才能孕育出鼻相厚實之小孩，若一項不好，會影響小孩中年運。

　　鼻由眉起運至鼻（眉與鼻相連接），主導31-50歲之運，眉與鼻相互呼應。

　　中年運由眉毛、眼睛、鼻子主導，眉運31至34歲，眼運35至40歲，鼻運則是41-50歲。

　　五臟運作即是談健康，健康好壞由鼻子看先天體質之好或不好，鼻子占7-8分，從鼻子論健康，基本上看脊椎及血液循環。

　　鼻樑高寬，表示管路大，血液循環愈好，不易腰酸背痛。

　　管路指的是山根，為暗管；人中，為明管，這是血氣循環指標部位。

暗管與明管說明：
暗管：在山根要高寬。

山根要高、寬，暗管明顯、大，則血液循環通過順暢；血液循環不阻，就沒有腰酸背痛與心臟病的問題。
山根高度不夠，暗管相對小，則血液循環相對不好。
山根低、窄：血液循環不好，表血氣阻塞，常腰酸背痛。
山根低陷、偏窄：心臟功能偏弱。

明管：在人中要寬、深、長、正。
人中寬深秀長：溝洫溝渠較寬，血氣流速快，不易阻塞。
人中窄淺短歪：血液循環不好，表血氣阻塞不通，常腰酸背痛。
人中寬深秀長＋山根高寬：血液循環好，不會阻塞，不易腰酸背痛。

鼻準偏尖削、狹窄：中土不足，無法見容於他人。
腸胃好，鼻頭大，包容力好，事業、人際關係好。
腸胃屬土，土為包容。土有包容性，胃腸好，鼻準大，事業就大。
心臟差，山根偏狹窄、低陷。山根為心臟（火）之指標位置。
心臟差，虛火旺，表腎水不足，個性急，沉不住氣。
鼻樑骨偏斜、側彎：主脊椎側彎。
鼻樑骨偏短：脊椎發育不健全，中年易得骨質疏鬆症。
鼻低陷、小：主體弱多病，難長壽。
鼻低陷、小：來到四十多歲，軀體會萎縮；越老、鼻越小，萎縮越厲害，越老骨質疏鬆退化越嚴重；神經緊繃，健康不好，壽命相對偏短。
鼻子不符相理，主健康不好，個性偏頗，信心不足。

鼻樑長相尚要看鼻上有無違章建築，違章建築愈多愈不好。

鼻相不好＋違章建築多：肯定很不好。

女 鼻短或塌嫁不到好先生。

女 鼻短塌：夫無特殊作為。

鼻子流年運：41-50歲。

郭台銘 鼻隆起有肉，有信心。

2、個性

鼻正心正，鼻偏心邪。

鼻大無心機，鼻小心眼小。

鼻大信心大，信心足，意志力強。

鼻小信心小，信心不足，意志力薄弱。

鼻長性固執，鼻短沒主見。

3、感情

鼻子位在當陽，是感情十字帶之縱帶區，配合眼神，可以看論男女感情問題。（詳見夫妻宮）

4、事業與財運

鼻為財帛宮所在，鼻大財多業大，論事業與財運，鼻子是重要部位點。（詳見官祿宮、財帛宮）

5、疾厄運

鼻子是五臟健康運作之外徵，鼻子高寬厚實，無病無災，所以是疾厄宮所在。（詳見疾厄宮）

6、配偶運

鼻子與配偶運息息相關，妻子鼻子相理好，夫運旺，賺錢多，財

運旺,又有社會地位。(詳見夫妻宮)

7、人際關係

鼻大厚實:信心健康皆足,多社交活動,人際關係好。

鼻頭準圓偏小:包容力不足,個性獨我主義、孤傲不群,人際關係弱。

鼻子短小:財運差,乏財;信心不足,社交活動少,自我封閉,人際關係弱。

二、相理:

鼻直如截筒、堅實有肉、鼻準豐隆、蘭廷有收、不仰不露、黃明潤亮,無違章建築。更簡單的說,高、寬、厚、實、氣亮、無違建。

三、相理分析:

鼻要高、寬、厚、實、氣色明亮、無違建、不偏不倚。

(一)高:

鼻高:精神好,自信心足,有幾分的霸氣,有領導威望。

鼻樑骨高起:血液循環好,無阻塞不通的痛。

鼻樑骨高起:山根到準圓骨為突起。

鼻樑骨高:脊椎強壯。

鼻樑骨高起,如王金平、李登輝、吳志揚、朱立倫、江宜樺、習近平。

鼻樑貫中天(天中):健康好,信心足,個性八面玲瓏,如王金平、李登輝、吳志揚、朱立倫。

鼻樑貫中天(天庭):鼻樑骨與印堂相連接。

鼻樑骨中間(年上、壽上間)有一橫紋,係脊椎受傷反射出來。

鼻樑偏低陷:注意心臟病,脊椎骨易酸痛,血液循環弱、差,易

腰酸背痛。

鼻樑偏低陷乏肉：屬蛙鼻，男生胸無大志，或志大兒不遂。是低下勞動階級居多，女生則主夫運不興。

鼻樑骨高起或低陷，最後反應在個性、信心、健康、體力與能量之優劣大小。

鼻樑骨較高，脊椎骨較好。

鼻樑骨塌陷，脊椎骨較弱。

鼻樑骨短塌基本上不能談長壽，壽命相對短，來到四、五十歲即會腰酸背痛。

鼻樑骨塌陷又短，脊椎易骨質疏鬆，較快老化。

鼻之山根、年上、壽上、鼻準皆低陷，主塌鼻。男主無事業，女則須負擔家庭重任。

看論男女美或醜，皆以鼻與眼睛為主要關鍵。

鼻相好＋顴骨起：權柄相對大。

鼻相不好＋顴骨塌：權柄相對小。

鼻高：司令台高，大家看得到，看起來較有權威；主權貴，發號施令；愈寬，愈有權威。

鼻低、小：司令台低，大家看不到，看起來較無權威，屬中下階層。

鼻高、寬、厚、實、氣色明亮、無違建、不偏不倚，恰如司令台的作用，恰如其位，在人群中可以聚焦，眾望所歸，領袖群倫。

鼻高＋顴微起（約鼻子1／2高），稱「鼻顴相輔」，中年旺，事業家、企業主要有此相。

鼻高＋顴起＋耳貼＋氣色亮：是謂「鼻顴耳貫氣」，是中年大旺之相。

人之相，看眼睛與鼻，鼻形宜適中，過與不及都不好。

鼻樑要適中，太大、太長、太小，權與貴不足。

鼻之長相，對應在健康、個性、婚情與事業，所以攸關家運。

五官部位主導一輩子的行運。

五官部位賦予天生的使命，鼻眼為最重要關鍵。

鼻愈美、愈好，位階層次相對愈高。

鼻美＋眼神美：層次高，要做大事業，可為千萬人服務。

鼻美＋眼神不美：能量不高，層次不高，因為眼神重於鼻形。

（二）寬：

鼻要寬，即要有骨有肉。

鼻窄：見骨不見肉，主孤峰自聳。

鼻樑骨寬：脊椎強壯。

（三）厚：

鼻子厚指的是鼻樑有肉，但鼻準肉不宜過多或不足，方為佳相。

鼻樑無肉：腸胃偏弱，孤峰自聳，見金不見土，沒有包容性；個性在改革別人，雖自我要求嚴格，要求別人亦嚴格，致人際關係不佳。

鼻樑有骨無肉：硬鼻、死硬派；追求真理更甚於追求利潤，較無錢，堅持個性，追求完美，致影響財運，影響婚姻、感情，亦影響事業。

鼻樑有肉無骨、軟：蓮霧鼻或稱蒜頭鼻，為事無原則，什麼錢都要賺，很會做生意，奸商見常。

鼻樑桿高挺無肉：重精神輕物質，追求完美。

鼻樑桿高挺乏肉＋偏長：馬鼻；鼻占臉比率偏長，追求真理更甚於事實，為追求真理可犧牲自己的時間、金錢……。

（四）實：

　　鼻子骨肉相輔是為實。

　　朝天鼻是為鼻虛乏實，因鼻虛乏實所以鼻孔井灶外露。

　　鼻翼實財業實，鼻翼薄，井灶外露，積不了大財，財業空虛。

　　鼻孔井灶外露，鼻樑僅骨無肉，鼻不厚實，家無隔夜糧。

（五）正：

　　鼻正：心正；鼻不正：心不正、心偏、心不正派。

　　鼻歪：脊椎骨側彎，鼻彎右脊椎骨彎左，鼻彎左脊椎骨彎右。

　　脊椎骨側彎：經常腰酸背痛。

　　脊椎骨側彎，會有鼻歪；鼻歪，則會脊椎骨側彎，兩者交互影響。

　　不論是車禍、意外造成脊椎骨側彎，鼻會歪而不正；或打球、打架打歪鼻，脊椎骨跟著側彎。

　　鼻如屋子大樓之中樑柱，宜正宜寬大。

　　鼻歪：中樑偏歪，41-50歲家運、事業、財務、感情不順利。

　　鼻歪右，母親先去世；鼻歪左，父親先去世。女生反向論。

　　鼻子要求中正，長短適中，不宜過長，亦不宜過短，更不宜偏斜不正。

（六）鼻子氣色：

　　鼻樑骨要亮。人在當旺，身心愉悅，鼻子氣色明亮。

　　鼻樑桿黃明潤亮，看起來有油，摸起來無油。

　　鼻樑桿不能有灰濛之氣色或雜氣色。

　　鼻樑桿氣色青（由山根開始）：主驚憂，損財；需注意車禍意外、錢財損失、東西丟失，可能尚未發生，通常為已發生。

　　鼻樑桿氣色經常偏青：肝臟有問題。

　　鼻樑有暗氣色、鼻準有黑青斑點、嘴唇呈紫墨：腸胃潰瘍出血。

有土斯有財，胃腸為中土，若胃腸好，鼻子是光瑩明亮，就能有事業。

鼻樑桿氣色經常偏青：此刻當下事業挫敗，債主上門，有官訟是非。

鼻樑桿氣色偏青：因配偶事擔憂、擔心。

小孩（3歲內）鼻樑桿偏青：驚嚇，半夜起來哭鬧睡不穩。

肝膽驚嚇，膽汁放射出來，致山根、印堂、年壽發青。

鼻樑桿氣色偏青，解決之道在開心，天天開心，開懷大笑，讓心臟血液循環加速，逼退青氣色轉變為紅潤氣色。

鼻樑見赤氣色：官非，訴訟，惹是非。

鼻樑見白氣色：見喪，素白。

SARS、肺癆：顴色偏粉白＋鼻樑偏白＋眼袋偏黑。

鼻樑見黑氣色：見斃，不吉，易意外，臉色偏暗、不透光，男事業失敗，女情場失敗。再觀以眼形、眼神、眼氣更準。

因鼻子破陷而事業失敗，臉色會跟著偏暗，能否東山再起，要再看眼神、下巴。說明如下：

（1）眼神亮＋下巴大：爬得起來。

（2）眼神不亮＋下巴小：爬不起來。

鼻樑見雜氣色：損財。

印堂見雜氣色＋鼻樑見雜氣色：損大財敗大業。

（七）鼻子之違建：

鼻痣：

鼻樑有痣：脊椎有酸痛病變。

山根有痣：心臟有問題。

女 山根有痣：婚姻不穩定。

男 山根有痣：事業挫敗，為人背書做保，控告的結果為不利之受害者，官非敗訴居多。

龍宮痣：山根偏外側；眼頭與鼻骨間之痣。

女 龍宮痣：為夫付出，為家庭付出，難享夫情，難享家庭和樂。

男 龍宮痣：一輩子辛勞。

龍宮痣影響大於奸門痣（眼尾痣）。

年壽有痣：

（1）生理上：痔瘡。骨多於肉尤甚。

（2）脊椎病變，腰酸背痛。

（3）男 感情：桃花、緋聞，因色失財，因色惹禍。

（4）女 腰酸背痛＋婦科疾病。

鼻樑年壽中間有痣：主痔瘡；若鼻肉厚，痔瘡影響減半；鼻骨多肉少，痔瘡較嚴重。

年壽有痣：稍偏外（非正中間），痔瘡影響減半；脊椎酸痛有關，婚姻有小三緋聞；事業上因色惹禍，因財損業，投資不利。

年壽有痣：偏外側（鼻翼偏外），為肝膽疾病，膽囊結石。

1顆痣即成立，2-3顆小痣，為肝膽結石，未來經常罹患的疾病。

年壽有橫紋：脊椎有問題。

鼻樑有痣＋顴骨有痣：肯定會影響中年運。

男 鼻樑有痣：事業、財運、家運皆不好。

男 鼻樑有痣：婚變、桃花、小三、損財、事業破敗。

女 鼻樑有痣：脊椎酸痛，痔瘡，婦科疾病。

女 鼻樑有1顆痣：約70%的人於45-50歲子宮、卵巢會拿掉。

女 鼻樑有痣＋上唇有1顆痣：子宮、卵巢功能偏弱，45-50歲因子宮、卵巢病變整付摘除，準度在90%以上。

女 鼻樑有2顆痣：子宮、卵巢功能偏弱，45-50歲因子宮、卵巢病變整付摘除。

女 鼻樑有痣：為夫辛勞，為情所困，一生有感情重大挫折1次。此種挫折致身心理嚴重創傷。

女 鼻樑有痣，若婚前無感情挫折，未來婚姻不愉快、跌宕。

女 鼻樑有痣，若婚前有感情重大挫折，婚後穩定度相對較高。

女 鼻樑有2顆痣：一生有感情重大挫折2次。依此類推。

女 年壽有痣：與鼻樑有痣同論。

女 鼻樑有痣：感情重大挫折1次，為夫辛勞。

女 鼻樑有痣：夫運不旺，壽上有2顆痣：夫運更不旺。

鼻樑外側有痣或多條細斜紋（鼻樑骨外側，眼下靠鼻樑骨）：肝膽疾病。有一顆痣肝膽結石即成立；有2-3顆小痣，肝膽結石機率更大。

鼻準痣：小時腸胃病變，腸胃不舒服。

鼻準痣：易惹桃花或擔重擔。

鼻準圓寬（兩翼特開）＋痣：腸胃壁厚，腸胃易長息肉，容易便血、長腫瘤，罹患十二指腸、腸胃癌。鼻準圓削窄（兩翼不開，鼻乏肉）＋痣：十二指腸潰瘍、腸胃潰瘍、腸胃出血。

鼻準只能論腸胃，不能論婦科疾病。

鼻準痣＋耳前後有棘：54歲後注意十二指腸、腸胃癌。

腸胃道54歲後開始退化，腸胃壁厚，致腸胃息肉增生，感受到已是腸胃腫瘤或癌的第2-3期（糞便已見便血）。

自我檢查瘤或癌，觸摸耳朵，耳前後有棘（如似米尖斷碎被耳皮裹住），可能已罹患瘤、癌，應速就醫檢查、治療。

　　瘤、癌是體內病變，病變訊息耳朵會通風報信。因為耳朵有160多個臟腑穴道，耳朵前後表皮有如似米尖斷碎被裹住之棘，是體內瘤、癌病變之外徵。

　　鼻中膈有痣：自殺痣；腎臟功能不全、偏虧（腎虧），男陽痿不舉；覺得慚愧，無自信心，人生失去色彩，易尋短自殺。

　　鼻翼1／2外側有痣：喉嚨會積痰，經常會咳痰，肺功能曾病變，晚年疾病為咳痰。主損財，損事業，損男女感情。

　　鼻翼1／2內側痣：過去曾發生腸胃病變，如鼻準尖窄，主腸胃宿疾。

　　救國團台南永康教室樓下，杏仁茶攤夫妻相理分析：

　　妻／臉小，個子小，鼻短塌＋氣色暗、無光澤，41-50歲運不好。

　　鼻先天失陷＋鼻有三顆痣，夫為更生人，己身整組子宮已摘除。

　　夫／個子不高，懸壁塌陷無肉＋氣色偏暗＋手腳紋身刺青，易成為黑道兄弟。

案例相理分析：

女 鼻痣：

一顆：表子宮、卵巢、婦科疾病。

二顆：哀鴻遍野，子宮、卵巢、婦科疾病嚴重。

三顆：一塌糊塗，塗、塗、塗！子宮、卵巢、婦科疾病整組壞了了，難救了！

女 鼻痣：影響先生的行運、己身事業、財運與感情、健康。

女 鼻痣意謂先生身體不健康，或素行不佳。一顆立論已近，二三顆更驗。

馬瘦無力，人窮白賊。有力或無力，有錢或無錢都不能騙人，鼻子是關鍵。

道上兄弟：大尾者如前立委羅○助之相；小尾者如在八大行業圍事者。

老又無力之角頭兄弟，妻鼻塌又長痣，己之懸壁塌陷無肉，氣色黯晦不亮，淪落擺路邊攤，不用訝異，這是面相實證，以妻驗夫，以夫應妻。

他們夫妻處境堪同情，各位心地存善念，有空就去買杯杏仁茶，順便過去驗證課堂所學。

山根痕斷：中年事業與婚情失利，恐還官司纏身，顛沛流離。

山根紋橫斷：山根骨塌陷如似斷裂，39-41歲婚姻、事業、感情會有所變化。

 案例

　　沈老師友人周先生 山根橫斷，家住花蓮。沈老師基於好朋友立場，主動告訴周先生39至41歲要穩住婚姻與事業。他不信還嗤之以鼻，結果開出了的雙獎，40歲夫妻離婚；原經營加油站，因經營不善，被其他股東炒魷魚，時年41歲。

　　事後周要再求相，沈老師說他天人異相，請他另請高明吧！遺憾！熱臉貼冷屁股，沈老師看相不收費，但好友嗤之以鼻的那一幕，至今還是個痛。

案例相理分析：

鼻斷事業斷，山根流年為41歲，山根橫斷39-41歲流年運不佳。

山根也主家運，包括夫妻感情，山根橫斷，婚情不穩。

山根橫斷：

1、因橫紋深劃之橫斷：損財，損事業。

山根低陷＋橫紋：有心血管疾病、心律不整、心臟病（需另看印堂懸針紋＋耳垂皺褶紋）。

2、似上下2塊骨接在一起卻分開之山根橫斷：傷害較山根僅上骨橫斷者更為嚴重、更大；41歲事業會有重大挫折。

3、外力撞擊之山根橫斷傷：男 事業、家業經營不好，離婚收場居多。若鼻樑骨高挺尚有救，若鼻樑骨偏塌、偏窄＋山根橫斷則一塌糊塗，塗、塗、塗；41-50歲做什麼不像什麼，辛苦而不好命，命運會很慘。

鼻樑紋：

兩眼間山根有1-3橫紋，屬不好的紋路。

鼻樑之年上（流年44歲）、壽上（流年45歲）有隱隱約約之橫紋（非外力造成），主脊椎受傷；流年44歲至50歲會虧損大筆錢財，此相諸事不宜，投資、作保尤忌。下巴長相好＋鼻樑亮、大，52歲慢慢漸入佳境。把脊椎治好，橫紋會變淺或消失，運就漸漸好轉起來。

鼻子流年運通常以41歲至50歲計，更精準的說，應以39歲至51歲看論。流年運是往下走，不會往上回溯，但九執流年運則是循環的數，以鼻子為例，20、29、38、47、56、65是為鼻子之九執運。鼻子好，九執運好，則行運佳，反之則否。

鼻下為人中，流年由51歲開始論斷。

51歲是人中，人中長相好，鼻子長相不好，是由52歲開始論吉，而非51歲。

鼻樑有外力傷痕：疾病與厄運會特別多，不利財帛（會虧損），婚姻、男女感情不融洽（非出軌或有小三）。

鼻為配偶座，家庭要旺，女生鼻子在作主導。

男事業要旺，鼻子與眼神在作主導。

鼻相好 配偶好；鼻相不好 配偶不好。

鼻樑有外力傷痕：己身不好，配偶亦不好。（疾厄、財帛方面）

太太鼻樑受傷，先生事業不旺。

太太鼻樑相好，先生事業旺。

太太鼻樑長相很好＋先生鼻樑長相很好：先生事業旺上加旺。

太太鼻樑長相不好＋先生鼻樑長相不好：先生事業不好，不好＋不好。

先生鼻樑長相很好＋太太鼻樑長相不好：先生事業的旺減半，若太太的印堂相好，先生的不好，減半論處，基本上可朝好的方向論。

先生鼻樑長相好＋太太鼻樑長相不好＋太太印堂、眉毛長相不好：雙重夾殺，先生運不會好到那裡去。

鼻為主、為龍；顴為客、為虎。

鼻相好＋顴相好：主客相應，龍虎相配，主旺；中年大運41-50歲當旺代表性人物：李登輝、連戰、蕭萬長、王金平、陳水扁、馬英九、趙少康、陳菊等。

鼻相好＋顴相不好：己身雖好，但配偶親人不好，己身的好會受到影響與限制，不是特別好。

鼻相不好＋顴相特好：反客為主，強虎壓龍，不會特別好。

鼻形：〈不入格鼻形〉

馬鼻：桀驁不馴，恃才傲物，孤傲不群，獨來獨往，以自己的觀點為意見。

女 馬鼻：孤傲不群，先生難以駕馭；為夫辛勞，難享夫情，夫無特別才能。

男 馬鼻：獨來獨往，事業無法經營很大；惟學有專精，做事較

專注，卻難見容於群體；吝嗇不施。

馬鼻＋缺乏顴骨：孤峰自聳，主欺客，乏友。

竹節鼻：年壽見節（結），摸鼻樑年上、壽上有微鼓起，摸起來順暢度相對不足。生理上較易患痔瘡，中晚年腰酸背痛。事業上，44-45歲不順，投資理財需特別謹慎；當老闆者需注意應收帳款。

竹節鼻＋山根痣：一生至少官司一次，且官司敗訴居多。

竹節鼻＋鼻樑痣：事業、財運、人際關係會被至親好友或朋友背叛、出賣。婚姻、感情有困擾。

竹節鼻＋鼻受傷：同上，不好。

竹節鼻＋山根橫斷：同上，不好。

三彎鼻：鼻樑彎彎曲曲，好幾個彎曲，摸起來不順。

伏吟鼻：鼻樑桿長翅膀，鼻兩翼為張。

反吟鼻：與三彎鼻同，主41-50歲事業、婚姻、感情、錢財有很大阻礙。

扁凹鼻：鼻子小扁平低陷，主個性自卑，懦弱無能，一生供人指使；壽命不長，夫妻難能偕老，與子女無緣。

小結語：

有佳好的鼻子，不但宜官宜商，簡直無所不宜，可見鼻為面相之主，並非無其道理。同時鼻為五官之一，又曰「審辨官」，故一個人的態度端重與否，心地光明與否以及人格自尊、抗壓能力等，皆由鼻子觀論之。

鼻之於相，從五行上論，屬土，土生萬物；所謂木火土金水依以成象，相云：「問富在鼻」，便因為土生萬物之故。一個完美的鼻子相理，不僅形要無懈可擊，同時無疵可摘，氣色更要瑩潔明亮，這三個條件一一具備，缺一不可，方稱完美。

十七、顴骨

顴骨主要主權柄，麻衣相書說：「顴者權也。」又說：「顴為骨之府，顴秀則骨瑩，顴惡則骨劣。」顴骨是企圖心，權力與威嚴，為人際關係、朋友貴人及任事擔當之部位。

部位：鼻兩翼微凸起之山丘，眼袋之下，法令紋之上，命門與鼻樑外側間。

一、觀論：

（一）權力：

1、慾望、企圖心（權力慾）。

2、權柄之象徵。

顴骨愈大，掌握之權柄愈大。

顴骨要笑起來，顴骨兩丸突出來，才是獨當一面之相。

能獨當一面，如電視節目主持人、業務主管、主管及政府部會首長等，均需有顴骨，無顴則無權，無顴者同僚不相挺。

阿里巴巴之馬雲，人長得夠怪，笑起來顴骨特別突出，中年掌權，不必訝異。

馬雲 小個子＋人瘦＋鼻不凸，顴骨特大，是金行人，金行人可以不忌鼻塌、鼻偏短小，但顴骨特大的金行人，眼睛需顯特亮，才是金行正局。

（二）交友：

顴骨大，企圖心旺，為攀升社會地位，本身為他人之好朋友，他亦會交上很多好朋友。

顴骨看交友量大或小，顴大交友量大，顴塌交友量相對少，顴骨亦可決定人際關係。

（三）個性：

顴愈凸，交友量大，交友品質好；基本上企圖心愈旺，個性展現出來即為剛強。

顴凸，內在企圖心相當強，個性帶有幾分霸氣與殺氣。

男　顴骨隱圓微凸，凸如山丘，企圖心旺，社交力強；任事有擔當，帶有霸氣，好朋友多，亦為他人之好友。

二、相理：

顴骨隱圓而凸、左右骨對稱、無斑痣紋痘痕、氣色明亮。

三、相理分析：

（一）隱圓而凸

不笑的時候，顴骨微凸，笑起來顴骨即橫張出來。

女性　顴骨更需隱圓微凸，不可凸張。

男　顴骨隱圓而凸，急公好義，為友兩肋插刀。

女　顴骨太凸高：殺夫不用刀。主企圖心強，要求多，話語好勝爭強、尖酸刻薄傷夫，自己卻不知，是為心理殺夫；有形，如精力充沛，生理需求多，是為生理殺夫。

女　顴骨高凸：占權、不認輸，好勝心強，為好勝會將先生與他人比較，而用話語刺激丈夫。

女　顴骨特高（企圖心、慾望特強）＋膚特白（要求特別多）：能力強，但說話強勢傷了夫心還不自知，以致丈夫沒信心；俗話說：顴骨高高殺夫不用刀，倒也穩合這樣的顴骨相。

（二）左右對稱

若顴骨一高一低或大小不一，不好；顴與鼻鄰居，流年45、46、47、48歲中停運不順。

鼻顴相輔：鼻顴需相輔相成，不可顴大鼻塌或顴塌鼻大。

鼻偏大，顴亦要偏大，兩者相配，中年運旺。

鼻大顴小：孤峰自聳，少有好同事、朋友；權力可以很大，無好朋友相挺，此源自於個性，只在乎自己，不在乎別人。

鼻大顴小：只有一個主山峰，缺左右相拱之次山峰，難成企業主、霸主。

一個人事業茁壯、壯大，在於在乎自己，但隱藏自己；也得在乎別人，藉別人力道來拱自己，是為鼻顴相輔之道理分析。

鼻小顴大：志大不遂，滿懷大志，無法順遂。

（三）不可有違章建築（斑、痣、紋、痘、痕）

1、顴骨斑：

顴骨有斑：權柄喪失，無法掌大權，會交到損友、惡友、惡同事，權力被降級；大官、企業主少有臉上卡斑者。

顴卡斑＋眉稀疏散亂：己身非真心付出，交不到真心、要好的朋友。

顴有斑：一邊卡斑即成立，兩邊皆卡斑，婚姻上難享配偶歡情，夫妻同床異夢，顴卡斑夫妻會不會分手，還需看眼、眉、鼻。

顴卡斑（1點）＋兩眼無神或飄忽不定或過於銳利（2點，2點成一線）＋印堂氣色偏暗或眼袋氣色偏暗或鼻樑上有痣、違章建築（3點，3點成一面）：感情、錢財二者皆出問題，導致權力喪失（交友要錢，不會交際應酬，就不會有一群好朋友）。

2、顴骨痣：

顴有痣：肩膀有痣，肩膀易酸痛。

顴有痣：左肝、右肺曾經受傷害。（左顴痣主肝，右顴痣主肺）

顴有痣：權柄喪失，權力喪失，易被朋友出賣，背後易被小人（同事或朋友）暗算。事業做得好，被冷嘲熱諷；做不好，易被同行、同事、同輩猜忌，暗箭所傷。

顴有痣：痣愈大，權柄喪失愈明顯。

顴有痣：流年左顴46歲、右顴47歲，46-47歲不宜借貸、貿然投資、作保，會被合夥人、同事、夥伴汙掉。

顴有痣：45-50歲不宜合夥投資，合夥投資就是肉包子打狗。

鼻有痣＋顴有痣：45-50歲會發生重大倒債或重大投資失利；並需注意婚姻，殺傷力相當大，男女同論。

顴有痣：工作壓力大，受同事小人讒言所傷。

男 左顴有痣：長輩（伯、叔、舅、姑姨丈）親屬會使己身疲於奔命，為長輩處理雜事。

男 右顴有痣：會經常協助晚輩（子孫輩）親屬排憂解勞。

顴愈凸：愈愛面子。

顴愈凸＋顴有痣：因愛面子而疲於奔命。

男 左顴痣：會搶他人女友當老婆。 男 左為主動、主位。

男 右顴痣：女友會被他人搶去當老婆。

女 左顴痣：男友會被他人搶去當老公。

女 右顴痣：會搶他人男友當老公。 女 右為主動、主位。

3、顴骨紋：

顴鼻為中年運。顴不宜長紋。不論是從眼頭斜畫到外側，或因橫肉重疊出現的橫紋，都屬破顴紋。

破顴紋：手足於己身46-47歲事業、婚姻感情不順暢，己身則與破顴痕、痣、痕、斑同，概括在內。

破顴紋：會被朋友出賣或排擠。讓權柄喪失，錢財消失，政治人物如林瑞圖，45-50歲被倒債、權柄重大挫折。

自殺紋：從眼袋往下之直紋。

自殺者：身心兩失，兩眼空洞無神或神脫（失神），容易發生意外。一旦思維短路，想不開即跳下來。千萬不要懷憂喪志！

自殺紋或破顴紋：對事業來說，都有很大殺傷力。

鼻偏小＋破顴紋：無真心、知心之朋友，被朋友出賣，導致權柄喪失，覺得人生無意義。眼神失神，心理想不開，易自殺。

鼻大事業大，鼻小志大不遂，流年45-50歲。

鼻偏小：健康不好，易腰酸背痛，沒體力，荷爾蒙失調，五臟六腑運作不平順。中年志大不遂，流年45-50歲。

鼻偏小＋自殺紋：自殺機率可能性高。

鼻偏小＋自殺紋：40-50歲 10年大運不平順。沒賺到錢，因缺錢而無法和人往來、交際應酬，自慚形穢，自己會鎖住自己，易想不開。

顴有痕 傷皮：傷害力減半，傷至骨：傷害力加倍。

眼亮：身體健康，心理健全，身心兩全。破顴紋負面影響可減半。

眼一大一小或不對稱＋自殺紋＋氣色鰲黑（想不開）＋眼神空洞＋鼻偏小：易自殺。

4、顴骨痘：

短暫時間（長痘前後）權力（權柄）喪失、錢財損失、遭小人讒言，此期間不宜買賣、投資有價證券。

顴骨痘發生當下與「顴有痣」相同，會遭同事同業排擠中傷，痘消失後無礙。

5、顴骨痕：

顴骨受傷：兄弟無力，為兄弟出力，收拾兄弟留下之爛攤子；被兄弟、朋友出賣，或出賣兄弟、朋友。

顴有痕：破壞力較其他強，所有痣、痕、斑全加進去。

顴有痕 傷皮：傷害力減半。

顴有痕 傷至骨：傷害力加倍。

顴痕：手足＋朋友帶來的財損與權柄喪失。

破顴痕：手足於己身46-47歲事業、婚姻感情不順暢，己身則與破顴紋、痣、痕、斑同，概括在內。

（四）氣色明亮

顴骨氣色明亮：益友、好同事多；損友、壞同事少，同事間相互支援度好，工作順暢度好，溝通協調聯繫較無障礙。

顴骨氣色明亮＋印堂氣色明亮＋鼻樑氣色亮：走大運。

顴骨氣色要微亮，如股市名人阿土伯（臉泛光）。

顴骨氣色偏暗：溝通肯定有障礙，朋友答應的事會爽約。

顴骨氣色不亮攸關慾望順遂度、實際權力是否會實現、當下交友狀況。

顴骨氣色赤紅、潮紅：長期需注意心臟、高血壓。

高血壓：顴骨氣色赤紅、潮紅＋印堂赤紅＋耳赤紅、血筋浮＋眼偏亮。

顴骨氣色赤紅、潮紅：為官有官非，做生意則有法律爭訟。

顴骨氣色赤紅、潮紅：住於日夜溫差大之地，如新疆、西藏之人民。

顴骨氣色偏青：憂慮，鬱卒，長期氣色偏青，肝臟有問題。

顴骨氣色偏青：主驚憂，長期驚憂，心事重重，臉色會泛青，如短期衿憂，呈顯的青氣色，主遭小偷偷竊、東西遺失、損財、損權、與同事相處不愉快。

顴骨氣色偏白：主貧血、中暑前兆。近期則家見喪、肺癆、肺結核、SARS患者，此影響及權力、交友。

喪家唸經、點香家中短暫吸入過量不乾淨空氣，傷肺。顴骨氣色偏白，見白如見喪（憂心又睡眠不足）。

人若鬱卒，臉變青，嚴重則臉變黑，主喪亡。

顴骨氣色偏黑、不透光：事業失敗，婚姻失敗。

顴骨氣色偏黑、不透光＋眼神出問題：易發生意外。

顴骨氣色偏黑、不透光，有下列現象：
1、 腎臟病洗腎（生理）、鬱卒（心理，青久了變黑）。
2、 家中放了不該放之古董古物、流浪神像、任意放置人骨，容易卡陰撞邪。

顴骨氣色不透光之青、白、黑、黃臘：不好。
黃種人氣色黃色泛光：沒問題。
黃種人氣色赤氣色會透光、泛光：不平順，會有爭訟、是非。

十八、命門

　　按詞解義，命門是生命運作生死之門。又，命門位處耳風門前，是訊息的通門。主要看時運、健康好壞，彌留之元氣生命力高或低，與訊息接收。

　　部位：在眼尾顴骨邊三指幅，耳風門前。

一、觀論

　　1、健康：針對中、老年人。

　　2、運勢：青、中、晚年運。

　　3、訊息接收。

二、相理

　　命門開闊寬敞、鬢毛不遮、無惡斑痕痣痘紋、氣色明亮。

三、相理分析：

　　命門：健康、運勢、訊息之門。

　　命運之門，顴耳間3指幅寬，生命力之指標。

　　命門是腎系統，腎水元氣次指標之所在。

　　命門骨起入耳、明潤、黃紅、鬢不侵頰，無惡紋、痣、斑為吉相。

　　命門有火黃明潤亮氣色，為身體健康，精神充沛之象徵。

　　命門愈清朗無雜紋、無違章建築，生命力愈旺。

　　命門豐起者能享高壽，凹陷不盈者，表先天不足，壽命不高。

　　命門和耳朵發黑主病入膏肓，人將喪亡。

　　病者若命門逐漸黃明潤亮，主病即將痊癒；反之若命門發黑暗，

則主天限將屆。

生命力愈弱：命門細直紋特多且氣色偏暗。

命門60來歲前不宜有細直紋，出現細直紋代表腎氣不足，體力嚴重衰退。

年輕人若有細直紋表勞累過度、腎水不足、元氣耗弱。

晚年 年紀愈大，細直紋愈多；年紀愈小，沒有細直紋。

命門細直紋愈多、愈亂，代表體力透支相當嚴重。

70歲以上未見細直紋：腎水特足，健康、身心兩宜，家境、子女皆不錯，晚年過著安逸生活。

命門無細直紋（腎水足）＋氣色明亮：健康很好。

命門有細直紋＋氣色偏暗：健康滑落。

老年人在彌留狀況下，判斷是否拔管：命門有細直紋（元氣耗弱、衰退）＋氣色偏暗，並以「暗」的程度判斷餘命有多少。

判斷餘命：

老年人細直紋多、命門皺皺的、氣色偏暗，命門氣色不透亮的黃、不透亮的青、不透亮的黑，開始有很多斑點，表示沒救了。

住院初期無斑點，住院後斑點一直長出來，表示腎衰竭，沒救了。

命門卡斑且偏臘青、蠟黃、蠟黑、黧黑，沒救了（腎水不足，生命力弱）。

住院後命門變清朗，有救了。

住院後命門逐漸變黑，沒救了。

用食指或中指摳耳廓，有一層似稀飯黏於鍋壁之薄膜，表示生命有限。＋命門翻黑，僅剩10天之餘命。

命門有細直紋＋命門卡斑＋命門翻黑：10天之餘命。

命門翻黑＋眼神失神、無力、無根：2星期之餘命。

命門翻黑、卡斑＋眼張不開：1星期之餘命。

　　沈老師好友潘君46歲，為極為不配合的患者，問診要
求醫師交代治療方法、與藥的效用，醫師不堪其擾，為台北
多家醫院拒收，後轉至成大醫院。住院20天起，沈老師極
為注意其命門，潘君住院期間，命門由清朗，逐漸有皺紋出
來，轉變成黃色，並有一層黃色如不透光之膜，後變青，再
變黑且斑跑出來，住院後命門一天一天變暗，住院32天後
即往生。

　　命門不清朗影響訊息接收。鬢毛留愈多，訊息接收愈不精準，多
為負面訊息。
　　命門通風門（耳門），不可被鬢毛過長所阻擋，尤其是男生；女
生影響力減半。

　　詹宏志　前明報董事長，鼻夠大＋口正常＋法令也正
常，惟喜留長髮且披頭散髮，阻命門（命門被頭髮、鬢毛阻
擋），阻風門，影響訊息接收。訊息被蒙蔽，無法收到正確
之訊息，收到為二手或沒有決策價值之訊息，致明報經營虧
損關閉是為例子。

　　當老闆及有大筆錢進出，公司運作需要正確訊息，命門要清朗
（不要留鬢毛）。
　　未見大企業主披頭散髮，把命門遮住，命門遮事業挫，藝術工作
者不忌。
　　事業主經營事業、公職人員想升官需命門清朗。

　　事業經營者披頭散髮，訊息完全被蒙蔽，無法接收有效資訊，接到的資訊為不正確的，詹宏志先生就是案例。

　　流浪漢沒錢剪頭髮，命門遮蔽，一切不興。

　　女 額高（直覺感高）＋命門清朗（訊息強）：這是女強人的表徵，老公沒得混。

十九、人中

　　人中又名溝洫、水溝穴（中醫學名）、壽堂、子庭、人沖。是人之血氣溝穴，居人身天地之中，所以稱之為人中。人中是「當陽十三部位」之一，人中是血液循環交會所在，也是百穴匯聚之點。由人中相理可以觀論健康、個性，再據以推論出人之元壽、子息及人際關係等。

　　部位：居鼻準之下上唇上方正中央的凹陷處。

一、觀論：
　　1、健康血氣運作
　　2、個性
　　3、元壽
　　4、子息
　　5、人際關係

二、相理：
　　（一）寬深長正
　　（二）無斑紋痣痘痕之違建
　　（三）氣色清朗

三、相理分析：
（一）寬、深、長、正：
　　人中：血氣運作、生殖系統，看腎氣足不足。
　　人中寬、深、長、正：相理佳。血氣運作良好，生殖系統健全。
　　女 人中寬、深、長、正：血氣循環好，無病痛，少婦科疾病，受孕率高。

人中寬深長正＋眼瞼微鼓：身體健康，生理退化較晚。

人中短：生殖功能發育不健全。

人中深、寬、長、正：生子易，子女健康，子女有出息。

人中淺、窄、短＋耳小：腎更弱，血氣不足。

人中平、歪：子宮後曲，子宮發育不健全、功能特差，排卵期不正常。

人中溝渠深，生殖功能愈好；人中溝渠平滿，生殖功能不好。

如王建煊夫人蘇法招女士，政論節目的黃○芹就是例子。

蘇法昭（王建煊之妻），人中偏短（功能不足）、歪斜（子宮後屈），生子困難。

王建煊小指偏短，精蟲含量不足，妻不孕，所以膝下無子。

人中歪斜：子宮異位、後屈，經常腰酸背痛，生理期不精準，排卵期不規則。

男 小指偏短（與無名指第一指節一樣長或較短）或過長（與無名指一樣長）：精蟲含量不足。

王建煊之妻蘇法昭女士，人中偏短（功能不足）、歪斜（子宮後屈），因此受孕不易，生子困難。又，王建煊先生小指偏短，按手相指出，小指偏短精蟲含量不足，妻不孕。所以王之遺憾，膝下無子。

案例相理分析：

1、 女生人中淺短：生殖系統發育不健全；人中歪斜子宮後屈，生理期不準紊亂。

2、 男生小指特短：主精蟲不足。

人中：生殖功能的表徵。

凡子宮摘除（生殖系統萎縮），人中變淺，2-3年即展現出來。

人中平淺＋嘴邊直斜紋多：主生殖系統退化嚴重。

若女性30歲左右即有此現象，主不孕症。

人中短、淺：生殖系統發育不健全，女則婦科，男為腎虛氣虛。

人中深：生子多於生女。

人中淺：生女多於生子。

人中平淺：生殖系統提早萎縮（更年期現象），男女同論。

人中淺、窄：血氣不足，精力不足，腰酸背痛，健康自51歲開始走下坡，如章孝慈。

人中要正，正是代表尾椎盤位正，表子宮卵巢位正。

人中不正：尾椎盤歪斜不正，腰酸背痛；女 子宮異位，生理期不準。

男 人中偏斜：脊椎側彎，健康出問題，易疲倦，元氣不足，易腰酸背痛。吊單槓可局部改善之。

男 人中歪斜：健康不佳，易疲倦，體質較衰弱，易腰酸背痛；脾氣不穩定，事業做不好，剋己促壽。

大企業家沒有人中是歪斜者。

人中不正另類對應：

男 人中歪斜 偏左：生男多，生女少。父先走。

男 人中歪斜 偏右：生女多，生男少。母先走。

女 人中歪斜 偏右：生男多，生女少。父先走。

女 人中歪斜 偏左：生女多，生男少。母先走。

人中鼓起（凸起）：牙床長相與別人不一致；攻擊性強，個性相對剛烈，沉不住氣，常營造爭辯戰場，要大富大貴很難。

女 人中鼓起（凸起）：牝雞司晨，攻擊性強，個性剛烈，個性

火爆，占贏，占權，爭辯不會輸，打賭不會贏，沉不住氣，要既富且貴很難。

（二）痣痘痕紋：

女 人中有痣（痘）：子宮、卵巢功能弱，是婦科疾病之徵。

女 人中有痣（痘）＋鼻樑有痣（痘）：45-50歲子宮、卵巢會整付拿掉。

人中深、長：健康好，血氣足，可日夜操勞，可做大事業。

人中痣：膀胱病變，需注意膀胱保養。

女 人中痣：生殖系統病變。

人中痣：憂子痣，為小孩擔心、擔憂，小孩表現以不好居多，小孩表現於己身51歲會脫軌。對小孩期望高，給小孩過大壓力，與小孩相處不愉快。

男 人中長痘：體力耗費過度，元氣偏不足。

女 人中長痘：血氣偏寒，體質偏寒，體內虛燥，主濕熱之相。子宮、卵巢經常莫名其妙發炎，不治療的話，子宮、卵巢潰爛、發炎。人中痘開始長不規則蜘蛛狀血絲，則子宮、卵巢潰爛、腫瘤或出問題。

女 人中一直冒痘痘，表子宮、卵巢此刻病變正在發生，若不處理，未來可能子宮、卵巢須摘除。

女 人中有痘＋鼻樑桿有痣（1顆痣即成立，2顆更嚴重）：主子宮、卵巢病變，生殖系統偏弱，子宮、卵巢壞掉了，經常吃生冷食物。

黃光芹 政論評論人（夫楊○嘉），人中偏短、寬度不足、深度不足＋人中旁有顆小痣，不易受孕。

人中長痘：此刻當下陰虛、生殖系統燥熱而虛。

人中長痘：與子女、部屬有爭鬥，子女有叛逆性格。子女、部屬

有髮尖、傷痕、髮際不平整，主叛逆，易與長官頂嘴、抗上。

人中可觀論子女、媳婦出息度。

事業經營者 人中長痘：部屬會有經常性的抱怨。

人中長痘：生殖系統發炎的外徵。

人中長痘：51歲與人爭執，衝突，包括子女。

人中長痘：當事人51歲是非、爭鬥較白熱化，且投資理財失利。

人中：中、下停交關（重要的轉變），承上啟下關鍵之所在。

人中承接水（口）、土（鼻）調合之處，中年邁入晚年之重要起承轉合點。

人中相好（寬深長正）：51歲起承轉合點為很棒的流年。土、水為財。

人中相不好（不寬、偏淺、偏短、偏歪斜）：人生重要轉折關隘交關不好，51歲損大財。

人中相理不好：土水交剋（土、水為財）＋痣痘紋痕，錢財流失，健康有障礙。

人中有紋：生理病變之表徵，與生殖功能、元氣有關，平常需注意保養。

人中呈一條直線：易腰酸背痛，腎臟系統、泌尿、消化系統萎縮較一般人快。

人中由鼻翼到唇邊（斜紋）：易腰酸背痛，泌尿、下焦系統退化。

人中有一條橫紋：憂子紋，易腰酸背痛，生殖系統提早退化萎縮的表徵。

腎功能不好，氣不足，易腰酸背痛。

人中又稱人沖，人中有直紋，人中窄到僅存一條直細紋，其健康關鍵在51歲。

蔣（章）孝慈 額特寬＋人中偏淺、偏短、偏窄（只看到一條直線）＋法令紋偏淺＋嘴偏薄、偏小＋人中外側有1顆痣，主51歲開始有遺傳性糖尿病症狀。51歲時在東吳大學被壘球打到，致左眼視網膜剝離失明，自此健康開始走下坡，52歲赴北京開會，北京天寒地凍致腦溢血，於54歲去世。

人中於51歲是交關年，無法承上轉下，交關年會出問題。需有飽滿下巴、深寬法令紋（寬深秀長），與嘴巴開大合小（上可覆下，下可載上）做輔佐，才能克服之。

案例2

吳君時年47歲，成功大學校工，當年（民國86年）問相於沈老師，沈老師回句：「過了51歲這關再問。」因為，沈老師看了他之人中不寬、不深、偏淺，細直紋，交關不好，且法令紋斷斷續續＋口偏薄小＋比鄰內縮＋下巴尖削，地閣骨縮＋眉散＋鼻塌小＋有髮尖，是倒三角形之相，山根塌，41歲為重要關卡，健康開始走下坡，故51歲生死交關，三關四隘全都有、是短命促壽之相。結果是，吳君於51歲得了肺腺癌，隨即辦理退休，退休後個把月即去逝。

沈老師時任成功大學事務組組長，是吳君之主管，在吳君死亡前一個月，探望慰問吳君，吳母向沈老師問：「我兒子活不過51歲是先生說的嗎？」沈老師答：「從面相推斷的，他51歲有生命關隘。」吳母聽了仰天一嘆！無奈的說：「既然這是我兒子的命，那就還給老天了！嗚……」

　　沈老師自學面相以來，斷人生死共三件全應，事後觀相再也不斷人生死，斷人生死口業大，責任重，這種事就交給上帝吧！

　　三關：15、25、35歲。
　　四隘：41、51、61、71歲。

　　人中痕：憂子痕。
　　人中痘：憂子痘。
　　人中紋（橫紋）：憂子紋。子宮、卵巢、膀胱提早退化之表徵。

　　人中傷痕：自己或外力所傷；己身51歲＋子女15、16、19、22、25歲，該子女人中疤痕。特指女性，表徵如下：
　1、長青春痘（子宮、卵巢 燥熱產生之痘痘）留下之痕：為子憂，為子操心過度。
　2、墮胎：人工墮胎，以壓舌板刮子宮壁，侵入性手術，引發子宮萎縮，致人中留下疤痕。若墮胎技術好則不致留下疤痕。若3疤痕，墮胎3次。
　　　眼白有血暈：1血暈表懷孕1次，3血暈表懷孕3次。
　3、血暈＋2疤痕，表家中有1小孩。
　　　血暈：著胎1次即留下1次紀錄。雙胞胎算1次。
　　　血暈顏色 鮮紅：1年內，褐紅：5年，褐黃：5年以上。
　　　多產婦眼白部分會偏黃褐色。

　　晚年運走過人中，受下巴（含嘴巴（水星）、法令、地閣、地庫）的影響。
　　人中長相好＋下巴長相好，主晚年運好。
　　人中長相不好＋下巴長相不好，主51歲以後，老王過年一年不如一年。

二十、仙庫

人中兩旁，法令內側是仙庫，仙庫涵蓋著食倉與祿倉。

仙庫是水星之上，一般氣色要微微明亮。

食倉祿倉氣色明顯偏暗：暗倉不豐盈（不好），物質條件不好，與子女、部屬開始有不愉快爭鬥。

部位：人中兩側之食倉、祿倉，統稱仙庫（仙人的倉庫），流年52-55歲。食倉左54歲、祿倉右55歲、佐仙庫52歲、右仙庫53歲。女反向之。

一、觀論：

1、健康（生理結構）

2、個性

3、食祿

4、暗倉

二、相理：

（一）平整開闊：不能起伏大，如兔唇、痣或傷痕或人中短窄。嘴巴大，仙庫偏大；嘴巴小，仙庫偏窄、偏小、偏薄不夠開闊。

（二）無違建：痣、痘、痕、紋、斑。

（三）氣色明朗。

三、相理分析：

（一）平整開闊：

仙庫長相好，則牙床長相好，主生理健康。

仙庫涵蓋上嘴唇，是檢驗泌尿與生殖系統的重要部位之一。其中以痣相為重，暴牙最明顯，其牙床骨長相不好，會擠壓仙庫之開闊度

（偏窄），主健康不好，生理結構不佳，致促壽短命。

牙齒脫落，若不補好，則牙齦萎縮，使仙庫高低不平，有嘴歪現象；說話常用手遮嘴（外在行為），顯示內在沒信心，羞怯不敢站在陽光下，不敢公然表達自己主見，致無法做大事業。

　　彭百顯　時任南投縣長，上嘴巴偏薄，左上唇兔唇開刀留下疤痕，52歲官司，54歲入獄；但下巴地閣飽滿，所以61歲後可以出運。

（二）無違建：

男　仙庫有痣：膀胱、泌尿系統（含膀胱長瘤）、攝護腺有問題。

女　仙庫有痣：10顆痣，9條帶（白帶，主內分泌失調，子宮、卵巢曾病變，致赤白帶分泌不正常偏多，並主性冷感。若先生身強體壯，則有外遇可能。若女眼袋（看眼氣）偏暗＋眼神偏弱，為感情上失利者。

女　仙庫有痣：婦科、生殖系統的問題。

女　仙庫有痣或人中有痣＋鼻樑有痣：流年45歲上下會有婦科疾病病變，致子宮、卵巢可能整付拿掉。

女　鼻樑有痣＋仙庫痣：腰酸背痛、婦科疾病嚴重，子宮卵巢終會摘除。

仙庫痘：子宮、卵巢病變之象徵。

仙庫痘：新婚男子　泌尿消化系統虛火旺、縱慾過度、勞累過度，致人中、仙庫長痘。

仙庫痘：未婚男子　腎水氾濫過度（一隻茶壺要倒多杯水，如經常手淫），致內分泌失調，下巴及嘴巴四周長痘。

若人中、仙庫常有痘冒出來即須注意生殖系統之病變。

男 仙庫痘：頻尿。

女 仙庫痘：虛火，頻尿，下焦系統不舒服，燥熱。

女 仙庫經常長痘，痘痘上又有蛛網血絲，是子宮卵巢腫瘤病變的表徵。

女 下巴長痘：壓力大，致虛火上升，則滋陰失調，主元氣腎水外泛，冲剋脾胃（土），則水多冲剋土（腸胃），致腸胃不舒服，有溏稀拉肚子現象，男吃六味地黃丸，女吃四物丸調理。緊張過度，與先天體質血氣兩虛，會造成內分泌失調。

女 壓力大，生理失調，致下巴、人中長痘。此即心理交會影響生理，反射在臉上的結果，主內分泌失調。男 頻尿，女 下焦系統不舒服（因虛火燥熱）。

仙庫：仙人的倉庫，飲食休息之所在，為「暗房」之意。

暗房：廚房、倉庫、寢室。

仙庫：含食倉、祿倉

1、看飲食品味高或低。

2、仙庫有受傷或痣：廚房、倉庫、寢室不乾淨，男女同論。

3、仙庫有痣：如陶晶瑩之痣。廚房、倉庫、寢室相當凌亂，內分泌失調，有赤白帶（暗疾）。

膚色越白＋仙庫有1顆痣（或受傷）：廚房、倉庫、寢室凌亂。

膚色很黑＋仙庫有1顆痣（或受傷）：廚房、倉庫、寢室非常凌亂。

以上二者內分泌失調（膚黑較膚白嚴重）。流年52-56歲注意婦科腫瘤疾病。

　　膚偏黑＋仙庫有1顆痣（或受傷），則居家環境乾淨度不足，居家環境氣場偏髒亂，主52-56歲家運衰弱，女生注意婦科疾病（腫瘤）。若膚色白，傷減半。

　　仙庫有痣：喜吃美食，吃盡人間美味，廚藝不錯，男女同論，膚黑白同論。

　　仙庫有鬍鬚：腎氣足，如孫越、羅文嘉、段宜康。

　　嘴上無毛，辦事不牢，旨在談人中無鬍鬚者。

　　膚色黑一般不論貴氣，較俗氣。

　　膚色偏黑＋仙庫有鬍鬚：主中等之貴。

　　膚白＋仙庫有鬍鬚：相對高貴。

　　人中有鬍鬚＋仙庫有鬍鬚：年輕辛苦，晚年好過。

　　人中有鬍鬚＋仙庫有鬍鬚：腎氣足，精力足，疼太太，沉得住氣，不易生氣。

　　人中無鬍鬚＋仙庫有鬍鬚：腎水相對不足，未必疼太太，較沉不住氣，晚年相對好，年輕相對不好。

　　女 上唇上有鬍鬚：牝雞司晨，雄性賀爾蒙偏多，喜當老大，占權，占贏，占夫權，男人個性。

　　女 唇上有鬍鬚＋聲粗：女體男相，主牝雞司晨，56歲起見敗。

　　男 留鬍鬚需注意完整度，若被拔幾根，造成缺陷在右側，則53歲損財、損權。

（三）氣色

　　氣色宜明朗。

　　食倉氣色明顯偏赤：與子女、部屬、晚輩（下停位）有爭鬥，下巴尖削者尤甚。

賀龍 中共十大元帥，多妻，最疼最小的兒子，兒子常玩把賀龍鬍鬚，一日不小心被兒子（約3-4歲）拔幾根鬍鬚，致人中、仙庫鬍鬚完整度受到破壞，損權，走到流年52-54歲被鬥垮。（故事／源自命理趣談）

二十一、法令紋

法令紋。指鼻左右兩側至口旁的兩條大紋，別稱「縱理」、「騰蛇」、「金縷」、「壽帶」。相法認為此紋深長主敦重長壽；入唇則為惡相。法令乃鼻之左右紋，若其紋理深長者，為人敦重嚴肅，又享遐齡。

法令紋又名壽帶，宜顯順，若繃緊而不明顯，纏曲而不秀順，兼若騰蛇鎖唇而入口者，皆主不壽。

一、觀論：

1、健康壽帶

2、文書表達

3、個性

4、權力威望

5、婚情

二、相理：

（一）寬

（二）深（與年齡成正比）

（三）秀

（四）長（與年齡成正比）

（五）無違章建築（斑、紋、痣、痘、痕）

三、相理分析：

（一）寬

法令紋寬如鐘型，如李登輝、蕭萬長（法令紋皆寬深秀長）。

法令紋窄：法令紋內縮壓嘴角，主晚年孤獨。

馬英九 法令紋內縮壓嘴角再往外張。

法令紋開闊：個性開放，可大開大合，晚年交際相對廣闊。

法令紋鎖口（壓嘴角）：個性孤僻，偏孤傲，晚年交際相對保守。

企業主 法令紋寬如鐘型，企業相對大。沒有企業主是法令紋鎖口的。

法令紋愈開，則晚年不孤獨，社交廣闊，有一群年齡、位階較其小的部屬、舊識、好朋友。

（二）深

法令紋深：越深 腳勁越好。登山高手、慢跑選手共同特徵，主腳力好。

法令紋淺：腳力不好，如陳水扁、胡志強（無法令紋）。

馬英九 法令紋深：腳力好，60歲還參加鐵人3項。

李登輝 法令紋深：腳有力，當年80多歲仍步行在打高爾夫球。

李登輝 2000年曾邀前總統陳水扁爬觀音山，陳水扁謝絕，只因陳的法令紋淺，腳勁無力。

法令紋深：個性相對執著，比較靜，可單獨的靜，文書表達較好。

法令紋淺：較隨和，臨機應變能力好，文書表達能力不好。

法令紋斷斷續續（不深不秀）：文書表達能力不好。

法令紋凌亂：心緒凌亂，無法寫好文章。

法令紋深秀：文筆相對好，文章表達能前後呼應。

具知名度的作家皆法令紋深秀長，其一原因是法令紋深秀長，能貫徹始終，心定而動。

法令紋深：個性強悍、硬，固執，不會通權達變；守住理想，為自己理想堅持到底，如李登輝，馬英九等。

　　法令紋淺：隨機應變能力特好，善變，較會控制場面，如陳水扁、胡志強。

　　法令紋深：一個工作做到底，較不會通權達變。

　　法令紋淺或受傷：工作常在變。

　　法令紋深：根基穩定，固執，老頑固，講理想，不易改變思想、作為不在乎別人，不易被扳倒。女性法令紋深，一般婚姻不好。

　　法令紋淺：根基不穩定，個性善變，較投機，缺乏原則，中晚年權力慾望易被扳倒。

　　女 法令紋若過寬（離嘴角太遠）或過窄（壓嘴角），主非元配之相。

　　女 法令紋深：固執難溝通，主傷夫事業，先生無什麼事業，難享夫情；如又有懸針紋，尤甚。

　　男 法令紋深：其性似牛，不解人情，生活方式固定，不易受邀參與社交。

　　法令紋淺：易溝通，易受吆喝，善變缺乏原則。

　　男 法令紋深：不怕太太，太太管不動。

　　男 法令紋淺：相對怕太太，善權變、會考慮周遭氛圍。

　　女 法令紋壓嘴角、鎖口，主非元配之相，如李艷秋、白冰冰等多位女藝人。

　　女 法令紋壓嘴角、鎖口：堅持當元配，卻往往以離婚或剋死丈夫收場，（身瘦＋顴骨開）然後再為妾或始為正宮。

　　法令紋鎖口當第三者很多，再看眼氣。

　　資深電視女星林月雲：眼氣偏弱暗＋法令紋壓嘴角，主非元配之相。

　　女 法令紋壓嘴角＋顴骨揚起：婚姻不長久；不能當元配夫人；

強當元配，婚姻不美或剋夫。

法令紋深：無尿酸問題，排出高普林較快，健康相對好，主壽命長。

法令紋淺：有尿酸問題，代謝不好，則壽命短。

（三）秀

法令紋深秀長：法令紋稱為壽帶，紋深秀長主高壽。

法令紋秀：一線畫到底，無斷斷續續、不開叉、不亂、不斷。

法令紋斷斷續續銜接不起來：個性多變，文書表達不好，腳足健康肯定也不好，壽命不長；沒有權力，權力不穩定，致事業不穩定，婚姻相對不穩定。

顴骨＋法令紋：權力的象徵。

無顴骨＋無法令紋：一輩子只能供差役使用。

法令紋深秀：事業穩定。

法令紋有斷斷續續、亂、開叉、受傷（傷痕劃破）：權力不穩定，事業多變化，經常換工作，經常搬家（5次以上）。工作改變，家亦跟著搬。

法令紋有傷痕或斷斷續續＋山根有橫紋：經常搬家，搬遷5次以上。

法令紋斷斷續續不深秀：經常變換工作。

男 法令紋斷斷續續：事業不穩定。

女 法令紋不秀（斷續）：個性多變，感情不穩定，重披彩霞再婚。

女 法令紋不秀（有幾條擠在一起）：有X條就有X個丈夫。

法令紋不秀：個性多變，事業多變，根基不穩定，無正職，打雜，晚年常搬家；紋傷痕者同論。

法令紋不秀＋下巴飽滿：晚年尚有依靠，晚年還會搬家，搬來動

去。

法令紋不秀＋下巴尖削：壽命不好，事業不穩定，根基不穩定，晚年奔波（流年走到下停位）。

法令紋斷續＋下巴尖削：晚年運非常不好，無恆產、乏親情。

雙法令紋：

男 雙法令紋：雙份固定收入。

女 雙法令紋：二個丈夫，同時周旋在二個男人間。

女 法令紋笑起來重疊多條：周旋在多個男人間，婚姻感情穩定度不高。

（四）長

法令長腳，又名金縷紋，也是雙法令紋之其一，主晚景昌榮，晚運順暢。

法令紋未與勾陳（法令紋與鼻翼交接處）相連接：個性暴躁、怪異，不好相處。

法令紋未與鼻翼勾陳連相連，僅是嘴角兩側偏深右粗之縱斜紋，稱為「粗直紋」，任性有原則，但晚年基業不穩，強悍缺乏理性。男女同論。

雙法令紋：由鼻翼及嘴角分別對稱長出之法令紋，或單從鼻翼之勾陳兩條對稱往下長出之謂。

由嘴角下對稱長出之法令紋，一般稱它為木偶紋，或副法令紋。

能有木偶紋〈或稱副法令紋、金縷紋〉，要具備兩個要件：

1、下巴地閣骨寬闊飽滿。

2、年齡約在60歲以後。

雙法令紋：主晚年雙收入，60歲以後只會好不會壞。

年輕即有長法令紋：年少奔波。

年老無法令紋：玩世不恭，權變，善變，臨機應變反應特別靈敏，有幽默感。

法令紋深：生活規律，不苟言笑，不風趣，不幽默，呆版，老成持重，追求真理勝於情感。

法令紋淺：人人好，活潑，朋友好壞皆可包容，生活不規律，臨機應變好，人生多采多姿，追求當下情境感覺。

法令紋特深長：生活單調乏味，飲食習慣固定。

法令紋愈長：個性愈僵化。

法令紋短：個性活潑。

年輕法令紋就很深長：出身寒微，年少奔波、吃苦，固執，求學、工作由自己單打獨鬥而來。

男 左法令紋深：由父親學得多，傳承父親恩澤多，反之則母親。女反相論。

女 年輕（36歲以內）法令紋特長：剋夫之相，不風趣，太有原則，不講情面，比較固執，對婚姻傷害，如又有懸針紋，典型剋夫之相，難享夫情。

女 年輕 法令紋特深特長：為夫辛勞，改變個性才能改變命運。

36歲前不要有法令紋，36歲後才慢慢出現，40歲才有法令紋，45歲無法令紋 不好。

法令紋30歲達嘴角 算長。

法令紋40歲達嘴角 尚好。

項條紋：上（由鼻翼）、下（由嘴角） 2條法令紋到下巴合為1條，再往頦下延伸之紋，稱為項條紋；老人家80-90歲了留沿項條紋流至頸項，主腎水特足（元氣之所在），健康狀況好（唾液分泌多，好）。

壯青年人長即有項條紋是為病態，生理萎縮。

（五）無違章建築

法令紋痣：

勾陳痣：位於鼻翼與法令紋交接處（肺脈）；固執，肺不好。

人中1／2位置以上：腎臟膀胱結石，腎臟膀胱曾病變，腎臟膀胱結石機率大。

嘴角上下：膀胱、輸尿管結石。

法令紋嘴角（嘴巴平行線）往上有痣：泌尿系統之膀胱、腎臟、輸尿管結石機率多。

法令紋有痣：事業易被排擠，足疾（腳會受傷），腳膝乏力、外傷、關節退化較快。

法令紋嘴角痣：膝蓋、腳易抽筋，主水厄，不宜單獨游泳，易溺水，90%以上有此痣者不會游泳。

法令紋位於鼻翼與嘴角間有痣：

上段1／3有痣（靠鼻翼）：腎結石比率偏高，腎臟曾病變機率大。

中段1／3有痣：注意膀胱結石。

下段1／3有痣（靠嘴角）：注意輸尿管結石。

顴有痣＋法令紋有痣：同行、同業、同事、親友排擠，不宜有副業（投資但做不好）。

法令紋有痣：不宜投資副業，副業不興。

男 法令紋有痣（左痣）：有難為父送終之憾。女反之。

男 法令紋有痣（右痣）：有難為母送終之憾。女反之。

法令紋外側嘴角偏上痣：歧堂痣，宗教痣，會走宗教的路線，如星雲法師。

歧堂痣外側顴骨下方（歧堂痣外側偏上）：相名稱上書或盜匪痣（人中中間畫一橫線，法令紋外側靠近顴骨），意味一生當中家中易遭小偷入侵而損財，至少一至二次。

法令紋有痘：相對位置器官（腎、膀胱、輸尿管）因勞累過度發炎，下焦系統發炎，人中、仙庫同時亦會有痘，需注意生活作息及休息、飲食習慣。

法令紋有痘（上書或盜匪痘）：當下東西會遺失，惟過一陣子會失而復得，但長痣會損財。

法令紋卡斑：不宜投資副業，當下事業遇到瓶頸，「痘」同論。

法令紋傷痕：搬家，事業變動，原則常會被推翻，惜情顧情面，易影響權力，而影響事業，會被倒債，千萬不要輕易借錢給別人。

法令紋外側謂之懸壁：

懸壁：法令紋外側，主消化系統、晚年朋友、未來子女好壞。

懸壁肉盈：消化系統較好，人際關係較好，對子女、部屬關心、照顧，晚年財產好，晚年交友廣闊。

懸壁不長肉：牙齒有缺陷，咀嚼不好，主胃腸不好，度量不足，而有皇帝臉產生。

懸壁凹陷：牙齒有缺陷，咀嚼不好，故不喜吃硬質食物。牙床長期不活動，致牙床萎縮，則懸壁凹陷乏肉。主對子女、部屬不關心亦不關懷，亦主交友少，自我封閉。

牙床長期不活動，則無法產生唾液，亦無法幫助消化，久而久之則懸壁凹陷。

牙床佈滿五臟六腑神經線，無咀嚼刺激，則穴道沒有刺激，致健康衰退，面呈現孤獨相，主晚運不亨吉。

懸壁會動：如政商名人郝柏村、阿土伯、蔣彥士、吳伯雄、呂秀蓮、陳菊等。

子女運：要懸壁＋地閣合起來齊論。

懸壁內縮不鼓起：子女運不好，晚年財運不好，晚年健康問題出在腸胃。

晚年運及財產寄託在子女身上，懸壁寬廣，子女有出息；懸壁尖削、凹陷，子女不是很孝順，晚年孤寂。

酒窩：笑窩，右稱離窩，位於嘴角兩側約1.5-2公分處，在懸壁裡；天生天真無邪可愛，凡事皆往好處想，易相信別人；從小受呵護，天生善良，生活安逸，易受騙；位於流年58-59歲之所在，財運受其下屬或受其疼愛之子孫輩（晚輩）侵害（損財）。

面相主要在談「中正」兩字，不偏不倚為正道，過與不及非中正，長相如是，個性也不例外。內外在能維持中正，就能見容於群體，不卓爾不群，就不會淪為社會邊緣人。

二十二、嘴巴

　　口為齒之城廓，舌之門戶，是為心之外戶，在五官中為出納官。出者，是言語所出之門，聲音與語言發於唇口，及人與人間的應對交際；納者，飲食所入之處，關係食祿生活之享受。

　　常言道：「病從口入、禍從口出」，其旨是飲食不當，必有害人體而致病；口唇一開一合，榮辱之所繫，福禍與之有關；啟齒言語失當極易結怨招禍，開口言語得當，則可利人利己，福祥雙至。嘴巴是五星中之水星，能主導56至64歲九年的晚運，在面相上占有非常重要的影響力。

一、觀論：

1、 健康：身體之疾病與健康，會反射在嘴巴及舌頭之顏色上。
2、 個性：嘴形會彰顯個性，語言表達會把個人的個性顯現出來。
3、 智慧：說話的內涵，氣質、智慧盡在唇舌轉音中。
4、 事業：從嘴巴的外形與語言表達，事業運的密碼暗藏其中。
5、 晚年運勢：56-64歲進入嘴巴水星的流年運。
6、 人際關係：人際關係的建立，嘴巴是利器，可以助人，也能傷人。
7、 婚姻感情：由健康、個性，智慧、事業可以連結到婚情關係。

二、相理：

（一）開大合小
（二）稜線分明
（三）上下唇相輔
（四）唇紅齒白

（五）海角鼓起

（六）無斑痣痕痘（需有唇紋）

三、相理分析：

（一）開大合小：嘴巴開口大，大到口能容下拳頭。

口開大到可容拳頭＋下巴開闊：晚年旺。

如李登輝、唐飛、張俊雄、朱立倫、江宜樺等。

口型方正：

不偏不倚，口正言正，口偏語偏。

口正：說話正向，話語正向，不強詞奪理。

口歪＋法令紋深：強詞奪理（口歪），不會修正自己所說（法令紋深：固執），如李登輝、馬英九、張俊雄。

口歪：有歪理，強詞奪理。

唇厚、方正：腸胃較好，個性憨厚，動作紮實，吃飯慢慢來。

唇薄：腸胃較不好，個性急，說話像機關槍，吃飯急，晚年因急性吃飯快而腸胃不好。

口大：自主，可獨當一面，56-64歲運勢愈旺。

口小：雖自主，可獨當一面，56-64歲大志難伸，運勢趨弱。

女 口大：獨立性好，經濟能力好，難享夫情。

女 口小：較無霸氣，不能獨立作主，有依賴性，小鳥依人，事業偏弱，經濟力不足，地下夫人居多（口特小）。

女 口特小＋膚細皮嫩肉：地下夫人居多。

膚細皮嫩肉（粉嫩）：吃不了苦。

男 左法令紋斷續：不利父親，事業時好時壞，口大者可降低流年損失，口小者晚運至弱。

嘴巴大＋下巴大：晚年肯定好，如李登輝。

嘴口小：如林洋港（與李登輝相爭出局）、又如民進黨創黨元老張俊宏，越是晚年，越是孤寂落寞，一生遺憾，沒當上黨主席。

李登輝：口大、下巴大，晚年霸氣十足，無人能敵。

孫　越：嘴大、鼻大，下停飽滿，晚年貴旺。

孫　震：口小，文人國防部長，一路挨打，無疾而終。

陳履安：口小，前監察院長，現幾是過出家眾生活。

張俊宏：口小，美麗島事件菁英核心人物，唯一沒當過黨主席的。

王　羽：口小，晚年挨打、不如意。

女同論，但女嘴巴大，因男人婆的個性，難享夫情。

口大：蔡琴（口稜線清楚）、潘越雲（口稜線不清楚，大而無當），蔡琴晚年運較潘越雲好。

口大：晚年運好，如張博雅、黃昭順、邱議瑩。

宋楚瑜、周錫瑋、羅文嘉都是嘴巴偏小，是晚年挨打（不昌）的嘴相。

口闊大稜線分明者主：

（1）有口福、一生衣食不缺，如口大容拳者更佳。

（2）精力旺盛，晚年旅行運多。

（3）領導統御能力強，官運亨通。

（4）交友廣闊，人際關係佳。

（5）口才佳，守信用，為人豪爽耿直。

（6）如又眉毛清秀有揚，眼秀有神者，主才華超群，一生可名利雙得。

　　口大無收者，主意志力薄弱，口風不緊，愛說大話，重色恣慾，且脾胃虛弱，易有病變。

　　閩南諺語：「查哺闊嘴吃四方、查某闊嘴吃田園、田園吃完吃嫁妝」，意指男人嘴大者有口福，可賺四方錢財，女生嘴大則表示會吃盡夫家田產。另外，女生嘴大，按當今社會形態，可解讀為能獨當一面，經濟能力獨立自主。

（二）稜線分明：

　　嘴唇稜線越是分明，企圖心旺、毅力越強，語言辯才好。

　　稜線分明：個性有主見，思維邏輯環環相扣，表達力越清楚，有內在實質才學，智慧相對高，高談雄辯，會刻意經營想要的東西。

　　稜線不分明：個性較緩和、懶散，隨便，不會刻意經營想要的東西，智慧相對不高。

　　政論性節目來賓者：稜線分明＋有嘴珠，較有攻擊性，如江中博（菱角嘴）、張友驊（有嘴珠）、黃光芹、張雅琴。

　　稜線消失：子宮、卵巢潰爛。因唇癢，故常抿嘴唇（唇互相摩擦），致稜線消失。

　　稜線不分（白雲繞口），主生殖功能、膀胱泌尿系統退化。

　　香腸嘴：如非洲原住民，唇厚看不出稜線，意表忠厚，但應變能力不足，不好。

　　稜線越分明：個性相對有主見，思維邏輯環環相扣，表達力既精準又清楚，有內在實質才學，智慧相對高，高談雄辯，會刻意經營想要的東西。

　　稜線越分明嘴唇帶嘴珠（上唇中間、人中底部）：似鷹啄，有攻擊性，相辯不認輸，打賭不曾贏。

　　嘴愈尖：攻擊性愈大，如抗議一哥，柯賜海。

嘴尖＋暴牙：沒大智慧，但攻擊性更大。

嘴巴外突，人中鼓起：激進份子，有攻擊性，獸性強，不理性，感性，衝，不是同志就是敵人，如柯○海。

（三）上下唇相輔

上唇薄短、下唇厚：上不足下有餘；個性被動，心理不平衡，說得少做得多，內心世界易受傷，不可直接說他不好；個性懦弱，有自卑感，做事無特殊成果，做事沒要領；笑起來唇會動、羞澀。

上唇厚長、下唇薄窄：下無法承載上；具攻擊性，主動，愛表現；古道熱腸，較熱心，說得多做得少。

上唇相理不好：與父關係弱，父先走。

上唇相理好：與父關係密切。

唇相好，笑起來陽光；唇相不好，笑起來不大方，會用手遮嘴巴，內心較脆弱。

大老闆無上唇薄短＋下唇厚長、上下唇不能相輔者，因個性會影響人際關係、婚姻及事業。

（四）唇紅齒白

嘴唇氣色以紅丹為佳好，一生榮華富貴，氣色微紅者，衣食不缺。

嘴唇色氣色正常為黃明紅，表示氣血通暢，身體健康。

嘴唇發白，中暑者居多；小孩嘴唇發白，是蛔蟲症的外徵。

唇色稜線內偏白：表1.貧血，2.有迴蟲（小孩），3.中暑。

嘴巴周圍偏白＋唇色偏白：謂「白雲繞口」是婦科疾病，子宮潰爛，男則膀胱泌尿系統病變。

唇色紫青發光：腸胃內出血，腸胃壁偏薄，十二指腸潰瘍〔＋鼻準偏薄（腸胃壁偏薄）〕。

唇色紫黑：心臟病（狹心症），冰涼食物吃太多。

唇色赤紅：心火旺，慾念強，雞公臉，招惹異性緣分（男女同論），年輕 心火旺；老年人 注意心臟、血壓問題。

牙齒潔白如石玉，是骨質佳好的反射之一，主健康，文化水平高。

牙齒枯黑，是骨質不佳的反射，相對的也是低下貧賤者較常見，在臺灣嚼檳榔的人，牙齒色澤枯黑焦紅，故可以推論文化層次不高。

（五）海角鼓起

海角鼓起，指的是嘴角要有弦，嘴大，晚年安逸。

嘴角無弦、晚年見困，如果懸璧凹陷，嘴巴偏小，是為賣家產之嘴相。

海角就是嘴角，嘴角宜為鼓起，微微上仰，是樂觀與自信的表徵。

嘴角宜為不鼓起，微微下沉，是為覆船口的嘴形，生性多疑，小時候沒安全感。

嘴角弦揚得過高，好愛面子，愛說話，晚年財虛。

（六）無痣痘痕紋

嘴唇上縱直紋：稱歡待紋，是健康的表徵，主善紋，女生歡待紋明顯，生育功能好。

嘴巴痣：相辯不認輸，打賭不曾贏，痣在唇中尤忌。

人中下上嘴唇尖銳、又帶嘴珠痣：口舌是非，好勝，好辯，有攻擊性，能言善道，不服輸，死愛面子。

上唇有痣：口舌是非，好勝，好辯，挑撥之言語傷人而不自知。

李慶安：上唇中間（人中下）嘴珠＋痣，主口舌是非，爭辯，相辯不認輸（如指攀涂醒哲一事為例）。

嘴角長痣，會傳播私人隱私，惹來是非爭辯。

嘴角痣者，聲音有股特別的磁性音。另嘴角痣是水厄痣，絕大多數這種人，學不會游泳，近水主凶，故忌水。

嘴唇痘：虛火旺，內分泌失調，太過勞累；兒童嘴唇周邊痘，是腸病毒症。

嘴經常性長痘：免疫系統下降。

皺紋口：50多歲就有，主晚年孤獨、奔波，有一餐沒一餐，男女同論。

皺紋口：生理病變之表徵，皺紋口：與生殖功能、元氣有關，平常須注意保養。

皺紋口：80歲以上才不忌。

嘴巴傷痕：此生少不了1次是非爭鬥。

嘴巴傷痕：入水運，56-64歲挨打。

唇顎裂痕：是天生遺傳，51歲至55歲運差。如前南投縣長彭百顯先生。

（七）嘴形

四字口：嘴形大而方正，上下唇相輔，唇片不薄不厚。開口嘴形如四字形狀。

四字口：個性溫和，富同情心，說話慢條斯理，有文化內涵，是既富且貴的嘴相。

吹火口：為外弓牙，微暴牙，上唇合不攏，氣不足，牙微外露，側看微凸尖，牙床發育偏離，發育太過，上牙床凸；無心機，個性激躁不安，個性偏急，輕易表達自己，冷靜度不足，愛放砲，愛說話但沒內容，被人開玩笑無所謂（可開玩笑），賺錢本事差，事業差，中年賺不到錢，晚年家業不興，漏氣漏財，缺乏理性智慧，言語表達偏虧，生活水平為中下階層，中晚年易腰酸背痛，壽命不長。

吹火口者，男女不宜，媳、婿不宜選之。

女 有吹火口，生產會有產難、難產，因為牙床不正，任督兩脈交會於人中，咀嚼時牙床無法刺激其神經線，其子宮功能相對弱，致生產時無法出力，胎兒易胎死腹中，生得過麻油香，生不過門板4片板。

女 說話露牙齦：火型人，其骨盆腔神經線弱，生產時無法出力，致生產不易或難產。

說話露牙齦：人中偏短，生殖系統弱，壽命偏短；個性偏急，沉不住氣。

吹火口（露牙齦＋嘴型不方正）：56歲一路挨打到64歲，若排列不整齊影響更大。

露牙齦難為貴婦。若露牙齦＋牙齒排列不整齊，家運會受到至大影響。

縮囊口：牙床萎縮，嘴四周佈滿直或斜紋，嘴形如古代收綁後的布囊形狀。

縮囊口：上下唇間易產生皺紋，似行囊，主健康不很好，稜線不甚分明，嘴偏小，似老太婆的嘴形。

縮囊口：是生理退化的外徵，如耄年老者。

縮囊口：嘴唇撮成圓小口之形狀，只能做低下工作，供人差役，不論男女，晚景困蹇，家業下滑，老年人不忌。

女 年紀輕輕嘴巴四周就有直斜紋路，主婦科疾病，子宮虛寒，不易受孕。

內弓口：指上牙床偏窄，被下牙床包住，是為內弓口，或稱戽斗。

內弓口：保守內向，羞澀，不輕易表露自己，不擅交際，較無企

圖心，很在意別人言語，不能輕易開玩笑。

內弓口：因牙床不正位，咬合時牙床刺激不到溝洫穴道，會有腰酸背痛症狀，晚年自卑感重。

鷹啄嘴：人中平滿嘴唇外突，形如鷹啄之謂。

鷹啄嘴：好似隨時備戰，隨時要啄東西：個性好勝，激進，得理不饒人。倘眉稜骨特凸，獸性高，不達目的絕不中止，相對不平和。

鷹啄嘴＋眉稜骨特凸＋顴骨橫張：攻擊性特強，如抗議天王柯○海。

菱角嘴：一般帶嘴珠，唇稜線分明，嘴角微拉長，嘴角微上揚，末端再往下一點點，型如菱角，一般唇色偏紅，任何事皆想沾到一點利沾到一點邊，善於表現自己，言語表達犀利，羅輯表達環環相扣，一般文章寫作不錯，善辯，很會說話，很會作生意，平時沉默是金，與人辯論時一鳴驚人，思維靈活，表達能力好，因之，易吸引異性，宜防桃花緋聞，男女同論。（李四端為小菱角嘴）。

香腸嘴：上下嘴唇厚，沒有稜角唇線，如非洲土著之嘴形，看起來像兩條香腸夾合在一起。表不擅言詞表達，文化知識不足，思維不發達，但憨厚老實。

覆船口：兩嘴角朝下，形如覆蓋在河邊的船，令人覺得一臉高傲，又似無辜的長相，我們所指的老K臉就是覆船口嘴形。

覆船口：生性多疑，不討喜，故貧窮困苦，常為衣食奔波不停。

由嘴巴可牽引出聲相，嘴巴是智慧、思想、說服力、溝通、與情感抒發的重要管道。

人一開口便知肚內是否有墨水、有無智慧，與之一席說話便知有

沒有智慧。

　　聲相：語言表達、說話牽引出，個性、健康、智慧與事業、人際關係。

※聲相見另章節說明。

二十三、牙齒

　　牙齒可以斷定腎臟、胃腸、骨質的好壞，進而看出身體的強弱。所以牙齒與人體，無論在生理學或病理學上，都具有密切的關係。

一、觀論：

　　　1、健康壽命
　　　2、個性
　　　3、婚姻感情
　　　4、錢財
　　　5、人際關係
　　　6、事業

二、相理：

　　　（一）牙床四方正：消化與腎臟強健。
　　　（二）上顎涵蓋下顎：上牙床涵蓋下牙床。
　　　（三）牙粒適中：不能過大或過小。
　　　（四）整齊潔白：骨質好壞反射在牙齒。

三、相理分析：

（一）牙床方正

　　牙齒整齊，潔白如玉，體健身強，長壽之徵。

　　牙齒光瑩，晚年仍未缺漏，一生食祿好，氣質過人，不說三道四，晚運昌吉。

　　牙床方正，牙齒不脫掉，故懸壁肌肉不萎縮，所以與鄰居、晚輩人際關係佳好。

　　牙齒門牙長大潔白，名曰「龍齒」，主信用好、骨質好，壽元長。

要有智齒或門牙最好不要拔掉，每拔一顆牙會影響生理運作，腸胃必傷。

門牙斷或拔掉，會因扣齒不能刺激到上牙床神經穴道，所以腎功能提早退化，會導至陽萎與腰酸背痛。

牙齒短小、太少、枯黑，參差交錯，內外傾斜，主福薄壽短，信用不佳，婚情與子息運差。

牙齒早脫落，則壽命相對短。70歲不掉牙，主長壽。

牙齒早脫落，則骨質鬆動、稀疏，主生理退化早。

牙齒方正，符合相理，則精氣神飽滿。

（二）上顎涵蓋下顎

體質好，長出牙好，體質不好，長出牙參差不齊。

暴牙：上唇無法覆蓋下唇，牙露在外，二齒；愛說話，健康早衰，沉不住氣，智慧相對低落。

牙床不正：健康不好，個性偏虧，智慧不足，經濟條件不理想，無法享受到人間美味，婚姻不好，錢財不好，人際關係不好，太過激進、激躁，他人不喜與之相處。

內弓牙、外弓牙及鬼牙者，因牙床不正或牙參差不齊，說話時會用手遮嘴，主缺乏自信心，影響人際關係。

牙歪：稱「鬼牙」，牙參差不齊，無法齒列整齊，牙長相凌亂，主健康不好，腰酸背痛，血液循環不好；歪主意特多，出口無好話，機靈機智，鬼點子特多，個性有所偏虧。

上牙床參差不齊 與父關係不好。

下牙床參差不齊 與母關係不好。

上牙不整齊：傷父 父先走；下牙不整齊，傷母 母先走；上下牙不整齊，主家庭失和；鬼牙之小孩，大多來自貧困家庭，或家道中衰的居多。

大老闆、領導者、高階管理者，絕無牙齒為鬼牙型狀的。

上犬齒較長：天真無邪，喜作夢幻想，不切實際。

下犬齒較長：內心有障礙，沒自信。

倒顎牙（下顎包上顎）：沒自信，情緒不穩定，溫馴，退縮，禁不起別人指責，易生悶氣，心理最易受創傷，難有大成就。

天地交戰牙：指上下牙齒正咬合碰觸在一起；善辯，很會說話，表達力很好，流年56-64歲入水星，晦運開始不好，一開口就引來是非。

口開傷元氣，舌動是非生，鬼牙，內弓牙者更宜戒慎。

（三）牙粒適中

牙粒適中，指32顆牙齒排列整齊，主元壽正常，信用好，生活品味高。

智齒脫落，致牙床萎縮，則懸壁凹陷（拔過牙齒），主個性獨來獨往。

不要輕易拔智齒，讓臉頰能豐腴、鼓鼓的，如股市名人阿土伯、李登輝、呂秀蓮。

牙粒過大，致嘴巴過大，大而無當，則嘴合不起來，主神經線大條。

牙粒過小，致嘴巴過小，主愛說話，心裡藏不住祕密。

牙粒大而鬆（有牙縫）：大而化之，不愛說話，守密性高，不愛說八卦，神經線大條。

牙粒小而密：為事謹慎，警覺性高，思維相對細膩；惟熱心過度愛說話，守密性差。

打探消息需向牙粒小而密者著手，如果耳朵懸張，嘴唇偏薄更是印驗。

　　牙粒大、排列整齊者較不會傳播二手消息，嘴唇厚更是能守口如瓶。

（四）整齊潔白

　　牙偏枯、偏焦、偏黑主血氣不順暢。

　　牙潔白：骨質好，血液循環好。

　　牙潔白發亮：健康良好。

　　牙床色澤變白或有斑或血色暗沉：口腔病變的反射，如喉癌、口腔癌。

（五）其他

　　磨牙：主腸胃不好。

　　上牙齒外露外凸（人中短）：好勝、話多，文化水平低。健康、婚情、事業、子息、人際等，居下不優。

　　前門牙有齒縫：漏財。

　　兩門牙中再長出一顆牙（前門牙變有三顆牙）：

　　1、說謊成性。

　　2、鬼點子多。

　　3、很在意別人給他的評價。

　　有縫或多一顆牙）60歲注意運勢交關，注意錢財流失及言語惹來不必要的困擾。

　　正常言語表達看不到牙床，如言語間露出牙床，好強不OK。

　　前門牙2顆較突兀：愛表現，愛說話。

　　開口說話即見牙床：愛說話，沉不住氣。

　　說話見不到牙齒：沉得住氣，是貴好的牙相。

　　門牙掉了，則牙根沒了，致咀嚼無法刺激人中神經線，會腰酸背

痛（1-2年即發生）。

牙齒整齊，則唾液多，主腸胃好、腎水足，不會腰酸背痛。

內弓牙、外弓牙均為牙床生長不正所造成，健康上會有腰酸背痛症狀。因牙齒咀嚼不好，食物咀嚼不爛，均需注意腸胃、神經酸痛、脊椎酸痛。

牙床長相好，則食物咀嚼好，唾液分泌正常，可幫助進入胃中消化食物。

牙齒不正，則晚年腸胃不好、神經酸痛、脊椎酸痛。因為牙齒無法有效刺激牙床與人中神經，所以健康會早衰退。

二十四、下巴

　　如果額為前山，下巴地閣骨則是後靠。靠，是基業之靠，子息之靠，晚年健康之靠。因此，下巴地閣就是晚運的重要指標。

　　部位：
　　又稱地閣，以兩嘴角為點，畫　一水平線以下之區塊，
　　包括了承漿，地閣、地庫、腮骨。

一、觀論：

　　1、看晚輩擁戴力。
　　2、子女出息度。
　　3、個性包容力強（下巴相好）。
　　4、晚年財力佳（下巴相好）。
　　5、好鄰居多（下巴相好）：好鄰居多，鄰居間彼此照應好。
　　6、晚年吉昌與否。
　　7、田宅多或少。

二、相理：

　　（一）地閣開闊（腮骨寬度）。
　　（二）地閣飽滿（骨肉相稱）。
　　（三）地閣骨微朝（天地相映）。
　　（四）無違章建築。
　　（五）氣色清明不黯。

三、相理分析：

　　（一）地閣開闊、飽滿及地閣骨微朝
　　　　下巴愈大：部屬愈多，包容力大，61歲後晚運大好。

下巴長相好：部屬擁戴力好，對部屬包容力夠大，有得力部屬，晚年人際關係、收入較下巴相不好者來得好。

地閣開闊、腮骨圓幅：要骨肉相稱，最好有燕頷。

地閣飽滿方正＋燕頷＋氣亮，晚年榮華富貴皆具足，如周遊阿姑。

上停：額——長官、父母。

中停：鼻——配偶、朋友。

下停：下巴——子女、部屬、鄰居。

三停比例 上停：中停：下停＝1：1：1.2為最適比例。

下巴開闊：田宅多，田宅多到什麼程度，尚需看鼻準，再看眼睛，眼神尤其重要。如王永慶、張忠謀鼻子不是很大，但眼神含藏，視瞻特別有力。

下巴寬闊：心胸開闊，對部屬包容力好，得部屬擁戴。

下巴好，晚年孤不孤獨，晚年朋友多不多，晚年過得愜不愜意，都由下巴型狀來推論，八九不離十。

地閣尖削（開闊度不足），即下顎骨兩邊萎縮不張，表下屬晚輩擁戴力不足，子女難有出息且孝順度不足。另外，己身偏剛愎自用，自傲，相信自己，很難傾聽別人聲音，所以相書直指晚景淒涼。

地閣尖削＋顴凸陷：孤獨、孤傲之相，聽不進別人聲音。個性孤獨、孤傲、孤峰自聳，晚年財力不佳，晚年無好鄰居。

下巴內縮、尖削、不朝起，外五行主水不足，宜用內五行補水，以自造、自覺創造水，如溫情與關懷就是水，多關懷別人，就能創造如深潭、深淵之水。

水星在口：話多為淺水，話少話好是智的外顯，保持沉默為智，是深淵之水。

淺水（有雜音）：智不足，智慧不足。

深水（無音）：感性，關懷，少開口罵人，用情感感動。用內造去造水，水多則智足，晚運可保安泰無憂。

下巴開闊：田宅多，房地產至少3筆以上。

下巴尖削：晚年家產不保。

　　台影視星秦偉，地閣開闊度不足、飽滿度不足、地閣骨沒有朝中土，上、中停正常；下巴偏尖，大大不及格，晚年財力不佳。但最近他經常上電視節目，大談買賣房地產投資多順，賺了不少錢。

　　真是笑話，秦先生他真的不懂面相，所以認識不了自己，按秦先生下巴削窄，他現在賺，就得趕緊賣，要保守一點！否則再過些年，他的房地產投資恐怕是流星劃夜，年入56歲後會是慘！慘！慘！慘字了得。大家就等著開獎！

下巴骨不對稱：會有部屬或子女作亂。

男 左凹陷：會有男部屬或兒子作亂。

男 右凹陷：會有女部屬或女兒作亂。

女生左右反向論之。

地閣骨要朝鼻子中土（土星），又稱天地相朝。

地閣骨微朝，晚年昌榮、順境多於逆境。

子女孝順或有出息，由地閣骨來判讀。

地閣骨不能太過或不及。

地閣骨偏長：傷子、剋子，如李登輝時年61歲獨子因病去世。

地閣骨偏短：傷子、剋子，子女內鬥、沒出息。

下巴長相不好：指的是，如嘴巴薄小、無法令紋、地閣內縮、地

庫內縮，晚年見不到春天。

下巴尖削、受傷之老人家，多數來到晚年眼神丕變，眼神看來無助、無奈、淒涼悲哀。

下巴：父母的下巴為子女的舞台，父母的下巴主導小孩的未來，其中母占70%，父占30%，母親的下巴影響小孩一輩子的順遂度。

男重天庭，女重地閣，此地閣即為母親的下巴。

母親下巴面積的寬廣度，對小孩的影響力道比較大。

父親的下巴好，母親的下巴比較差：母親對小孩的負影響大。

母親的下巴特別好，父親的下巴不是很好：母親對小孩舞台的空間正影響大。

父母下巴同時很好：此家小孩的下巴也都會很棒，可連旺三代。

下巴是子女的舞台，下巴開闊、面積偏大，子女舞台大，反之，父母下巴窄、偏短，子女舞台偏窄，表現差強人意，事業、婚姻皆不盡理想。

妻下巴特好，或夫妻下巴皆好：旺三代。

旺三代之相：眼珠明亮、眼神和惠而定，情緒極是穩定。

旺三代或敗三代，完全以下巴為主導。

敗三代之相，敗到一定程度，眼神由量變到質變，一天受委屈，二天受委屈，第三天以至一定期間……，眼神開始丕變，變不好。

下巴飽滿之老人家，一般是慈眉目善。

 案例

沈老師一位建築界朋友，時年41歲，妻時年45歲，男山根低陷，鼻準特豐。妻山根平平，年壽有2顆痣（主為夫辛勞，腰酸背痛，婦科疾病，45歲子宮卵巢開刀），故兩人41-50歲極是辛苦。但夫妻下巴都很寬闊，晚年家運否極泰來。

夫妻育有1子1女，現皆為醫學生。

長子 有日月角：很聰明，保送南一中之資優生，沉迷網咖，篡改成績單。畢業後經重考，考上醫學院。

女兒 有懸天骨，聰敏秀惠，音質輕潤有韻。南女學生，聯考失利，再考以台清成交之成績轉戰大陸某名校中醫學系。

案例相理分析：

1、兒子有髮尖：大學重考，父母家道中衰，該現象完全成立。

2、女兒髮際線不平整，大學重考，遠在大陸唸中醫，離鄉千里遠，難享父母親情。

3、子女額皆有髮尖，則父母要過辛苦日子。驗證推論，父母臉上有辛苦的符號，如父山根低，母鼻樑痣，推論成立。

4、子女額皆有髮尖，主剋上親（父母），損家業，父母健康欠佳；子女大學或研究所學業不順，諸事不愉快、不如意。

5、兄妹皆有髮尖，主年輕奔波，皆重考。

6、父下巴很飽滿，母下巴亦不錯：小孩很有出息，個個成才。

7、父山根低，母年壽雙痣，中年事業辛苦，沒時間注意長子念書情形，致兒子沉迷網咖，篡改成績單，父母未察覺成績一落千丈。大考前一個月突至兒子租屋處，才發現其子成績很不佳。

8、父親下巴極好（含口，嘴巴長相太棒，開大合小，口如含丹，唇上下相承載，稜線分明如四字口，無懈可擊），三濃格局；法令紋秀長掛兩翼嘴角，地閣特開，地閣骨微朝，56歲後事業由谷底攀升。沈老師建議朝房地產發展，現做起房地產仲介，得心應手，漸入佳境。

晚年朋友多不多，財力佳不佳，由嘴巴＋法令紋＋地閣骨來論斷。

女 無下巴，晚年孤獨，如王永慶大太太 王郭月蘭女士。

王郭月蘭：地閣內縮，晚年極孤獨。

孤苦伶仃的老人，下巴出問題，致乏子女親情、財產流失。

下巴不開闊：不會主動關心別人，只關心自己，注重自己的利益與理想，而忽略現實生活上的和睦與合群。晚年財力不足，鄰居不多，子女不孝順或沒出息；生活孤獨，晚運孤獨。

富邦金控董事長蔡○忠：嘴偏小＋地閣骨偏縮，邁入56歲恐見困蹇，晚年只會壞不會好；相對於蔡○興晚年則較平順。

（二）無違章建築

紋痣斑痘痕：下巴無惡紋、惡痣、惡斑、惡痘、惡痕為佳，主無憂無災。

下巴痣：

承漿痣：為當陽痣。

（1）喝酒易宿醉。

（2）因飲食引起食物中毒。

（3）流年61歲時與子女失和，與子女不愉快，對子女表現不滿意，子女對己身也會有不滿微詞。

（4）當陽承漿痣流年61歲會損財，不宜買賣房地產。

承漿兩旁之嘴角痣（與承漿痣同一平行線）：美食主義，語言表達會被異性誤解，有莫名奇妙的異性緣。

與承漿痣同一平行線之痣：美食主義，喜品嘗美食，很能做菜，能品嘗人間美味。

嘴唇往下的痣：部屬、子女會給己身帶來不愉快或局部困擾或擔

心擔憂。

男 左男部屬或兒子；男 右女部屬或女兒。

下巴當陽外側之痣（嘴角下、當陽外側、法令紋內外側均算）：
己身為他人好鄰居，偏偏會遇上壞鄰居。

下巴痣＋痣微凸：為子憂心、遇惡鄰居、房產買賣糾紛。

下巴痣＋痣微凸＋長毛：是為好的痣相，主白手起家。

地閣痣長近法令紋邊：膝蓋以下之腳踝，晚年會跌倒撞傷。

下巴法令紋內痣長毛：好痣，水中帶木，投資理財順利。

（1）白手起家。

（2）對子女特別關護、關愛。

（3）己身是好鄰居，但偏會遇上惡鄰居。

下巴法令紋內側痣（未長毛）：對子女之關護、關愛引來子女之
不悅，與子女有溝通上之障礙。

下巴痣＋痣微凸：居家內部格局、採光特佳，房屋外表不突出，
卻是好的居住品質之表徵。

下巴痣＋長毛：白手起家、晚年吉順、買賣房地產沒糾紛。

下巴痣（色澤非特亮、特黑）：買賣房地產易引發爭訟、不愉
快。

下巴痣（色灰、不長毛）：投資失利，不要亂投資。

下巴當陽有痣，如人中痣、唇上痣、承漿痣、地閣痣，是不好的
痣相。

主痣長於法令上，表示腳足暗疾，事業、部屬、文書、威嚴等會
受到影響。

邱義仁 左右嘴角上下各1顆痣，4顆痣鎖住口（水星），部屬不
得力，部屬會帶給他很多困擾，工作職場壓力大，晚年要順暢較難。

只好自我放逐當農夫。

下巴同時有2顆痣以上，皮膚過敏，皮膚較乾燥，主肺功能偏弱。

下巴中間有1顆痣＋地閣偏長：小心心臟問題。

下巴承漿痣：對子女付出特多，子女感受不到，子女部屬會讓己身很不愉快，子女在職場或婚姻感情上會有不愉快之事，子女中年會摔一跤。

承漿下之當陽痣：擔心家庭、子女、媳婦、女婿帶來紛爭、困擾。

下巴開闊、寬＋下巴痣：子女摔跤後會再站起來，且站得更好。

下巴痘

痘：內分泌失調、泌尿與生殖系統發炎。

下巴主水，水主泌尿、內分泌系統。

下巴痘：內分泌（腎水）失調，1顆痘隱約可見，2顆痘即成立；會經常滑腸、溏稀，影響情緒，影響部屬與人際關係，與部屬不愉快。土不制水、水犯土沖。男吃六味丸，女吃四物丸治療。

下巴痘：小心部屬背叛、暗中進讒言，不宜買房地產，若買肯定紛爭不斷，居家之抽水馬桶、排水溝不通，浴室潮濕，居住環境偏躁不安，人際關係因部屬不愉快之困擾，或與子女有不愉快之衝突。

下巴痘或嘴唇痘、嘴角乾裂：免疫系統有問題。

下巴痘：下水系統出問題；燥熱，內分泌失調；女生主要在生理期，其現象如上大號時間抓不準，且軟硬便皆有，造成生心理困擾。

下巴痘歸納休咎：

1、 人際關係方面與部屬、子女有不愉快紛爭與代溝，在某問題點會有爭執。

2、當下部屬誹謗、進讒言，暗地行使其不服從運動。

3、此刻當下不宜購買房地產，若強行購置會有法律上之爭訟。

4、下巴屬北方，若有下巴痘，旅行或經商少往北方方向移動。

5、下巴痘主水系不通，會滑腸拉肚子，痘越多越是明顯。

6、痘在下巴，意味排水系統不通，如水溝、馬桶阻塞，衛浴廚房潮濕。

下巴紋

下巴紋：隨年齡增長而增長。

不該出現的紋，在不該出現的年齡出現，就是屬於不好的。

法令紋，朝外斜下紋，是好的。

嘴角下木偶紋斜紋又稱金縷紋，主富貴表徵，是好的。

下巴出現餘紋皆是不好紋相。

額有水波紋、飛雁紋、亂紋如蚯蚓：傷父、剋長上。

下巴有水波紋：子息、家人很難安寧，沒有好日子過。

下巴有深橫紋（承漿凹陷處出現的橫紋）：與子女代溝嚴重，己身晚年孤獨。

下巴痕

下巴痕（地閣骨有傷痕）：傷子剋媳之相，己身晚年地產萎縮，地產莫名其妙消失、減損。

下巴疤痕：如既痘又痣又紋俱在，晚運堪虞，但地閣骨寬闊可以減半論之。

下巴相理好（飽滿有朝）＋下巴疤痕：傷害後還能再站起來。

下巴相理不好（內縮、尖削、偏短）＋下巴疤痕：子女婚情不順，事業不興，子女想要翻身困難。

下巴痕＋下巴很飽滿：單殺；不會有特殊（特大）影響（承受得住），小孩為一時短暫的挫折，不至於傾家蕩產、流落他鄉孤獨一

生，小孩不至於沒出息。

下巴痕＋下巴尖削（晚年孤獨無力）：雙殺；傾家蕩產，流落他鄉，子女肯定不好。已身晚年孤獨無力，子女皆不好。子女眉稀疏、散亂，子女其中之一人眉長珠（痣）、受傷、亂、斷（眉不成形），則子女會互相干擾（一個傷一個），且孫子額必受傷，一連敗三代。

下巴痕＋水波紋＋下巴尖削，是敗三代之下停相。

（三）下巴氣色：

氣色要微亮：下巴為任、督二脈之尾梢，一般氣色不會非常明亮，亦不會較額頭來得亮，氣色雖不會特亮，但就是不能特別晦暗，或呈現赤青黑等雜氣色。

氣色赤紅：主子女內鬥，為家產內鬥，也表是與子女意見爭執、買賣房地產紛爭。

黑青氣色；為子女憂心過度、住家後院藏穢氣，如汙水孔，垃圾堆。

以上是下停（下巴地閣）整體總的講授分析。

二十五、聲相（附聲相文章2篇）

　　相有「求全在聲」的說法，聲音的質、色、速與身體音量比例，構成相法的四大綱領，都具有富貴貧賤、吉凶福禍、壽夭逸勞等判讀的關鍵。古相書云：「察其聲氣，而測其度；視其聲華，而別其質；聽其聲勢，而觀其力；考其聲情，而推其徵。」這也具體的說明了對聲音的觀察方法。

　　按聲音於發聲之後，由於空氣的傳播，馬上形成疏密相間的波層，這一疏密波層，以它發出聲音的地方為中心，向上下左右前後佈成球狀，而作圓形的頻率擴展。其氣愈足，震動的幅度愈大；其質愈佳，表現出的音色也就愈美；其心愈靜，反映出的音韻規律而悅耳。秉賦高貴者，氣深而力足，心緩而氣舒，聲音自然清潤宏亮，飄遠流長。

聲音涵蓋
一、健康：
　　聲音洪亮＋表達中氣十足＋聲音不沉不撕＋聲音無高低、急緩落差，則為健康體。

　　聲音沙啞＋聲音斷續不接＋聲音有氣無力＋尾音下沉，則為不健康體。

二、個性：
　　聲音反射出個性，因聲音要由口發出，說給別人聽，必須讓別人聽得進去，故需慢慢的說；他人說一句，自己隨後說一句，自己說一句後，留一點時間讓他人說一句；若對方說得口沫橫飛，自己一句也沒回應，表示自己的個性陰沉，若自己講得口沫橫飛，表示自己的個性沉不住氣。

　　雙方語言表達，需自己說他人聽，他人說自己聽，慢慢說，互相

有來有往。

　　對方沒說話，只顧自己一直說，顯示自己沉不住氣、話太多。

　　說話聲音特快，主個性急，做事欠思慮，虎頭蛇尾。

　　說話慢，主個性緩，做事慢半拍，沒效率。

　　說話時快時慢、有時高興有時不高興，主個性陰晴不定，晴時多雲偶陣雨。聽到好笑的就哈哈大笑，聽到不好笑的就滿臉不高興，聽到悲傷的就開始掉眼淚。多情善感，缺乏理性。

　　聲音會隨著情境表現出來，這會反射個性，這是毋庸置疑的。

三、智慧：

　　聲音為內在意思表達，若內化成文字，可累積成為一篇文稿、文章，讓人聽起來環環相扣；詞句表達、引用與結構邏輯分析推理能力環環相扣。此皆涉及智慧，肚內有無墨水，說個二句話即知有或沒有。什麼時候講什麼話，說出之話需四平八穩；如果說一句話，十人有九人不以為然，保持緘默要比說話來得好。

例如（笑話）：

　　阿西與阿花皆在加工出口區上班，星期日阿西與阿花相約至恆春墾丁玩。車子經過屏東大橋，阿花向阿西說：「阿西！阿西！好長、好壯觀的西螺大橋！」，阿西敲了阿花的頭說：「笨哦！西螺大橋怎會是在屏東呢？」

　　此對話牽涉到說話者之知識，有沒有知識開口即知！既沒知識又沒常識，又不逛夜市、不進教室、不看電視，能做大事業嗎？

　　生氣時，不潑婦罵街，可以二句話輕聲慢語，就能語意清楚的表達出來，四兩撥千金，化解雙方的爭辯，這才是說話的藝術。有人生氣時，臉紅脖子粗、聲音越吵越大，小事變大事。兩相比較下，往後誰的路比較難走，聽聲音就能辨別出來。

聲如潑婦罵街、聲旺、口氣大，表此家子快要敗了。

聽聲音即可判斷說話者之社會位階、處事能力及會不會惹禍，因禍從口出。

越有錢的人，說話愈謙虛且輕聲細語、眼神為柔和的眼神。

聽聲音的音質即可斷說話者的五行（木、火、土、金、水）。

看外表＋聽聲音即可判斷未來的走向、坎坷與否或流年。

聲音區分

一、音色：

音色有粗、濁、清揚、乾、濕。

粗、濁、清揚、乾、濕交會可看健康及五臟六腑之運作好或不好。

聲音要清潤飄遠、乾濕適中。企業家的聲音是也。

清：清楚無濁氣。

潤：聲音由舌頭轉出氣，唾液分泌乾濕適中，無乾澀也無太濕（唾液多）。

飄：飄揚，輕聲說話即可傳達很遠。

聲音特別好聽，主有社會地位、生活狀況不會太差，企業家、貴夫人是也。

聲音清潤飄遠者有：

男如張忠謀、蔣孝嚴、李季準、盛竹如、傅達仁、賴清德。

女如張忠謀夫人張淑芬、郭婉容、張博雅、張雅琴、王清峰、李艷秋，熊旅揚。

聲音 清中帶濁：事業有一番作為，但有跌宕起伏，多數歌藝者如是。

聲音以清揚飄遠為佳。如陳今佩、陳盈潔說話聲沙啞（聲粗濁），但唱歌聲好聽，屬聲音濁中帶清，主有小富小貴。

武將如郝柏村先生聲音低沉帶清揚（清楚），雖不特別飄遠但音質渾厚有力。

費玉清 聲音好聽，唱歌好聽，主帶貴氣。

聲音粗濁：聲音甕聲低沉，如泰國人妖、下九流之人、貧困人家之主人、不入流之黑道兄弟。

濁：聲音下沉，不清揚，飄傳不遠，主意志力無法徹底貫徹。

乾濕：是以口中口水多寡，及其元氣判讀：

口中口水太多，說話口沫橫飛，濕氣十足，主元氣特足，腎水特足。

說話聲沙啞乾燥，舌頭發出之聲似殺雞聲，如破銅鐘。

喉嚨發聲，透過舌頭變聲，透過唇把話放出去，聲音聽起來不那麼潤，欠水分。

喉乾音色乾，說出之話，音色變質不能飄遠，三焦火旺，主腎水不足，元氣不足，一生難成就大事業。

二、音質：

雄聲：男聲，聲旺，聲陽剛，說出之聲如擴聲器，發聲主丹田有力。

男 雄體雌聲：無擔當。

男 同性戀者，說話娘娘腔的聲音者、輕聲細語，主無擔當。

雌聲：女聲，聲柔弱，有韻韶。

女聲太柔，說話嗲聲嗲氣，如林美照、林志玲。

女聲要柔但不能柔得與年齡不成比例。

若聲音柔得與年齡不成比例，聲相是不好的。

男女聲音音頻起伏很大，論事業無法持久；女生則無法成為貴婦。

女聲太柔、太粗，永遠當不了貴夫人。

雌體雄聲：為夫辛勞，56歲家運走下坡。

女性雄聲：聲音太陽剛，說話似兄弟口氣、似機關槍（太急）、呱鳴鳥噪，如春雷一響大地復甦、青蛙呱呱呱的叫聲。

女性雄聲：擔當過度，為夫辛勞。

吳○珍（扁妻）：敗在聲音，說話聲陽剛，話語喋喋不休，速度偏快，話語偏多，56歲家運走下坡。兩性婚姻專家施寄青、黃越綏也是類似例子。

有這樣的聲相不好。

三、音量：

人小音大：好，傳說日本豐臣秀吉（綽號「猴子」），人小聲音特宏大。

人大音小：不好，沒信心，沒擔當。

人小音小：位階平下，小氣，事業不會特別輝煌。

人大音大：好，如蘇嘉全。

音小：人多聲仍小；自我、城府較深，健康出問題、元氣不足。

音特小特細：元氣不足。

小房間內說話聲音大（大聲公）：自我，個性強悍，不會感受現場環境情境，不在乎別人感受。

說話音特小特慢：心機重。

音速正常每分鐘110-120字；140-150字偏急、偏快；160-200字，說話好似機關槍、像似吵架一樣的快速。

急性，說話速度快，說話不許別人插嘴，只會插別人的話，談不上成功二字，若成功會如曇花一現。

話急，就不能靜；不靜，就不能定。

聲音愈緩慢，城府愈深。

聲音沙啞（長期，非感冒引起）：話來到喉嚨，即啞掉，「撕碎」聲。

長期說話聲沙啞、粗濁，無法成功；無成功者，聲音沙啞、粗又濁。

長期聽沙啞、粗又濁之聲音，會讓周邊的人心煩氣躁，會讓配偶、家人及周遭人中毒，聽到聲音即想跑掉，是劣下的聲相。

聲音好聽，讓他人想繼續聽、有吸引力、帶有銅片聲。若膚白，主貴相。

若膚黑，且聲偏沉、濁，主貧困相。

胖＋脖子粗＋膚黑，則聲音不可能很清楚，此與內在體質有關。

總結：

聲音表達內心意識，透過口語轉化成文字，可成為一篇文稿、文章。

說話會彰顯說話者說的話，有沒有內容、有沒有知識，其文化水準騙不了人。講話者的聲音，是否輕聲細語，這代表個性。講話者是否與對方有對等之話語，我講二句，留時間給對方講二句。有人話匣子一開，別人插不上話，別人說話他搶話，一來一往，聲音越說愈大，此種人不會成功。

聲音可反映健康、個性智慧等方面之內涵與水準。智慧方面即涵蓋講話內容是否四平八穩、面面俱到，這涉及本身見識、才能、才華，以及文字表達，涉及教育水準、文化水準等問題。

聲音透過嘴巴、上下唇與舌頭之間表達出來。

論相論到最後，聽對方講話再觀察其行為與臉色，基本上無所遁形。此人是聰明，是呆子，肚內有料、無料，心正或心不正，此刻當下是否有心事，是否有健康問題……，都可由嘴巴透露出訊息。解讀這些訊息，即可解讀其未來走向，及此刻當下之吉凶福禍。

心性是來自本身的頓悟及見悟的功夫，頓悟及漸悟的功夫可改變自己的一生。

聲相補充資料兩篇

一、沈老課堂談聲音相理彙整：(曾公開張貼於愛上面相棧臉書社團)

面相學是老祖先以數千年無數生活經驗累積歸納出的一門準科學學問。聲相與其說失傳百來年，不如說，少有人能說其準。聽五音，斷五行、論吉凶，自古以來是相術家追求學習的最高境界！所謂：上相相聲，次相相骨，面相為下。可見聲相在面相學占有一定程度的重要性。

何以聽聲相可以推斷福禍吉凶，聰愚貴賤？實因人之聲音是生理與心理交會運作出來的結果。舉凡人之發聲，其體質不同，則振鳴發出聲音轉浪起伏下則相異，故音質、音色、音量、音速也不盡相同。音色美者其質量華，故主貴；音色濁者其質量薄，故主賤。音量音速適宜者，主貴；音量大音速湍急者，主賤。貴者役人，賤者反被貴者役於下。

又，聲音可以化成文章，聲音會襯托出語言內容，解讀語言內容，便能辨識其人之氣性才能，所以命運會就隱藏在唇舌之中。

聲相祕訣分為三段說明之：

聲相祕訣一

聽聲辨人是中國人相術中一門特異學問，也是相學中最深奧也最難的功夫。聲音是耳朵官能的一種感覺，人的語言音調會表現出其智慧與氣概。所以，聞其聲可察其人之賢愚，進一步也可以推測其人的吉凶福禍，所謂「聽五音，斷五行」。最高明的相術家，根本可以不必觀看他人的廬山真面目，只要隔著牆壁聽聞他人說話，憑著聲音便可判定其人賢或不肖，實或虛。

　　相術家認為，聲音的組合與五臟六腑功能的強弱有關。「冰鑑」一書，其開宗明義便說：「人之聲音，始於丹田，發於喉，轉於舌，辨於齒，出於唇。」即聲音是由丹田開始後，透過喉、舌、齒、唇到聲音形成的全部過程中，其實與身體的元氣及健康息息相關。丹田位在臍下，屬任脈，乃精氣所藏之府，是聲音所由出的根本，喉舌不過是聲音向體外表達的通過器官而已，凡聲音音質優良者，身體鮮有不好者；反之，亦然。

　　「太清神鑒」曰：「大貴之相有三，曰聲、曰神、曰氣。蓋聲清則神清，神清則氣清。驗此三者，其形骨次之。是以古者方伎之妙，有聞人之聲韵而知其必貴者，得之於神也。有察人之喜怒操守而知其必貴者，得之於氣也。故聲欲響潤而長，神欲精粹而藏，氣欲舒緩而靜；反此者不貴。若夫有聲有神而氣不應，則其貴必遲。有神而氣怯聲破，其貴不遠，有氣而神聲慢，未可言貴。」由此可見，論聲音仍得要從神與氣一起觀察研判。然而，我們從「太清神鑒」可約略歸結出對聲音的要求：一是響亮，二是潤澤，三是長遠。所謂響亮、潤澤、長遠，要成於自然而然的，不是故意裝腔得來，也就是說聲音要發自丹田，不僅僅是喉舌之間發出來的。其實是生心理運作之外在顯示。

　　聲音應大而清脆，有如金石撞擊，此之謂響亮；心平氣和地發出聲音，使聽沒有乾燥的感覺，此謂之潤澤；聲音出口，傳播遠處，甚至於出聲很久，又有如餘音繞樑，迴響在空中一般，此之謂長遠。因此，聲音具備這三項要件，意味內氣充足，神清氣舒，使能具有如此佳好聲相。故聲音相以「高而不嘶，低而不濁，快而不亂，慢而不散。」是為最佳之聲相。

聲相祕訣二

我們要如何從聲相，去分析研判一個人的貴賤顯愚，吉凶福禍。茲分別歸納如下：

（一）從音質判別：

音質要清，清者其聲猶上浮之音，飄逸遠響；主貴上。

音質宜清不宜濁，濁者其聲如下墜之音，沉重混雜；主居下。

音質清中帶濁，即是語音清潤，但細察後，總有些俗媚之氣，或略沙啞，主平順但難以華貴，如歌星、伶人之類。

音質濁中帶清，指語調渾厚，吐詞明快，粗豪的嗓音中仍不掩其清，如武將、巨賈之人。

音質過乾燥，聲音如嘶啞一般，表是腎水虧竭，主體力不佳，運途坎坷，女性有此音質者，主為夫辛勞。

音質過濕，話匣一開口沫橫飛，聲音宏亮，意味精力過剩，主缺乏自制力，做事常成事不足，敗事有餘。

另有先濕後乾者，即是「乾濕不齊」，指開口說話，起先口水四濺，繼之乾嘶沙啞，顯得氣虛力竭；主為事虎頭蛇尾，失敗多於成功，淒寂而終。

（二）從音色判別：

音色帶雄聲，其聲粗壯剛強，男人聲音宜雄，屬吉貴；女人有雄聲者，具男人個性。

男人雄聲，但其聲如鑼鳴鼓響，令人耳根難以清淨，並非佳兆；雖有事業，惟不能持久。

音色帶雌聲，其聲婉約陰柔，女人宜雌聲，主貴旺；男人具雌聲者，柔弱無為，難負重任。

女人雌聲，但其聲如蛙叫如蟬鳴，語話未歇，其人品格調不高，難為貴婦。

音色雄雌相續，聲音忽大忽小，忽剛忽柔，交錯亂出，主善變多

偽，氣局狹隘，難有作為。

（三）從音速判別：

語調快速，飛揚而迅，喋喋不休，主個性急躁，事業雖有成，但難以克終，猶如流星劃夜。

音速緩慢，語氣沉而不揚，其人個性遲緩，性情溫馴不躁，能吃苦耐勞，惟無法獨當一面。

音速忽急忽緩，時而喋喋而語，時而吞吐不暢，是其精神不濟之況，暗喻有歇斯底里症狀，主破敗之兆。

（四）從音量判別：

身材高大而聲響，身材短小而音低，是一般常態，休咎無以推論。

身材高大，聲音細微，比例相反，其聲短音促，無法外傳，正似「黃鐘毀棄」。所謂：「身大音小禍所隱」，只能執役居下，難荷重擔。

身形短小，聲音卻格外雄渾宏亮，韻致遠響，良久而不絕，猶如「古鐘故磬」或「聲若剡鐘」。所謂：「身小音大福所伏」，主能建立殊勳偉業，是大吉之聲相。

聲相祕訣三

相有「求全在聲」的說法，面相學以聲音的質、色、速與身體音量比例，構成聲音相法的四大綱領，都具有富貴貧賤、吉凶福禍、壽夭逸勞等判讀的依據。古相書「雲山秘葉」云：「察其聲氣，而測其度；視其聲華，而別其質；聽其聲勢，而觀其力；考其聲情，而推其徵。」這具體說明了對聲音的觀察方法。

按聲音於發聲之後，由於空氣的傳播，馬上形成疏密相間的波層，這一疏密波層，以它發出聲音的地方為中心，向上下左右前後佈

成球狀，而作圓形的頻率擴展。其氣愈足，震動的幅度愈大；其質愈佳，表現出的音色也就愈美；其心愈靜，反映出的音韻規律而悅耳。秉賦高貴者，氣深而力足，心緩而氣舒，聲音自然清潤宏亮，飄遠流長。

　　整體而言，聲音要逸韻柔和，清潤揚遠，遲緩有律，得此聲相者，主大貴而多福多壽。反之，聲音聲濕濁，沙啞破嗓，音雜語急，雌雄難辨，皆屬下乘，此為千古不變的準則。

　　聲相多變而複雜，要理出頭緒並非容易，但只要肯下工夫，多方比較分析，聽多了便能達到「聞聲知人」的最高境界。

二、聲相補充資料 （摘自天下雜誌／作者：吳凱琳編譯 2013-04-25）

　　根據《聲音期刊》（Journal of Voice）刊登的一篇研究報告顯示，說話時聲音沙啞、中氣不足、緊張，容易讓人誤以為你個性被動、軟弱、精神緊張；說話聲音正常的人，則會被認為是聰明、有社交能力、而且事業有成。

　　以下列出9種令人反感、破壞形象的說話聲音：
1、音量過大：說話太大聲，不知節制，讓人覺得嘈雜。
2、語調上揚：每句話的結尾語調上揚，感覺像是問句，會讓對方覺得你似乎沒有安全感。
3、聲音尖銳：聲音太過尖銳或刺耳，會讓聽的人很不舒服。
4、娃娃音：這會讓對方覺得你不夠成熟穩重。
5、壓低音調：為了表現自己的權威，刻意表現出低沉的聲音，這樣反而會讓人覺得做作。
6、低沉喉音：每句話接近結尾時降低音調，發出低沉的喉音，有時候讓人聽起來覺得懶散無力。
7、太多語助詞：有時候我們一時想不出要說的字，就會出現

「嗯」、「呃」等語助詞,聽多了會讓人不耐。

8、中氣不足:說話聲音微弱,甚至很難聽得見,感覺弱不禁風。

9、音調平淡:聲音沒有任何起伏變化,會讓人覺得缺乏熱情、太過拘謹。

※9種說話方式會破壞形象,第7種讓人最不耐。

二十六、耳相（附耳相文章1篇）

耳主聽聞，貫腦而通於腎，為心之司腎，腎氣之候也，又五臟六腑皆與耳相通，因此耳相可反應出人之健康、壽命與個性。

相理

一、耳正：子午相朝

子午相朝：耳之最高點與最低點畫一垂直線稱之。

外斜：上耳輪較小，下耳垂（珠）較大，所連結之直線向耳後斜；表重行動力，反應較慢，躺下便可睡，站起來可馬上走，坐下來可以馬上吃，精力旺盛，不怕操，可日以繼夜的幹。

內斜：上耳輪較大較寬較清楚，下耳垂較小或沒耳垂（珠），所連結之直線向耳前斜；表重思考，思考能力較強，腦袋發育較快，發育健全，思慮很快。

耳珠愈大，腎水愈多，活動力愈強。

無耳珠者，體力、精力不會很充沛，行動力較弱。

耳正：所聞皆正，所聞皆往好的方面想，個性較緩和、正面。

耳偏：子午不相朝；所聞皆偏、不正，亦會往不好的方面想。

耳 輪廓飛反：所聞是好的，亦會往壞的方面想，內心充滿敵意，個性叛逆。

耳不正（歪斜）：所聞皆往壞的方面想。

有耳垂者：思考較正向。

大老闆一般耳正、耳貼偏多且耳垂較大。

有無耳垂差很多，有耳垂者，耳型變正，耳正 → 思維正向。

耳型正：思維正向。

無耳垂（珠）：思維較負面，個性叛逆不受教，學習效果較不OK。

一個人要成功，必須接受別人的建議，把好話當好話，亦把壞話當好話者，較易成功。

耳型不好：他人說的好話，也認為壞話，若他人說的壞話，更加認為他人說的是壞話，此種人負面消息較多，個性叛逆不受約制→自我感覺良好→學習效果較差→產生盲點→命運多舛。

耳正與不正：健康、個性有很大差別。

臉上停：與長官的關係。

中停：自己健康運作系統與人際關係。

下停：與下屬的關係。

耳分上停、中停、下停三停。

耳四方正：上停、中停、下停兼具。

耳下停看部屬、子女，其實皆看包容力和晚年健康。

耳不正：晚年生活較潦倒。

耳上停較大、中停輪飛廓反、下停無耳垂，主 晚年生活較潦倒，孤獨，日子過得辛苦。

耳上停較大、中停輪飛廓反、下停無耳垂＋下巴尖削＋胖或有小腹 → 相理上產生很嚴重的沖剋，肯定不好。

耳反＋無耳珠＋下巴尖削 → 木型人不忌。

二、耳貼

耳貼不貼，健康上無特別差異，但個性上有很大差別。

耳貼：個性上吸收訊息，好的留著，不好的放出去，不輕易抱怨。

耳懸張：招風耳，情緒穩定度相對不好，最易抱怨，最喜發問問題，對現況環境最有意見，會聽信馬路消息，似雷達消息收訊站；當記者者，10有9個有招風耳，如汪用和。例如——

馬英九：耳微懸張，當法務部長時，抱怨李登輝，抱怨不知為何而戰，為誰而戰。

王永慶：耳懸張，據報載於李登輝及陳水扁二位當總統時，對時政各上萬言書三次共六次。

耳懸張：個性沉不住氣。沉不沉得住氣，在事業上即有輸贏。

耳懸張＋耳不正：抱怨無止境，易吸收不好訊息。

耳特貼：如許水德、邱創煥、張國安。

耳貼：帶貴氣，相書云：見面不見耳，必是富貴人，非富即貴。

耳貼：中年走大運。

耳愈貼，愈貴氣，愈富有，愈沉得住氣。

耳懸張、耳有反骨、耳相很不好，如耳一左一右，一大一小，一金一木，都是不好的耳相，耳長相不好，中年運相對不好。

三、耳厚

四、耳要長、要大

五、耳型要城廓分明

六、氣色白於面（最重要）：看耳先看氣色。

耳氣色不能看起來像有灰塵覆蓋，亦不能看起來黑濛濛、如卡層黑詬的（非關膚色）。

耳氣色不好代表：

1、出身寒微。

2、孤兒。

3、遠離他鄉。

4、腰酸背痛。

5、腎氣偏弱。

6、糖尿病。

7、洗腎者。

耳氣色愈光愈清、臉色偏白，氣色就屬健康，若氣色呈暗淡黑蒙雜氣色則屬不佳之氣色。

耳色呈雜氣色如——

青色：表劇痛、痠痛到受不了，如腰痠背痛、肚痛，打腎結石→ 耳反青，亦反應會腰痠背痛。

赤氣色：心臟病、高血壓之象徵，因血壓偏高，耳微血管已充血，血筋浮出所致。

白氣色：最好的氣色為透光透白，為最好之氣色，較黃氣色好。耳色要白的透光。

黃氣色透光亦可。

黑氣色不好，表：1.洗腎者，2.腎功能開始衰竭，3.蒙黑（塵）色、黑藜色主遠離他鄉，客死他鄉，勞碌，從事中、低階工作者，非高階工作者，亦反射會有腰酸背痛暗疾。

耳厚：福厚；耳要肥厚，摸起來要厚實有肉，有骨也有肉，不能太薄。

耳薄：福薄。

耳福、祿、壽三才。

耳上停：主祿，需耳輪大，年輕時期創業。

耳中停：主壽命，需厚、城廓分明，表中年、健康運作，自己健康與壽命。

耳下停（耳垂）：主福氣，看健康；愈厚愈有福氣、愈健康、活愈久；對小孩付出很多 → 小孩享受的福較多 → 本身亦可享受到小孩回饋的福。

耳垂：腎水之所在。

腎開竅於耳，檢視耳朵可看出腎臟大小，腎大功能強，腎小功能弱，小孩會尿床共同的符號寫在耳朵。

耳偏小之小孩 → 膀胱氣較弱 → 膀胱容量較小 → 易尿床。

耳特小之小孩甚至尿床到15、16歲。

耳大、肥厚之小孩 → 膀胱容量較大 → 頂多包尿片到1歲多而已，不會尿床。

耳大之小孩算一種福氣。

耳朵摸起來硬硬的只有骨沒有肉，缺少耳珠，耳不夠肥厚：追求真理，相信自己，難相信別人，固執。

耳厚 摸起來要有肉，不只要骨也要有肉。

耳根 摸起來較軟，帶水氣重情感。

耳厚 → 腎水足 → 好吃好睡 → 較無病痛。

水為萬物之源。

人要活動就要有體力，要有體力就要有火。

火過度無水壓 → 虛火旺（中醫角度）。

→ 腎水不足 → 虛火旺 → 個性叛逆，坐不住，不願人家約束。

反耳骨或無耳垂者 → 腎水不足 → 虛火旺 → 火旺 → 個性較叛逆，靜不下來，坐不住，不願他人約束，也不要人家管，不受禮教約束 → 中年比較奔波。

有耳垂的人 先天腎水足，無虛火問題因此比較冷靜沉得住氣。

耳薄：出身寒微，較勞碌。

耳厚：出身貴旺，較享清福。

耳小：出身較貧，家境較貧。

耳大：出身較富，出身貴，家境較富。

小孩 耳肥大＋家境貧困：出生時，父母、祖字輩及長輩很關心小孩的出生。

小孩 耳偏小：出生時無人關心，母親自己一人到醫院生產，產

後一人回家。

剖腹生產之小孩：耳偏大，因剖腹產需另加一筆費用，能得父母關心，家庭環境相對較好。

小孩 耳偏大＋膚黑＋胖：出身寒微，無人關心，家境清苦，年輕奔波。

小孩 耳偏大＋膚黑＋胖＋排行老么：此家家運開始敗了。

小孩 耳偏大＋膚白嫩：出生於富有家庭或父母親經濟狀況很好。

小孩 耳朵大腎臟大，腎水與精氣足所以身體健康，好吃好睡，情緒較穩定，較相對有安全感。其原因有二：

1、 未受到因家境清苦，所帶來外在的壓力，故心胸較開闊，較有安全感。

2、 家中有人關心，所以相對有安全感。

小孩 耳小耳朵腎臟就小，加上缺乏父母親不關心，心理上無人呵護、照顧。

父母親所給予小時候之物質條件不好 因此在缺乏安全感下，花錢節儉不大方，會精打細算。

耳大的人：不花錢則已，一花錢則大筆花。

大事業家、大企業家一般耳偏大，其原因為：

1、 耳偏大，有安全感，敢投資。

2、 耳偏大，腎水足，可三天三夜不睡覺，不會疲倦，若疲倦躺下即可睡著。

耳偏小：一天一夜不睡覺就受不了，沉不住氣。

打麻將要找耳小者，因耳小者易頻尿，上廁所次數多，意志力無法集中，故耳小者因沉不住氣，無法做大事業，少有大老闆是耳朵小

小的，因此，耳小者以幕僚職居多。

耳小厚要優於耳大薄者。

耳小厚：好的，白手起家。

耳大又薄：既貧又孤的相。

耳長大薄＋鼻高挺：白髮人送黑髮人，孤壽，男女同論。

耳小薄：既貧又孤，貧困交織，此生無法做大事業，永遠顛沛流離，孤壽，勞碌，過低下層生活，如李聚寶（小薄又耳反）。

耳相不佳＋其他相亦不理想（五官長相不相配）：一生命運多波不順。

耳相不佳＋眼睛扁細長＋眼神特好：得貴但不能得富。

耳相理好：既富且貴。

耳相理不好：得貴但不能得富。

耳 標準長度：高度介於眉尾與眼尾間，耳垂至鼻準。

耳 長度：高於眉尾 → 年少早發。

耳珠會隨著年齡增加因肌肉鬆弛往下垂。

耳 長度：低於鼻準為到60歲尚未到鼻準以下，是為耳朵偏小。

耳 長度 偏小：上未超過眉尾，下未達於鼻準以下。（二十多歲～四十多歲）

耳 長度 偏長：上達眉尾以上，下至鼻準以下。（二十多歲～四十多歲）

耳 長度 長：70歲長到嘴角 → 耳特大特大 → 高壽，如李登輝、林洋港（耳肥厚）。

耳 特長特大：腎臟活力好，健康活力好，壽命愈長，脾氣不會暴躁，不會暴跳如雷，不會腰痠背痛。

耳 偏小、薄、反耳骨：急性，才會有暴跳如雷的個性。

耳 肥厚：做事慢慢來。

耳 長度 超過鼻準：活到72歲以上。

耳 長度 長到嘴角：活到88歲以上。

耳 長度 長到鼻準與嘴角間：活到80歲。

耳 長度未高過眼尾、下未至鼻準 是為耳朵偏小，耳小腎小致膀胱無力，膀胱泌尿系統不佳。其現象有：

1、 頻尿：一晚廁所跑好幾次，晚年（50歲以上）泌尿系統有問題，因此影響健康。

2、 睡眠障礙：睡眠不能深長，睡不沉穩，健康因此滑落。

3、 耳偏小需注意坐骨神經酸痛、腰酸背痛，因腎水不足，虛火旺盛，氣不足，血氣不通、 無安全感、焦慮、焦躁，心理上會有躁鬱現象。

耳小、耳反、無耳垂，較有躁鬱傾向。

耳反＋耳薄，鼻子骨多肉少，體形偏瘦。

鼻尖窄相對的耳朵偏薄。

鼻翼大者，耳垂相對大，體形偏胖。

耳長相好的人，人生順暢度較好。年少有一番事業，中年健康運作好，晚年較有福氣。

耳大＋耳貼：在家排行老二或老三，不可能為老大。

耳四方正（耳廓在內）：長子（男）居多。

耳廓外翻：80%非長子，應為次子或三子。

次子或三子一般耳廓外翻＋無耳珠（耳珠比老大小）。

家中排行老二或老三，而耳廓微反且耳珠明顯，是見面不見耳之貴耳相：

1、非老大，應有哥哥。

2、娶賢妻但妻管嚴。

小孩眉長相特好，小孩之兄弟姊妹有出息。

小孩沒刻意栽培，也很有成就、競爭力。

聽到的消息都是好的，個性樂天知命。

至少活至76歲以上，晚年生活水平高人一等。

耳廓微反＋耳珠明顯（福）＋見面不見耳：心胸開闊，樂天知命，不會與人結怨，非富即貴，至少活至76歲以上，晚年生活水平高人一等。

 案例

沈 氏 家 族

　　沈父排行老二，耳廓微反＋耳珠明顯＋見面不見耳，沈老師三兄弟眉相皆不差，皆很有出息且很有競爭力，沈父晚年生活安逸，享受子女給予之回饋，對子女教育不是付出很多，生活水平高人一等，無經濟、生活的壓力，福祿壽俱全。

女 有此耳相：高貴，非富即貴，對家特別眷戀、照顧，對子女付出相當多，是昌家旺夫之耳相。

城廓分明：耳輪、耳廓、耳垂相當明顯清楚；一輩子較順暢。

輪飛廓反：無耳珠、反耳骨得厲害（又稱箭耳、火型耳）：中年起伏大，一輩子奔波，叛逆性強，思維細緻靈活，反應特快，有機智，有急智，處理事情，效率好但效果未必佳，固執，剛毅，會管他人，不願受外在環境束縛，不願接受他人指揮，屬於自由派，重視精神層面。

男 輪飛廓反：對認為應該花的、應該贊助的，不惜一擲千金，太太要駕馭困難。

女 輪飛廓反：先生要指揮、駕馭困難，自由派，若先生為自由派，磁場相同婚姻可維持，若先生為保守派，婚姻易亮紅燈，古代認為剋夫，不宜當家庭主婦，應該當職業婦女，在職場上發揮、奔波。

女 輪飛廓反＋無耳垂：思維快，固執，急性，剛毅，會管別人但不受他人拘束。

耳的對稱性：耳要對稱。

耳不對稱：

1、大小不對稱

2、高低不對稱

3、外型不對稱

耳不對稱印證：

1、 1～14歲父母奔波顛沛。

2、 有同父異母或同母異父之兄弟姊妹可能性。

3、 一東一西、一左一右，不對稱就會產生剋 → 1～14歲剋父母之事業、情感、健康。41～50歲，金木相剋 → 相對奔波。

鼻、顴（金）、耳（木）三者貫氣

1、 型：耳不對稱（大小、高低、型狀），41～50歲，金木相剋 → 事業易起伏大。

2、 氣色：

耳型狀對稱＋氣色OK＋鼻高挺肥厚＋耳色偏白＋顴凸亮＋無斑、疤、痘等違章建築 → 鼻顴耳三者貫氣 → 中年貴旺、事業相當發達。

耳之違章建築

耳疤：不好。

耳上停：抗上，傷父母親，影響父母親的健康、運勢，影響力道較額小。

額傷＋耳上停傷：父母親可能慘慘慘，父母親比較奔波辛苦。

額長相好＋耳上停長相好：父母親必較順利。

耳中停：自己事業，41～50歲為家庭事業最黃金的十年。

有些人年少賺錢能力強，流年走到鼻運（41～50歲）時，涉及財運（鼻為財帛宮）：財運大小由鼻作主。

健康：鼻相好 → 健康好 → 財旺。（鼻相象徵五臟六腑的運作系統）

疾厄宮：會不會碰到倒楣的事情。

鼻相不好（彎曲、見結、違章建築），不好的事接二連三身上應驗。

耳中停有受傷，印證事業、人際關係、健康。

耳下停：子女有無出息，以及晚年的運勢。

耳下停受傷，印證子女有無出息，晚年際遇好比下巴受傷好一些。

下巴受傷，印證子女無出息，或孝順不出息，出息但不孝順；還可推論及：

1、本身晚年之財力、財產支配力不佳。

2、與子媳代溝，與子女同住過得不安穩。

耳下停疤：

耳下停疤＋下巴疤：子女無出息。

耳下停疤＋下巴疤＋下巴尖削：子女無出息，晚年奔波，晚年居

住不安定。

下巴飽滿：晚年居住環境安定。

下巴飽滿與否關係晚年居住安不安定。

 案例

　　高雄鹽埕區區長郭萬枝，曾經權傾一時，一生飲酒作樂，一擲千金，有特別為其製作之曲「鹽埕區長」，晚景淒涼，死時無棺下葬，其子不理，郭區長敗在左耳垂缺一角。（耳垂表晚年）

耳上輪缺一角：年輕奔波、辛苦。

耳上下缺一角：晚年孤獨。

耳長痣：病變。

耳上緣痣（上輪痣）：曾經發燒造成，對父母親很孝順 → 孝親痣。

耳上緣痣色好：聰明，反應快 → 較能得長上提拔，仍有叛逆的味道。

耳廓痣：腰酸背痛。（廓表脊椎）

耳廓正：脊椎正 → 不會腰酸背痛。

耳廓不正：脊椎不正 → 脊椎會痠痛 → 氣色偏青 → 腰痠背痛（與鼻樑痣同）。

耳風門痣（耳洞內痣）：聰明吉利，很好的痣，痣漆黑而亮中年好運連連。

風門：不易看到。

耳垂痣：膀胱曾經發炎 → 晚年注意膀胱泌尿系統的問題。

耳垂痣：對父母親很孝順 → 孝親痣。

男 耳珠有痣 左：對父親百依百順、孝順 → 父親下巴飽滿。

右：對母親百依百順、孝順 → 母親下巴飽滿。

耳珠二邊都有痣：對父母親都很孝順 → 己身有能力、有出息、有能力孝順父母 → 父母親下巴飽滿。

耳珠有痣：是為孝子痣男左孝父，右孝母，女生反向論；耳珠痣易主為子女操心，對子女有包容力，但子女未必沒出息，子女有否出息得回歸看下停。

耳背痣（後腦勺痣）：脊椎有問題 → 腰酸背痛；遠離他鄉，中年奔波。

耳長痘：五臟六腑病變，反射在耳朵。

耳上輪不易長痘。

耳風門痘：肝火問題，內臟問題。

耳垂痘：膀胱炎 → 太過勞累 → 頻尿。

耳有160多個穴道。

耳長棘：耳摸起來有顆粒狀突起 → 腫瘤、癌症之表徵。

耳上輪棘：腦瘤。

耳中停棘：肝癌、胃癌、腸胃癌。

耳垂棘：膀胱癌、腎癌、攝護腺癌、子宮腫瘤、卵巢腫瘤。

耳長痕：心血管萎縮。

耳垂痕：耳垂斜紋表心血管硬化、病變 → 注意心臟、心血管疾病，心律不整。

耳垂斜紋＋山根橫紋＋印堂直紋 → 心臟病。

耳垂微血管微浮：心臟病、高血壓。

耳色青黑：如果不是腎臟病引起，就是性生活過度。

耳色青黑＋人中四周長痘＋下巴長痘：性生活過度。

男 鼻準斑斑點點花花綠綠＋下巴長痘：性生活過度，內分泌失調，一般發生在剛結婚之年輕人。

耳垂朝口：有財富，財富愈累積愈多，如王又曾。

王又曾 耳垂特大又朝口 → 腎水特足 → 有錢又有健康。

耳垂朝肩：重視精神層面，錢夠用就好，不缺錢，不會累積很多財富。

穿耳洞

女 耳反＋無耳珠：子宮、婦科疾病偏多，子宮較虛寒，易流產。

女 無耳珠或耳珠小＋人中深＋唇夠厚，有寬待紋：耳珠雖小婦科依然健康。

女 無耳珠＋人中淺短：子宮卵巢病變多、疾病多，血氣虛，血氣循環不好，虛火旺 → 易腰痠背痛，婦科疾病多。

解決之道：拉耳朵。

女 無耳垂需穿耳洞並戴偏大耳環 → 因耳墜搖動可刺激耳根、神經對穴 → 婦科會好轉。

若無耳垂又不穿耳洞則需拉耳朵。

女 耳珠大不需穿耳洞。

女 耳珠大 穿耳洞 → 戴小耳環。

女 耳垂偏小 → 耳墜需偏大。

男 穿耳洞 → 破相。 女 穿耳洞 → 不忌。

男 穿多個耳洞 → 叛逆，破相；視其相對位置，影響相關之人、事、物。

耳相補充資料一篇

※附：面相初級班講義三（五官相理／耳）

耳主聽聞，貫腦而通於腎，為心之司腎，腎氣之候也，又五臟六腑皆與耳相通，因此耳相可反應出人之健康壽命。

耳為祿星，相書云：「求福在耳，觀其顏色形狀，則人之休咎榮辱可知。」耳朵相理佳者，可享清福，賺錢較不辛苦；反之耳朵相理差者，心身較不安寧。

縱然相書有云：「貴人有貴眼，無貴耳；賤人有貴耳，無貴眼。」但耳相善美，其他相理縱有缺憾，亦可永保一生平順無災，倒是不爭之事實。

耳，在五官之中而言，似乎較不易為人注意，其實耳朵支配人的運程卻是最為長遠的，其相理休咎列述如下：

耳相與休咎

論耳相，先觀氣色再論形狀，耳朵顏色要白過於面。

耳形狀以正、長、貼、厚、城廓分明為吉相，以反、短、懸、薄、城廓不分為劣。

耳形相理佳，色澤比面部要白，為最好的相理，主福、祿、壽三才皆得，一生順暢無災，能出類拔萃。

腎開竅於耳，腎功能好，耳色光明潤澤，腎功能衰退者，耳輪變焦黑乾枯。

耳高腎高，耳低腎低；耳大腎大，耳薄腎小；耳堅腎堅，耳軟腎弱；耳厚腎壯，耳薄腎虛。

耳氣色昏滯如濛塵主筋骨不壯，易患酸痛、耳鳴症狀。

耳垂肉薄呈咖啡色，通常有腎臟病或糖尿病。

耳皮膚血管顯浮，表患有支氣管、心臟或高血壓疾病。

耳垂上出現明顯的一條皺紋，表示患有心臟病。

耳發青且黑，如果不是因劇痛引起的，則意味性生活過度。

耳低於眼尾者，有坐骨神經疾病；耳薄小者，泌尿系統不佳；耳大而薄者有腰酸背痛疾病。

耳形厚正色白過面者，主忠信發達，年少者主求學運佳，中年者主事業運暢，晚年者主子女賢孝。

耳色澤特蒼白者，性溫內向，喜好家庭生活。

耳形長者主壽，耳聳而垂珠朝口者，主富而高壽，垂珠朝肩者，主貴而高壽。

耳形長而太薄者，主貧賤孤壽，不承祖業，女並主剋夫。

耳形不正者，為人叛逆，性情急躁，易被慫恿唆使，易忠言逆耳，言詞亦較尖酸刻薄。

耳不貼腦而向外懸張者，個性不定，意見特多，喜打聽消息並傳播消息。

耳天輪圓型者，善交際人緣佳，為人圓滑聰明；耳輪方型者，個性固執實事求是，講原則不重情份。

耳輪與耳廓非常明顯者，性格外向，反應靈敏，機智性急。

耳薄無根者，難言長壽（木形人除外）；面長耳小者，一輩子艱辛。

耳朵一大一小不一者，表示終身阻礙多，不得財富，家運不振或有異母同父兄弟。

耳中有黑斑，耳風門有惡痣或缺陷者，中年易遭官非訴訟，財破業損。

耳輪有黑痣，主聰明孝順重感情；垂珠有黑痣者，主財運通暢，事親至孝。

耳門有痣，主聰明、機警、壽長，痣漆黑光亮者，能得貴子。

耳珠後有凹陷，耳背有痣，或前後有青筋者，主易遭凶險或客死

他鄉。

耳相之五形

耳長瘦堅微露耳骨，天輪大地輪小，子午不直，孔大無毫為木形耳。

耳尖長且硬，輪反廓露，耳高於眉，天輪尖，垂珠小為火形耳。

耳厚實肥大，垂珠朝口，耳色紅潤為土形耳。

耳色白過面，正而方長，輪廓分明，厚而端直為金形耳。

耳圓厚貼腦，耳高過眉，孔小廓顯為水形耳。

耳朵之五形配上人相之五形，以正格局相配為大吉。如木形人得木形耳；格局相生相化亦佳，如金形人得土形耳；最忌格局逆剋，如金形人配木形耳，有逆剋者則屬不吉。

小結

耳主一歲至十四歲之幼年運，耳宜厚不宜薄，宜長不宜短，宜正不宜反，宜貼不宜張，宜清不宜濁，相書云：「善相耳者，先相其顏色，而後相其形狀。」耳相好幼年運好，耳相差幼年運差，耳對中年影響不可忽視，相書云：「鼻顴耳三者貫氣」，佳好的鼻顴配善美的耳相，是種加乘效應，中年可望勞少獲多，平步青雲，至於晚年，耳是福祿壽指針，耳相好的人，福祿壽俱得。

二十七、面相十二宮

所謂十二宮，是指分布於臉上的十二個部位，相術家據以測斷人的禍福和命運。

一、命宮：人；印堂，兩眉交會之處（兩眉間）。
二、官祿宮：人；印堂之上，額正中間。
三、父母宮：人；官祿宮兩側。
四、福德宮：父母宮下，印堂兩側。
五、遷移宮：福德宮與父母宮之外側。
六、兄弟宮：人；眉，衍化出去為交友宮。
七、夫妻宮：人；眼尾，奸門。
八、子女宮：人；眼袋。
九、疾厄宮：山根。
十、財帛宮：鼻準。
十一、奴僕宮：人；由嘴巴劃一橫線以下。
十二、田宅宮：眉眼間＋承漿。

十二宮位邏輯概說

面相12宮中，有5個宮位在上停（命宮、官祿宮、父母宮、福德宮、遷移宮）。

男重天庭，女重地閣，所謂：無額不富，無額不貴。若無很好的額相，人生無法搭上富貴列車。

探討命運好還是不好，成就大或小，中年以前通通由額相當主宰。

男額主事業，整體的發展以額頭為論，男生努力賺很多錢回家，交由妻子掌管，妻子能不能管理得好，回過頭來看妻子的下巴，故男

重天庭,女重地閣(下停,地閣骨,地庫)。

女生能不能持家,會不會把家再擴大,完全是下巴作主導,因為真正的田宅宮就是地閣。

為何說母以子貴,母親之下巴就是子女的舞台、女生的下巴就是僕人的舞台,所以女生重地閣,下巴對女生來說很重要,道理在此。

面相12宮中共6個宮位與「人」有關。這6個宮位是在談群己關係,如父母、兄弟手足、配偶、子女,還有職場上長官與部屬〈僕人〉的關係。

父母宮、兄弟宮、夫妻宮、子女宮、奴僕宮,加上己身的命宮,就會有群己關係的運作與變化。

面相在研究人之富與貴的程度,其實是在研究人際關係的最適化與極大化。

研究面相可推估出其人的社會層次,是從群己關係著眼,再推斷至事業,就是所謂的官祿宮、財帛宮與田宅宮。

又,追求事業之投資合夥、居家搬遷、出外旅遊,便成為12宮之一的遷移宮。想要追求成功,要效法天道,不可逆天道而行,故要有善行善德,善的觀念與行動,因此,面相12宮才有了福德宮的存在。

再者,人生旅途並非每個人都是順順暢暢,並非每人是無災無病,如何趨吉避凶,忽略了疾厄宮,人生色彩會是黑白的。

最後說命宮。諺云:糜飯助人元氣,金錢使人快樂。人要有錢又快樂,就是源肇於自己的命宮,由命宮衍生出去的人際關係,追求富與貴完全從本命自覺性的認識自己,改變自己,再很正面的推展在人際關係上。

學習面相如果懂得這些道理與論述,在人生未來的走向,就會去注重和父母、夫妻、兄弟姊妹、子女,朋友同事與長官部屬的良善關係,這些關係都好,你距離成功就越近了,如果因自己的努力擁有了富與貴,這才是天人感應,也是老天真有眼。

十二宮位分析

（一）命宮

命宮是本命所在，祖德遺跡，己之身心作為，都會顯現在印堂，印堂被定位為命宮，代表它對所謂命運的主宰，有不能小覷的力道。

部位：居位兩眉之間，同時，命宮印堂是當陽十三部為之一，也是神祕十字帶的交匯點，觀看任何宮位，都得參入印堂命宮之相理搭看，否則會見樹不見林。

一、觀論：
　　（一）健康。
　　（二）個性（心性）：七情六慾或遂行度。
　　（三）貴人（人際關係）。
　　（四）事業順暢度。
　　（五）社會位階。
　　（六）祖德與己德。
　　（七）居住環境陽宅好與不好。
　　（八）婚情穩定度。
　　（九）七情六慾遂行度。

二、相理：
　　（一）印堂豐滿、寬闊、平整。
　　（二）印堂無惡紋、惡痣、疤痕、髮尖沖剋印堂等。
　　（三）氣色黃明亮潤、紅紫。

三、相理分析：

　　命宮在印堂，但要與額頭齊看論，印堂寬平，額頭寬闊，年輕的運勢順遂早發。

　　額頭很重要，額相好又稱「前凸金，後凸銀」（閩南語），額相不好（受傷）「前叩衰，後叩狼狽」（閩南語）。不論額相好或差，如果命宮相理好，好的會更好，差的會更差。

　　命宮相理的看論，不僅只有印堂與額頭，還可以將神祕十字帶納入，十字帶相理好才是命宮命運完整的展現。

　　命宮就是祖德與己德，不要忽略「祖德」對命宮冥冥之中一股力道在牽引，「祖德」如果不好，印堂長相要很好，難。所以如果己身的德行不好，雖然當下沒有反傷自己，但並不代表它不會報應在下一代子孫的印堂上，甚至子孫的富貴貧賤、人際關係與行運上。

　　印堂長相會清楚顯示出己身之「祖德」有無偏虧；又，己身的德行好還是不好，氣色會說話，眼睛也會說話。

　　相理佳者，祖墳陰宅方位佳，己之出生地陽宅地理亦佳，能享祖蔭；氣量大，婚情穩定、貴人多、人際關係佳好，社會地位高，容易成功。

　　相理欠佳者，諸如：有惡紋、痣、斑、痕、痘、凹陷、眉鎖者，一生波折重重，勞碌傷神，患得患失，缺乏安全感，多敗多變。

　　印堂命宮可以觀看健康，我們都是在追求富貴極大化，沒有健康就沒有幸福可言，健康沒問題，才有人生富貴的比賽權利，反之則否。

　　命宮好與壞，在於個性好，心性也好。個性、心性會衍生七情六慾，人之七情六慾正常順遂，群己關係好，婚情與事業相對是有利的。

　　健康、個性都好，貴人就會出現。何人是貴人？頂頭上司、父母、兄弟、朋友、同事、太太、小孩，都是你的貴人，佛家稱為逆境菩薩。

　　小孩是直系血親卑親屬，不要認為己身所出之卑親屬，就可以任由發號司令打罵。若己身情緒不穩定，個性不好，教出來的小孩就是貧困複製，這貧困之本命相，都會顯現在印堂命宮與眼睛上。

　　命宮痕、痣、疤，加上暗氣色，最能顯示出小時居住的環境有無阿飄，亦即居住的環境乾不乾淨，看論印堂就可判讀出來。

　　印堂有違章建築，氣色就得要亮要明，不好之本命可減半論之。

　　印堂外在相理差，就是要由內在的心性觀念讓氣色保持明亮。心性差，氣色會變成黑灰色，即所謂的印堂發黑、烏雲罩頂。

　　命宮總的來說，除了可以探索前生今世，更是在探討健康、個性、智慧，還有健康、個性、智慧的加總，就是能量。這能量能決定你一生的幸福。

　　故子孫印堂、額頭的長相，是取決於阿公、阿嬤功德做得好不好，積德多不多；如果做得好，積德多，會給子孫一付寬敞明亮的額頭、開闊平整的印堂，反之則否。所以「德」主導印堂，雖無法做科學的論述，卻是每言必中。

　　命宮祖德觀之說，雖無法以科學論證，並不代表它不存在；就如我們相信神，相信老天有眼，相信上帝是存在的一樣。

　　面相是中國文化的一支旁系，是屬古神祕文化，神祕到你可以感覺得出來，面相不談鬼神，但你不得不相信，面相有因果與業障的關連性存在。這個關連性就寫在臉上。

　　舉例來說，如額頭相理失陷者，父母親為何中年運坎坷？又如，父母下巴內縮或尖削，子女婚情與事業運晦。這就留給大家去探索與思考了。

小結語：

　　按達摩相法說：「印堂光明眉不鎖，三十功名終可成。」命宮相理好，固然可喜，惟仍應本份行事，把最好的能量發揮到極點；命宮相理不好者，年輕諸事不順遂，四十一歲以前不可好大喜功，經營好人際關係，凡事步步為營，計劃週詳始可行事；其次多行善積德修身養性，從內在改變自我，否極必可泰來。

（二）官祿宮

官祿宮又稱事業宮，官祿與事業成就大小，是由自己的聰明才智與思維系統運作而來。而額頭是記憶、推理、反應的器官，因此，額頭奇骨與氣色，可以是功名地位的儀表版。

部位：位居中正、兼看天庭、印堂、眼睛。

一、觀論：
　　（一）事業運：主導年少（青年）、中年運勢、求學過程。
　　（二）個性：溫順或叛逆。
　　（三）長上緣（貴人）：與長上關係，是否得長上提拔？會不會抗上。
　　（四）人際關係：父母與長上。
　　（五）祖德、祖蔭、祖墳：以髮際、傷痕、氣色為鑑別。
　　（六）聰明才智：記憶、推理、反應。
　　（七）父母中年運。

二、相理：
　　（一）正看四平八穩，毫無瑕疵。
　　（二）側看額骨微凸，形如覆肝。
　　（三）髮尖不沖印：髮際線平整、不能參差不齊。
　　（四）無違章建築：斑、痕、痣、疤、亂紋。
　　（五）氣色黃明潤亮。

三、相理分析：
　　符合上述相理者：年輕運肯定只會好不會壞，年輕高人一等；順暢度比別人高，求學過程較順暢，父母親行運較順暢，年輕時的事業

較順暢。

官祿宮光明瑩淨雙眼有神秀長，主貴顯事業運佳，最宜從政為官，或從事有層級組織性之職業。

官祿官相理佳，印堂明潤，兩耳色白過面，主少年名揚，福祿貴顯；若眼眉清秀有揚者，聲名顯貴，很受上司賞識提拔，妙不可言。

額頭、耳朵、印堂相理皆佳，主智慧、毅力、體力、思考判斷、記憶學習、創造才能等均高人一等。

相理不佳者，諸如有惡痣、紋、痕、凹陷、偏斜者，均主事業運不佳，功名貴顯無分，一生勞多獲少，不宜從政為官，宜從事技術性之職業，即無長官部屬之職業。相理不符合者：如額相非四平八穩，而是較低窄。

髮際壓額頭，額低又窄，且無微凸骨，額相就不符四平八穩的要求。

額要有額骨。額相好是為「好額人」，「好額人」指的是事業有成的有錢人。

閩南語「好額人」＋額凸：九個好額（富），一個做乞丐。意思是額頭奇骨凸出的，多數是富翁。

小孩頭發珠、發角（兩丸、父母宮），顯示小孩聰明。

小孩頭發珠，顯示小孩聰明、腦袋瓜好。

頭發（長）珠、發（長）角：如胡志強（額發珠）、蘇貞昌（額發珠）、葉金川（額發珠又發角）。

額長奇骨：稱之為發珠、發角，如天城骨、懸天骨、天庭骨、日月角骨，華蓋骨。

額主導記憶、推理、直覺感。額高寬微凸者，記憶、推理、直覺感高人一等，可舉一反三，所以年少便能發貴。

髮尖與額傷：個性叛逆抗上，年輕的運勢不順，求學不順、工作

不順，官祿難謀求。

　　額有傷：主辛苦沒人知，勞多獲少，一摸魚即會被抓。內心鬱卒，往往會抗拒社會。

　　額微凸＋額高寬厚＋髮尖或額傷：年輕運勢不好，比一般人奔波，影響父母親事業、感情、健康，影響與長上關係。與長官怎麼處就是處不好，老師要挑毛病，一定是被挑的那一個，常莫名其妙被處罰，成長過程與老師關係不融洽，所以會抗上、叛逆。

　　一位朋友為額傷者，為趕火車，隨便抓旁邊之腳踏車，不幸被人看到喊抓賊，被抓去關，事業因此滑落，人生從此波波折折。另一位朋友也有額傷，22歲因騎了朋友來源不明機車，莫名其妙被送法辦。

　　凡是額司空中正傷痕，流年15、16、19、22、25、28歲，行事要特別謹慎，否則將跨不過厄運的深淵，年輕活不出生命的色彩。

　　說來難過，講到官祿宮，沈老師自己要對號入座，年輕30歲前，真是嚐盡人間苦頭。年輕抗上叛逆，只因額頭中正官祿宮位曾兩度受傷，雖自認小有才華，但常莫名其妙的被父母、長官修理，因年少個性燥烈，抗拒社會傳統的約制，曾幾度要放火燒家、燒學校；又22歲那年在部隊裡，不滿長官的管教，曾有舉槍要幹掉長官的念頭，幾次不理性的想要自戕，還好那時只要想到媽媽給的庭訓：「男孩子要站起來，才不會讓人看衰！」所以沈老師年輕時把抗拒與不滿，都隱忍了下來，否則老師老早就在地球上消失了。

心念轉變，命運就改變，沈老師就是例子。

沈老師說，研究面相後才知道，己之額傷痕對應父親鼻樑年壽痣、顴骨痣，所以父親中年事業大失敗，你不得不相信是命運早已寫好的劇本！

額有髮尖＋額有受傷，真是嚴重中的嚴重，年輕奔波，年輕要發達相當困難。

額發珠＋額傷：額發珠是有建設性的，惟因額傷變成有破壞性。破壞力道很大，抗上，與父母、長上頂嘴，到最後好的沒有，煮熟的鴨子也會飛掉，此為額受傷的現象，是一個很嚴重的缺陷。

臉上最亮的地方就是在額頭（當陽）。

當陽的氣色應是最亮的。亮不亮與健康、事業、錢財有關。

錢財損失一大半，氣色相對會偏暗。

氣色偏暗前，它都會給訊號，解讀此種訊號，即可解讀事業是否遇到瓶頸。

額頭氣色也會影響考運，也會影響己身的事業、婚姻、感情。

氣色只能由自己之德行去運作，無人可幫忙。

額低窄，額面積不寬、不大，對應如下：
1、出身寒微（貧困小孩 額偏低）。
2、父母親年齡差距很大。
3、父母親教育程度差距很大。
4、父親運勢不好，無法支援年輕的子女求學。
5、年輕相對奔波、不順暢。
6、不得寵的庶出子女，額頭不寬又低窄。
7、如果眼神其差無比，是為庶出、偏房或被強暴所生。

8、太清神鑑云：「額小面大，貴處上人」。指的是五行人中的土行人而言。故額窄之土行者，41歲會有時來運轉的機會。

9、額低窄，主髮多，而髮厚多呆滯，則為反應慢，呆呆笨笨的，官祿運不佳。

10、額高寬：舉一反三，反應快，聰明才智高人一等，事業運有望。

額骨微凸：懸天骨；聰明，舉一反三，年輕早發。

額骨扁平：思維、記憶、判斷力較差，無腦袋瓜，智能不足，如蒙古症患者。

當下企業主、高官，其共同特徵額特飽滿、氣色明亮，眼神銳而定。推理高人一等，年輕早發，例子如下：

日月角骨：謝長廷、宋楚瑜、馬英九、還有老沈我……。

懸天骨（額特凸）：胡志強、葉金川、蘇貞昌、李登輝、陳敏勳、呂秀蓮……。

日月角骨＋懸天骨：陳水扁、羅文嘉……。

額高寬凸但年輕不發 → 額上有違章建築。

額頭偏窄，中晚年貴旺，是氣色在支撐。

違章建築

傷痕：

額有傷：祖德有所偏虧，祖蔭相對不好。

額為何有傷痕？主祖德出問題，先祖劣行的帳被老天記上一筆，卻在孫子額頭上留下一個疤痕印記。因此，孫子年輕時要比別人努力，以償還祖德偏虧的債。

多年前，住家附近，有一位少婦聽到沈老師年幼小女說：「我爸爸會看相。」她特地透過沈老師老婆，攜著2幼子來給老師看相。這2子皆有髮尖，小兒子又額傷，沈老師向這為鄰居少婦說：「妳們要準備要過苦日子了。」當時老師特地問這位母親，孩子的祖父是否做過法律上不能容忍或社會上不能原諒的事，這位少婦說，孩子的祖父曾開車撞死人，老師問是否賠償事宜沒處理好，這位母親點了幾次頭。

一年後，她家開的店倒了，事隔10年，當再次碰面時，這位已是中年的媽媽說：「我的事，全被老師意料中了，我們夫妻離了婚，日子過得生活很辛苦。」無奈，真無奈！老師真的不想當烏鴉。

案例相理分析：

父母親的事業運，婚情狀況。可由小孩的額頭看出來；又，祖德良疵與否，亦可由孫輩小孩的額頭看出端倪。

當事人額頭受傷，表示祖父有偏虧的行為或行為造成別人的損害。而此損害結果令他人含恨，一次次的詛咒造成之萬有念力十分強大，影響深遠。

萬有念力：念力會影響當事人的直系卑親屬。

舉頭三尺有神明，好德出好筍，任何人的行為都會影響其直系卑親屬。祖德偏虧：祖蔭難享，包括祖產、功名人脈、祖先德澤皆難享，影響相當深遠。

額：當陽十三部位，額之正中間，主導官祿、事業。

額有傷：不可做組織性之工作。

職業分陰陽。

陰相之行業：無長官、部屬之行業，自由業、五術方家，可異路

財榮。

額受傷：屬陰相；工作不宜在有科層組織，如上有長官，下有部屬，旁有同僚這種有組織性的工作。

額受傷：宜從事自由業，如技術人員、五術研究、研發開創、個人工作室、無長官部屬之工作。

額受傷：41歲才脫離額傷（痣）之影響。41歲前奔波，年輕官運跌跌宕宕；41歲後才會漸入佳境。

印堂受傷：流年25、26歲，往下牽引28歲受到影響，28歲恰為上停並與中停交會，故41歲才會脫離額受傷之負向主導。因此額受傷或額有痣，35歲後雖漸入佳境，但要等41歲後才能真正的穩定。

額沒受傷：屬陽相；可處理組織、做公關等行政業務，可當公務人員；可得天時地利，能當領導者，亦能接受被領導。

陰相的人若從事軍警，41歲前要占好職缺困難，雖35歲後可開始起運，但需到41歲以後才會漸入佳境。

額傷者是不是能鹹魚翻身還要看眉、眼。

揚眉：翻身機會較快，31歲漸入佳境。

平眉：翻身機會較慢，35歲才漸入佳境。

眼睛：精、氣、神之所在。

要翻身，基本上眼睛要明亮有神，氣色要有亮澤。（不論揚眉或平眉）

額有傷者，影響層面很深遠：

1、 叛逆個性，抗上。

2、 難承祖產，難享祖德。

3、 本身求學過程不順暢，讀書愈讀愈不像樣。大學會重考，休學或延畢。

額受傷：這把火會作亂、是南方野火，此火難掌控。個性叛逆。有建設力，但運用不當，像野火，破壞力強，會燒了別人也燒自己。

額受傷：與父母、老師、長官頂嘴，與老師關係處不好，如似有仇；老師看到就討厭，他看到老師也討厭。

額傷者：有叛逆、抗拒社會的心理；無法由他人作媒，無媒自娶，無媒自嫁，會自己找伴侶。又當陽流年19、22、28歲，最易躁動引發無謂官司，宜審慎處理身邊的事，稍安勿躁。

額傷者：流年15、16、19、22、25、28歲為官非年，尤其19、22、25歲三年為關鍵年；很多額受傷之小孩，會莫名其妙被抓到警察局，都是額傷惹的禍。

額傷與婆媳問題：

男女額傷者，28歲前結婚，28歲前離婚的機率很高，撐過28歲後可緩和些。

女 離婚來自抗上（古代公婆最大，尤其婆婆）、與公婆相處不好，而非夫妻感情不蜜。

女生額有傷，不宜與公婆在同一屋簷下，否則會吵得很厲害。

婆媳失和的媳婦，所生小孩多半是眼神無力，因婆媳關係惡劣，媳婦屈居下方，母親鬱卒，母子連心，小孩看著母親受盡委屈無力幫助母親，致使小孩眼神耗弱，因此小孩眼神弱，多數是婆媳失和造成的。

若婆媳吵架或媳婦受委屈，小孩的信心跌宕，造成小孩眼神耗弱。故婆婆心態與行為，會影響孫子一輩子的運程。因此，額傷或髮尖明顯的媳婦，不宜同居在一個屋簷下生活。

別小看家庭和樂對小孩的影響力。若小孩心理受傷，造成小孩眼神耗弱，要把眼神調整回來，只能靠家庭和樂，父母恩愛，否則對小孩就是一輩子的傷害。

額上停傷：有經常性的偏頭痛，任督二脈在當陽交換，到中午時

刻易疲倦，會因疲倦而沉不住氣，因此會抗上，脾氣相對較暴躁。

額傷之子女或下屬，不能高壓，要溫情包容，若懂他、了解他，他會有建設性之表現，會為上司賣命。若壓抑他、打擊他，他破壞力很大，會把你想要的破壞掉或搞得一塌糊塗，更激進的會以生命作為賭注，結果會是兩敗俱傷。

子女額受傷：宜引導，不宜打壓，愈打壓反彈愈厲害，等路走偏了，誤入歧途，要拉回來談何容易？除非小孩有很大的自覺力或己身下巴很飽滿用愛心去引導。否則會兩敗俱傷。

額傷（痣）：第六感靈敏度超過一般人。例如進入一間房屋（場地），對房屋（場地）乾不乾淨，敏感度較高；若不乾淨身體會感覺陰冷或有其他感覺，亦容易碰到（感應）陰界之事物。

額傷（痣）：異路財榮，如廟宇之神職工作、獨立工作室之自由業。

額傷（痣）：與長上處不好，年輕遠離他鄉，在他鄉發展較好。

印堂有痣或官祿宮有痣一般稱觀音痣。觀音要普渡眾生，所以額痣者，難享正常婚姻生活，難享親情，難獲祖產。

抬頭紋：出身寒微，貧困家庭的小孩。

抬頭紋：要平齊不亂不斷，年輕奔波，中年昌旺，白手起家。

抬頭紋 三條：如游錫堃、陳長文、唐飛、陳榮傑、曾巨威（政大財稅所長）。

抬頭紋 亂、斷、不整齊：如飛雁紋、蚯蚓紋；辛苦較沒代價，顯示：

1、出身寒微。

2、父母親賺辛苦錢或父母親沒給應有的親情。

3、年輕時相對奔波，經常換工作，年輕時工作不穩定。

抬頭紋＋鼻偏薄＋下巴偏尖削：一生潦倒，要翻身困難。

額亂紋＋鼻偏小＋嘴偏尖＋下巴偏削、薄。可推論如下：
1、父母親中、下停肯定不好。
2、兄弟姊妹眉稀疏散亂。
3、太太鼻塌扁，則先生沒前途。（太太的鼻子是先生的運勢）
4、小孩髮低額窄或痕紋交亂。

額 三條紋：稱伏羲紋；要平齊、不亂、不斷。
伏羲紋可區分為天、人、地三紋。
天紋：天平不斷，表示父母精神的助力大、金錢的助力有限，能得長上賞識與提攜。
人紋：人平不斷紋，意味天資聰敏，刻苦耐勞，可因自己的努力而創造一番事業。
地紋：地平不斷紋：象徵對部屬子女有包容心，且能得部屬愛戴，子女既有出息又孝順。

額 一條紋：華蓋紋；自己的意志力特強，無他助之下，自己成長而成功，此種人值得尊敬。
額 二條紋：偃月紋；較三條紋差，比一條紋好，尚有其他助力。
紋以整齊是佳好的，不整齊屬劣下的；額紋越亂，年輕運越是辛苦奔波。
髮際不整齊：
鋸齒狀：年輕奔波，父母親出身寒微。
鋸齒狀＋額低窄：遺腹子較多。

額有傷＋髮際不平整：大學或高中聯考失利。

額有傷或髮際不平整：大學或高中聯考失利。

小孩有髮尖、額頭叉、髮際不平整，讀書求學過程不順暢，第一次考大學要考上很好學校，困難。

小孩有髮尖，影響父母親的健康、事業及感情問題。

氣色：

官祿宮：臉上氣色最強之部位。

官祿宮氣色不變：非正常氣色。

正常氣色為黃明潤亮、額微發光。

若氣色紅得發紫，如早期之陳水扁先生。阿扁當台北市長與總統時，額特發亮且為紫色的，紅得發紫。以五官長相論，競選台北市長時，黃大洲、趙少康勝過阿扁，但依氣色論，無人可與阿扁相比，當一個人鴻運當頭，印堂不只黃明潤亮，還帶著明亮的紫氣色。

氣色之最高境界：黃明潤亮＋紅得發紫。

額帶紫氣（紫色之氣）：事業之巔峰。

額帶青氣色：驚嚇、爭鬥；經營事業於額有青氣色時，當下要保守。

額帶赤氣色：是非、爭鬥、雷電光火（注意火燒屋、槍傷）。

陳水扁先生額紅得發紫，同時亦帶有赤氣色。

陳水扁先生於2000年當選總統，沈老師於2002年見阿扁額氣色發紫，且帶有赤氣色存在，即推論阿扁會因槍火中彈。

2004年3月19日中午一點多傳來陳水扁總統身上中槍。因阿扁額有赤氣色，赤氣色是意表有光火雷電之災。

又，2008年之阿扁額頭仍出現赤氣色，推論是非爭
鬥、官司纏身難免。

案例相理分析：

額頭赤氣色，事咎有兩項：

1、是非爭辯，官非爭訟。

2、光火雷電之災，如火災，槍傷。

內弓牙：口開傷元氣，舌動生是非，內弓牙造成牙齒上下交戰，
流年60在嘴巴，60歲運勢遇見蹇困與阻礙。阿扁先生就是例子。

額帶白氣色：肺出問題、肺疾病、肺癆、SARS，見喪。

額帶黑氣色：見斃，易意外死亡，烏雲罩頂。

不好的氣色 青、黑：青黑氣色皆不透光，不是病、就是事業
困，嚴重的話，就是意外而身故。

小結語：

官祿宮居額中，是思維系統的運作中心，換句話說就是腦袋瓜。
官祿宮相理好腦袋瓜機靈又聰明，相理好者宜把握良機，認真行事，
可收事半功倍之效；官祿宮相理差者，勿哀矜頹喪，宜自立自強，俗
云：「行行出狀元」、「條條道路通羅馬」，雖功名路途艱辛難得，
如習得一技之長或朝藝術、創意文學、科學方面進修，他日亦有成功
之時。

（三）父母宮

父母是為天，是天的代表，父母生育、教育養育子女，恩深情厚。按佛家思想，父母與子女的血緣關係，是因果輪迴的一種，依儒家思想，父母為天，是家的組合體，故大道尊親，子女不可違逆天道，視孝順回饋於天視為必然。道家思想崇尚自然，談天人感應，講周天運行，面相父母宮多少被注入這三家的哲學觀在其中。

部位：日月角，眉上，髮際下緣，髮際下一指幅，「中正」兩側。

日：父；月：母；

日月角：父母宮之所在。兼看眼睛，印堂。

一、觀論：

（一）與父母親情關係，衍生：

1、父母健康。

2、父母事業。

3、父母婚姻。

（二）己身聰明才智與年輕行運。

（三）考運：聰明才智反射出來為考運，考運可由日月角來判讀。

（四）祖墳：由日月角氣色可看出祖墳好或不好。

二、相理：

（一）日月角骨微微凸起、對稱。

（二）髮際平整，不能壓日月角。

（三）氣色明亮。

（四）沒斑紋痣痘痕等違章建築。

三、相理分析：

父母宮位在日月角，日月角相理佳好，年少可以望父母，也能望自己，如考運、長上緣。

父母宮整體來說，可以看論父母的運勢，如父母的事業、健康，婚情狀況好還是不好。

父母宮重點在日月角骨要凸起，是奇骨之一種，又謂「頭角崢嶸」。

頭角崢嶸：

1、思維、反應快又好，可舉一反三，是聰明靈巧的外徵。

2、頭角崢嶸＋眉清目秀：年少早發，光耀門楣。

3、孝順父母親，能為父母頤養天年。

日月角若被髮壓住，則見不到額頭。相書曰：髮厚多呆滯。

若一個家庭有三個小孩，父母親旺不旺，看最小小孩的額頭與膚色，即可顯示出父母親事業、健康與感情，是父母親整體運勢的指標。

三個小孩皆額寬凸＋膚白＋額無受傷、無違章建築＋髮際平整＋氣色明亮＋日月角骨微凸且無違章建築，則主家運必昌旺。

若三個小孩一個比一個額窄或膚色偏黑不白，則表示這家要過苦日子了，若三個小孩膚色都偏黑＋都是為胖子，則這家要敗了且敗得更快還更慘。

日月角骨寬大＋氣色亮，主考運好，己運與父親事業旺。

小孩 額寬廣＋髮尖：父母事業、親情、健康三者之間必有一破，若破在事業，分述如下：

1、有日月角骨＋額寬大：父母事業翻身機會大。

2、無日月角骨：父母事業翻身機會小。

3、 無日月角骨或額扁（無奇骨）＋髮尖：父母平淡無奇，家道中落；事業要翻身機會小。

小孩有髮尖：父母事業會跌宕。日月角骨可看父母的能力、才華。若父母能力弱，則小孩日月角骨塌（不會特凸）、髮際低。

看父母宮不僅看額頭骨，髮際線高低，還要看子午線區分的左邊與右邊，左右兩邊要對稱，不對稱則會傷剋父母。

以子午線劃下來，分別是眼睛、眉毛、顴骨、耳朵、嘴角、懸壁、法令、腮骨等，這些部位要對稱，這兩邊部位都對稱，對父母親情、壽命，就沒有特大的差異影響。

日月角骨不對稱：一高一低：父母親之間婚情、事業有跌宕，與父母親之親情不濃密。

男日角（左）高，月角（右）低：父在母先走。女則反向論。

男日月角骨高凸＋受傷：日角傷傷父親，月角傷傷母親。

男臉上劃子午線：左邊傷得厲害（如傷、痣、痘等）影響父親；右邊傷得厲害剋在母親。

如左耳大右耳小，父在母先走。又如鼻子偏左，人中偏左，母在父先走。女則反向論。

從額頭日月角＋膚色，可以解讀出頤養父母的問題。

1、 額高膚白：反應好，賺錢能力強，可舉一反三，能隨時注意父母的需求。父母會與之居住。

2、 額低膚黑：賺辛苦錢，反應慢半拍，腦筋靈活度不好，不知父母的需求是什麼，父母不會選擇與他居住，獨子除外。

3、 「好額人」：指額寬廣者，賺錢能力好，物質條件較佳，反應快，父母與之同住會受到很好的照顧。

相書說，額有奇骨，必有其氣應之。氣，指的是氣質氣性，日月角骨便是奇骨之一種。

額有奇骨：記憶、推理、聯想能力比一般人好，則考運好，主年輕順遂。

額有奇骨但不能有傷：會與父母親、長上頂嘴、抗上。所謂「前額凸有傷痕者衰，後額凸有傷痕者狼狽。」，意指額頭受傷者，年輕極端燥烈，破壞力特強特人。

違章的髮尖與痕痣紋痘斑：

日月角傷痕、髮尖：會抗上。

日月角傷痕＋髮尖：必抗上。

日月角傷痕＋髮尖＋眼大又圓：抗上更明顯。

日月角傷痕＋髮尖＋眼大又圓＋眼特亮＋雙眼皮＋嘴珠：父母不好教他。

日月角傷痕＋髮尖＋兩眼有神：小孩精明、聰明，抗拒社會，在家抗拒父母，出外抗拒長官，在學校會莫名其妙被老師修理，致會與老師對抗。因此年輕奔波，年輕即吃盡人間苦頭。

額受傷＋髮際不平整＋膚黑：此生功名不要指望，需有一技之長。此種小孩逼其讀書沒用。沒有大官、大企業家是此種相格。

額受傷或日月角傷痕：考運至少會跌宕一次。

額有受傷或髮尖之人，年輕健康上需注意其有偏頭痛的問題。

月角及惡紋惡痣惡斑惡痕、長痘（斑點），除父母運受剋損，己身考試運，年輕的事業運也會受到阻礙。

氣色：

日月角氣色宜黃明潤亮，家運好，父母平安無事。

日月角暗氣色會反應出祖墳陰宅是出了問題。

以子午線左右分父母、祖父母。日月角氣色偏暗或有斑疹，即提

示我們祖墳出問題。

祖墳：
1、蔭屍：地理師由墓碑底座有發霉現象或有水漬的紋路來判斷。
2、塌陷：墳墓塌陷（或因地震），會讓往生者住不開心、不快樂。
3、淹水
4、蛇鼠築窩
　印堂、日月角及眼睛可看祖墳。

面相的立論會被少數人質疑，只因面相為古神祕文化，這樣的論述是否存在，無法以科學角度來證實，是有立論上的盲點。但是，在人界與陰界中，人界講科學，陰界講感應，從面相論祖墳，屬玄學上的一種磁場感應，此種磁場感應，沒有科學根據，但由子孫的額頭日月角暗黑氣色，推斷祖先墳墓出了以上的問題，卻是每言必中。

案例①

　　沈老師在救國團任教面相，課堂上講到日月角氣色暗雜，對應祖墳出了問題時，有一位學員請教老師，這氣色如何看？適巧，這位王姓學員左額頭氣色偏暗無光，經老師詢問父親是否往生，王說父親已往生多年，老師告知王姓學員，你父親墳墓出了問題。

　　隔天這位學員立刻請地理師查看，經地理師現勘後，告知王你父親是蔭屍（通常蔭屍墓碑底部會帶油漬）。地理師也很訝異的說，我第一次聽到從面相可以看祖墳的問題。

案例 2

沈老師發現林姓同事日月角偏暗，便説你父親的墳墓出了問題，林回沈老師説，父親火葬燒骨灰進金甕，這次颱風後去探祖墳，祖祠淹水，金斗甕是在水中載沉載浮。林姓同事對這個論斷也覺得很玄奧。

案例 3

屏東林邊羌園村，早期因養殖需要抽取地下水，地層下陷，導致墳墓都淹在水裡。沈老師為了要驗證，特地跑到羌園村，去觀察村落的人的額頭相，共同特徵是額頭普遍呈現暗氣色。

面相存在著真實的神祕，只有不次第的驗證，我們就不敢再說這是江湖騙術。

小結語：

如果整個世界都拋棄了你，至少還有父母親不會放棄你！對於父母親，宜以感恩之心盡孝。

日月角相理佳者，父業興隆，既可昌父，又可旺己；相理不佳者，年少多波，不宜自怨自艾怨天尤人，更應努力學習，本一枝草一點露之信念，堅強勇敢的奮鬥打拚，力爭上游，終止惡劣環境，為門楣爭光。

（四）遷移宮

人生中總會面對投資、創業、出外旅遊、搬家遷徙，事業變動，陞遷等問題。所謂決策那一刻，就已決定了你的勝敗，面對上列的情事，要怎麼作決策，決策除要考量外在環境因素外，自己山林、驛馬之遷移宮的符號，多少是可以提供決策的參考輔助。

部位：山林、驛馬、邊城；額角外側；天倉之上；與髮際成反比之關係。

髮際線退，遷移宮寬；髮際線壓額，則遷移宮相對較低窄。

一、觀論：
（一）投資、創業。
（二）出外旅遊。
（三）搬家遷徙。
（四）事業變動。
（五）陞遷。

二、相理：
（一）豐隆微凸。
（二）髮際不壓天倉（髮際不壓外側額頭骨）。
（三）無違章建築：如痣痘斑紋痕。
（四）氣色明亮：額相相理脫離不了氣色。

三、相理分析：
額 外側豐隆微凸、髮際不壓天倉，主聰明才智、反應好，則年輕的活動空間大。

遷移宮：額骨要寬闊；氣色宜明亮，有投資、創業、出外旅遊、

搬家遷徙、事業變動、陞遷，都可論吉昌喜慶。

遷移宮看論年輕是以骨架為主，來到中晚年論投資、創業、旅遊、陞遷等，則全憑看氣色為依據。

天倉（眉尾與髮際）開，山林、驛馬亦隨之而開，髮際線壓天倉，山林、驛馬即受髮際線壓住，是為遷移宮不寬敞。

額寬廣微凸：額面積相對大，聰敏機靈，年輕職場空間大、運勢相對好。

額寬廣度不夠，被髮遮住，擠壓額之空間，使空間變小，即反射出年輕職場空間較窄，主有志難伸。

額低窄，即額空間不大，主年輕（35歲前）要發困難。如曾振農、顏清標等額低窄35歲後才發。

額偏低，髮際壓天倉；但因鼻＋丹鳳眼＋顴凸寬＋耳肥厚、中停形好＋氣色，是為「鼻顴耳貫氣」之相，故中年必發旺發貴。曾振農、顏清標是例子。

李登輝：早期髮際壓天倉，45歲後走鼻運才一路發。

山林、驛馬有受傷：年輕不宜投資、創業，否則會被倒債或經營得很辛苦。

額有受傷：常換工作，一生者至少換4～5個工作以上，如果法令紋斷續，或受傷，這個條則的印驗準確率特高。

額有受傷：年輕不宜投資、創業；中晚年是否可以投資、創業，則以氣色考量為主。額頭氣色亮不亮，對應於投資、創業，升遷，搬家有很大關係。

額頭不亮：不適合投資、創業，否則肉包子打狗，有去無回。因遷移宮氣色，由印堂的氣色放射牽引到遷移宮，故要看投資、創業不只要看遷移宮氣色（重要占1／3），命宮氣色（重要占2／3）亮，往上、往兩邊皆要亮，這亮光構成一個倒三角區帶。

額亮不亮與生理與心理有關係，當生理出問題，有了病變，如肝

病變的人臉色偏青，肺病變的人臉色變白、不透光，腎臟病變的人臉色變黑、不透光，心臟病的人臉色成赤氣色、透光，胃腸疾病的人臉色枯黃、不透光，因五臟六腑有所病變之生理問題造成臉上無光。

心理有問題之人或長期受到精神壓力，此種壓力無法自我消化，壓力成為壞的能量，此種能量一直累積殘存於心理，由心理交會影響生理反射出來。當我們心裡不舒服時，會壓抑，此壓抑長期累積會在臉色反射出來。一定的能量就反射出來一定的暗氣色，負能量愈大，暗氣色愈明顯。

例如：

自殺的人，其共同特徵氣色偏暗，因了無生趣，人已不想活，這種想法天天累積，長期累積造成睡不好、食不知味、吃不下、有一餐沒一餐。心情不好，血液會違和，血液的流暢度會較弱、差，氣較弱，長期累積到一定能量，在臉上會呈現正比的負能量反射，氣色偏暗（額該亮不亮）。

遷移宮氣色偏暗請問這樣適合投資嗎？不適合。因遷移宮氣色偏暗，當下的腦袋瓜渾渾噩噩，反應能力就不足，判斷事情的準確度就是差，所以不適合投資。

要升官的人為何氣色是好的，因工作愉快，心情輕鬆工作愉快，腎臟腺素分泌血清素，血清素高是氣色明亮的主因。因此升官的人氣色總是明亮照人。

若每天鬱卒，怨天怨地怨同事怨鄰居，都認為同事欺壓，長官欺負，此種人氣色是暗的。

能力好的人，額頭寬且亮，代表他有足夠的思維運作能力。此刻當下，生理、心理都在高峰，職場升官的人皆是此種臉相。

解讀喜氣也就是以氣色為主，要結婚的人，就會有新郎臉、新娘臉，還不是因心理交會影響生理所產生臉上的光澤。

早期新娘訂婚後，要結婚了，心裡歡喜要出嫁，左鄰右舍常加詢

問，新娘即會羞怯、興奮，臉色即會呈現嫣紅氣色；故女生要出嫁前那一段時間，臉色因羞怯而呈有亮澤的嫣紅色，此即心理交會影響生理的道理所在。

陞遷、事業變動好還是不好？老闆想轉投資，但氣色暗暗的，轉投資肯定不好的。

若老闆氣色亮、清朗，你想他的投資好或不好？好！事業變動就是好的。因額頭是能力及當下心情度的反射，能力好，當下心情度反應好，想做什麼事都會順遂。代表額頭亮腦袋瓜清醒，心理健康，天眼（印堂）是開的、是亮的，所以智慧之窗已經打開了，想做什麼皆主吉主昌順。

若額頭氣色是暗的、日月角亦是暗的，眼頭糾結，眼睛看起來似睡不飽，眼神視瞻無力，倘說是想做大事、想投資、變動，其論斷結果就是「小凶」，諸事不宜。若不好的符號很多，氣色黯晦不亮，這些惡符號都顯現出來了，大概可以判斷為「大凶」。這樣的論斷，無非都是根據生理與心裡，當下運作結果去做判斷的。

遷移宮痣〈或日月角有痣〉：
痣在左：承襲父親的智慧比較多。
痣在右：承襲母親的智慧比較多。
痣在遷移宮：不要出遠門，出遠門容易有一夜情。
遷移宮有痘：休咎與「痣」同；當下出遠門（旅遊）易邂逅異性，易有一夜情。

遷移宮痕：
遷移宮有傷痕：遷移的驛馬相對比較不順暢，易有變動，會遠離他鄉發展。
額頭飽滿＋遷移宮有破相：離開家鄉，事業往外發展是好的，若留在生長的家鄉反而是不好的。

　　額頭有受傷，要論吉或凶，論好或不好，還要以整個額頭骨來加論。

　　額受傷或窄＋遷移宮有破相：活動空間偏小，他再怎麼活動還是脫離不了他的家鄉。

　　額寬、受傷＋遷移宮有破相：往外發展會有一番作為，活動空間比較大。

　　遷移宮斑：

　　遷移宮斑：事業變動相對多，與額受傷變動比較多的意思是一樣的，這樣的相，還要以額頭的寬度作參論。

　　若額頭有受傷＋額窄，主年輕時不好＋不好，真的非常不好。

　　若額頭寬度、亮度都夠＋遷移宮傷痕、胎記，則會有短暫局部的顛簸，但整體來說是看好，不是看壞，尤其中晚年後是看好，不是看壞。因為已脫離了年輕時期，年輕是相對比較奔波；這一個分界線為35歲，35歲流年來到眼睛，眼睛不受額頭影響。眉毛流年31-34歲，眉毛隔開額頭與眼睛，眼睛明亮者35歲後會開始漸入佳境，所以平眉者34歲前不發，發在35歲以後，這樣的論法準確度確實很高。

　　遷移宮痘：

　　遷移宮痘：反應當下搬家、外出、換工作不順暢；若氣色偏暗，搬遷異動更屬不吉。

　　有趣的事，遷移宮長痘，出外旅遊小心惹來桃花情。

　　遷移宮氣色：

　　山林、驛馬、邊城氣色一般不會比當陽部位氣色來得亮，因山林、驛馬在額頭的外側。

　　額頭當陽氣色亮＋山林、驛馬氣色亦亮：諸事皆宜。故觀察額頭的外形、髮際線以外，還要看違章建築，再來就要看氣色，氣色才是

主導當下行運究竟是好還是不好。

氣色看論的是當下，不能以現在氣色來論以前及以後的事。氣色好即表示當下半年～1年是好的。

若氣色丕變，變青氣色：主驚憂，不適合搬家、旅遊、事業變動、合夥投資，若不信而貿然行動，可能會耗財或有所損失。

黑氣色：需防災變。遷移宮呈現黑氣色時諸事不宜（含出遠門）。

遷移宮有白氣色＋法令紋有痣（或痘）：有不能為父母送終之憾；父母嚥下最後一口氣時，無法隨侍在側。

山林、驛馬有赤氣色：與印堂之赤氣色解讀是一樣的。表示會與長官衝突、事業紛爭，出外旅遊會惹來是非爭辯。

山林、驛馬浮青筋的人，脾氣較不好。見青即見肝，肝主脾氣，脾氣穩定度不高，會偏頭痛，當下不宜作重大決議，包括投資、轉業、搬家、買房子。

山林、驛馬居眉尾上方2指幅處：可看論方向感，音感，美感。

遷移宮低窄，方向感、音感、美感不好。

山林、驛馬愈開闊，方向感愈好，音感特好，線條美感也很好。

音樂人共同特徵，即山林、驛馬特寬敞。

山林、驛馬受傷，主方向感不好，音感、韻律感不好。

藝術家畫作之色彩、著筆，係由其山林、驛馬開以致之。

山林、驛馬低窄：方向感較弱。

山林、驛馬低窄或受傷：唱歌會走音。

額低窄：畫圖畫不好。

額寬：畫圖畫得好。

天倉：眉尾靠髮際之距離。

天倉凹陷不鼓：

1、精氣神不足，如部分老人家。

2、祖產會被外人所奪，不易享有完整應繼承之祖產。

3、天倉凹陷，額不平整，主祖產不保，會散盡家產。

小結語：

　　遷移宮相理在提供投資、遷徙、變動、旅遊、陞遷調動等之參考依據。相理好者諸事皆吉，但仍不可貪進為事，有恃無恐。相理差者，則宜保守穩健，韜光養晦，廣結善緣，樂觀敬業，等候時機，再一展身手。

（五）福德宮

福德宮按字義的解釋，指福氣與德行。面相三關四隘中的第三關，是流年35歲，福德宮就是以35歲為分水嶺。換言之，福德宮相理好，是因祖德流芳，故35歲前享有鴻福大運，35歲後是否續享有鴻福，或35歲後能否發貴，自己的德行才是重要的關鍵。

部位：眉毛上緣一指幅。

一、觀論：
　　（一）祖德、祖蔭
　　（二）考運
　　（三）己身德澤、德行
　　（四）事業
　　（五）貴人緣

二、相理：
　　（一）豐滿
　　（二）高隆
　　（三）表皮要平滑
　　（四）無違建
　　（五）氣色明亮

三、相理分析：
　　福德宮的骨與表皮相，是先祖的祖德賜予的，氣色則是自己的德行給的。
　　福德宮要從形與氣來看，眉毛上緣不能有違章建築（痣、痘、斑、紋）及傷痕。

福德宮相理好，35歲前享有祖蔭，反之則否。

福德宮氣色好，是自己德行待人處世運作的結果，35歲後可以持盈保態，順暢無阻。

福德宮相理不好，有傷痕＋氣色不亮，好的事情會變壞的事情，壞的事情到你的手上絕對不會變好的事情，是為不佳運勢的殺手。

額豐滿高隆＋表皮平滑，且額上有一骨謂「華蓋骨」，「華蓋骨」就在福德宮位上。

華蓋骨：眉毛上緣有一塊完整且橫跨雙眉上緣之骨。

華蓋骨：有特殊才華，能力及天資高人一等，很少人有此種骨。

有華蓋骨才能使福德宮豐滿高隆，年輕即有一番事業。寶成企業董事長林長榮先生就是例子。

華蓋骨＋額有髮尖＋膚黑＋眉秀麗、一高一低＋單眼皮（鳳眼）＋眼扁細長，有髮尖印證大學要重考，倘膚色黑可推論出生時父親在外即有密友（小蜜或稱小三）。

華蓋骨＋天柱骨（鼻大、挺、有勢）：鼻骨與華蓋骨形成T字型，主霸氣。

華蓋骨＋天柱骨，此二骨同時存在，是先天祖德賜給的大禮，貴人特多，經營企業，逐鹿官祿，只會大不會小。

違章建築

福德宮痣：

痣：眉毛上緣有痣，表羅睺、計都兩星破陷，破陷即會有財運上的問題，財運為此生會被倒債至少1次以上。

印堂上外側左邊痣：有腸胃、痔瘡的暗疾。

印堂上外側右邊痣：心臟有問題。

福德宮痘：

1、脫離青春期後，印堂外側長痘為當下被倒債的象徵。

2、已婚者注意感情問題，外遇前兆。

3、未婚者注意三角戀愛（印堂、眉前與眉上緣有痘）。

4、額長痘：與長官、父母會有抗上與是非、爭鬥的問題。

判讀福德宮痘有無婚外情，尚需看奸門、眼眶：

1、眼眶赤紅＋眼袋四周偏暗：外遇、三角戀愛。

2、眼眶赤紅＋眼袋四周偏暗＋眼睛含水（當下進行中）表示剛「炒飯（做愛）」。

「炒飯」會讓眼睛含水，因興奮會讓腎上腺素攀升，腎臟分泌的腎上腺素為內分泌的一種，腎上腺素攀升會反射在眼球裡，故眼球微微含水，眼眶會呈赤紅。

福德宮紋：

紋路正好劃破福德宮，會被小人陷害，還會有損財的遺憾。

損財必須同時看鼻子、顴骨、法令紋，若鼻子、顴骨、法令同時有不好的符號，（包括痣、痕、紋），兩者加總就能推論是否會損財。

福德宮痕：

1、損財：痕劃破福德宮，此生不損財很困難，影響比斑、痘、痣、紋嚴重。

2、祖德：福德宮為祖德的外顯，痕破者祖德偏虧。

3、考運：福德宮主考運，痕傷者考運不順。

4、刑獄與刑傷：福德宮痕，會有打傷人或被打傷，還會有官司爭訟。

內福德宮有傷痕，不要合夥投資，合夥投資會不利，一生至少被重大倒債一次以上。

眉尾後天倉有傷痕，是外福德宮，主父母給的遺產錢財，會被親屬半路劫走。

外福德連結天倉，外福德有破陷（痣、斑、傷痕），為天倉破陷，則父母留下給的錢財（手尾錢），該拿的應繼承的部分，沒完全繼承到。

福德宮有受傷，讀書過程會有不順暢的一年。

福德宮氣色：
青：見憂。
黑：見斃。
赤：爭鬥。
白：見喪。
黃明亮：正面、好的。

外福德亮：眉毛上緣後半段；半年後財運好，反之則否。
內福德亮：眉毛上緣前半段；半年內財運好，反之則否。
福德宮氣色（耀）亮，是己身積陰德而亮，就是相書所說的「陰騭光」（註／陰：暗室；騭：德行），這耀亮的光在印堂交會，主逢凶可以化吉。

陰騭光在福德宮內，事業有成的人，福德宮皆有一定的光亮度。

易經的精華，就在一句話：積善之家必有餘慶，積不善之家必有餘殃。為什麼敢用這個「必」，絕對。用什麼科學可以證明？說穿了是內在生心運作的因果必然。

面相可以證明，你行善了，心情無憂，臉上福德宮就有陰騭紋、陰騭光；作惡多了，生心恐懼，臉上福德宮氣色不亮。

小結語：

　　福德承自祖上與己造，福份大者，應珍惜天賜良機，好好運作，本己達而達人之心胸，關懷弱者，幫助他人；福份差者應樂天知命，積德行善。俗云：「天無絕人之路」，又云：「積善人家慶有餘」，生命的長度無法決定，但生命的寬度卻可自己掌握，只要本分工作，韜光養晦，可待中年時來運轉，大展長才，造福社會。

（六）兄弟宮

兄弟：顧名思義，也就是兄弟、朋友；叫你哥哥、弟弟，或可稱兄道弟的好朋友，還有因工作關係之同事、朋友。故兄弟宮亦稱交友宮。

所謂：「上山打虎還得親兄弟。」。兄弟手足、朋友感情佳好，有助益於事業的發展，與心靈的依附，是生命中不可缺少的夥伴。

部位：在眉毛，兼看顴骨。

一、觀論：
　　（一）手足情誼。
　　（二）手足之運勢、能力。
　　（三）手足之社會地位、社會競爭力、有無出息（出息度）。
　　（四）手足之婚姻感情。

二、相理分析：
　　龍眉八要：要揚、居額、退印、尾聚、有彩、貼順、過目、根根見底。
　　眉秀：眉形要秀，符合龍眉八要，不雜、不亂、很平整。
　　眉毛長相愈好，手足之情感愈濃密。
　　眉毛長相愈好，手足有競爭力，手足的運勢相對較好。
　　眉稀疏散亂：手足感情不融洽，兄弟姊妹較無社會競爭力，社會地位相對較低。
　　眉毛為兄弟宮，亦為財帛、錢財、理財能力；亦主情緒穩定度，又與感情有關係。
　　眉前秀後淡主兄弟姊妹間感情時好時壞，兄弟姊妹之間事業有起有落、落差很大。

男 左眉頭：31歲；右眉頭：32歲。左眉尾：33歲；右眉尾：34歲。

女 左眉頭：32歲；右眉頭：31歲。左眉尾：34歲；右眉尾：33歲。

男 左眉頭受傷，31歲那一年印證：

1、兄弟姊妹有血光之災，如車關、開刀、剖腹生產等，這樣的血光之災，不致於造成生命的威脅，但如果眉毛有一高一低，又痣或眉痕斷，則意外罹難率很高。

2、兄弟姊妹那一年不宜投資，諸事不宜，否則肉包子打狗，有去無回。

3、兄弟姊妹那一年的男女婚姻問題多。

眉毛受傷：兄弟姊妹鬩牆、感情不好、不愉快，為一些小事就吵吵鬧鬧，兄弟姊妹間談話不投機，經常有意見爭執。若兄弟姊妹間相處好，則表示妯娌之間有問題。

眉毛受傷：損友比益友多。（眉毛是為交友宮）

眉六害：眉亂、眉逆、眉斷、眉薄、眉交鎖、眉壓眼。

眉毛受傷或眉毛相理不符合龍眉八要，包括眉毛有眉六害，很清楚告知，此生交友損友多於益友。

眉毛長相好，益友較多；眉毛長相不好，損友較多。

眉毛長相愈長愈濃：主動會去關心朋友。

眉毛長相比較淡比較稀疏：不會主動去關懷朋友。

眉不蓋眼：眉毛特短；此種人極為自私，只顧自己，不會顧別人。不能為友，兄弟姊妹不發。

眉為交友宮，眉毛特短、眉尾不過目、眉頭不退印；這種人極為自私，不可為友。

眉疏不聚財：眉毛稀疏聚不了財，財帛宮另述。

印堂：天眼，智慧之窗。

印堂特開（眉特開）：心胸特開，判斷事情較精準。大企業家、大事業家屬之。如蔣經國、謝長廷、唐飛（3.5指幅）。

眉特短：兄弟無情，兄弟沒出息。

眉偏短、稀、散：本人無情，利字當頭，兄弟姊妹較無出息。

眉毛來論兄弟宮，兄弟有無出息，對朋友的情份是好還是較淡薄，所交的朋友是損友較多或益友較多。

眉形長相愈好，益友較多。

眉形長相不好的，損友相對較多。

眉形長相好的，兄弟姊妹之事業相對較穩定。

眉形長相不好的，兄弟姊妹之事業起起落落。

眉毛傷痕：兄弟姊妹鬩牆、感情有疙瘩，相對位置流年（31-34歲）兄弟姊妹會有血光之災、事業破敗、婚姻感情經營失敗，晚年為家產鬩牆。

眉毛有痣：痣愈大，影響愈深遠；痣若小，影響層次就不會那麼深遠。

1、 兄弟因錢借貸而傷感情、和氣。

2、 兄弟姐妹會鬩牆、不愉快、感情淡薄。

3、 兄弟姐妹會英年早逝：兄弟姐妹會死於非自願性的，如意外或病故，年齡約略50歲前；換言之，兄弟姐妹在還有家庭責任須承擔時就死掉了。

眉頭長痘：

1、 一般眉毛除眉頭外，不會長痘；兄弟姐妹因隙生怨，當下會有不愉快的怨，眉頭則痘生。

2、 眉頭與曜睺、計都相近，眉頭長痘是損財的外徵。

3、 眉頭長痘是勞累過度的生理反射；它還可以朝男女暗情推
　　 測。

4、 女生眉頭痘痘兩至三顆，是為生理期。

眉毛氣色：

基本上眉毛氣色是由眉稜骨氣色所反射出來，其次是眉毛的亮
澤。

　　 眉毛暗氣色：兄弟不相往來，眉毛暗氣色會牽引出整個眉毛黑如
碳。

　　 眉毛黑如碳、不亮、沒光澤：兄弟情如冰炭，如流浪漢。

　　 眉毛黑如碳、枯焦：兄弟沒出息，兄弟不互相往來，兄弟無特殊
感情，感情也相對不好。

　　 眉毛黑如碳：福德不佳，素行不良，損友多，益友少。

　　 眉毛氣色偏白：家中辦喪事。

家中有喪，一般臉色偏白，其原因為心理交會影響生理有三：

1、 吃素：華人習俗，辦喪事一般茹素，辦喪事期間一般10-30
　　 天；若非吃素者，臨時吃素會營養不良，造成臉色偏白。

2、 心裡哀戚：家中辦喪事，心裡哀戚、悲傷，人若心裡哀戚、
　　 悲傷，臉色就會偏白。

3、 生活顛倒：家中辦喪事，習慣上要燒腳尾錢、守靈，晚上不
　　 睡覺，白天睡覺，睡眠不足，故臉色會偏白。

4、 家有喪事因吃素、心裡哀戚、生活顛倒，經生理、心理運作
　　 反射出來，臉上氣色就是慘白（不透光）。

殯儀館的工作人員如禮生、司儀等，一般臉色偏慘白＋眼眶赤
紅，其原因為：

1、 煙燻：工作環境，每天上香、拿香給別人、上花果等，因長

期香燒煙燻造成眼睛刺激，使眼睛呈赤紅色。

2、哀傷之情：人是感情的動物，看到家屬難過悲傷的神情，及工作場所所播放的那些哀樂，氛圍感傷，長期在心情與環境互動下，氣色偏慘白。

眉毛呈青氣色：眉毛四周有青氣色，兄弟有難、災難、有事情，隨著兄弟姊妹有難之心情，會反射在眉毛四周呈青氣色。

眉毛呈赤氣色：是非爭鬥；人若爭鬥，自然印堂、眼眶及其四周都會呈現赤氣色。

眉毛呈赤氣色＋眉頭有青春痘：兄弟爭鬥、男女之間感情爭鬥。

男 眉毛漆黑而亮如烏金的亮、黑得發亮：太太恐是外遇。

男 右奸門有痣＋眉毛黑得發亮：太太外遇或第三者愛上太太。

小結語：

俗云：「打虎抓賊還是親兄弟」，兄弟宮相理佳者，是兄弟得力又有出息的象徵，倘兄弟更契合更努力，必可光耀門楣，提振家聲；相理差者係兄弟無力之徵兆。不論相理好或壞，手足本為同根生，兄弟應團結一致，誠心相助始為正道。

兄弟宮又稱交友宮，朋友是事業的夥伴，知心的朋友不可少，朋友一心，其力斷金，桃園三結義史上流芳，說明了兄弟親，朋友更親了。

（七）田宅宮

　　田宅的多或少，居家環境好或不好，眼瞼與地閣下巴會說話；田宅宮不僅是在探討田宅的問題、自己的出身背景，同時也示意著自己是否宅仁心厚。從這個角度介入，就可以知道你晚年的生活品質，還能推論到子女的成就，還有與你比鄰而居的鄰居能否和樂相處。

　　部位：上眼瞼＋地閣（地庫、下巴）。

一、觀論：
　　（一）房地產的多寡。
　　（二）居住環境好或不好。
　　（三）晚年居住環境安定力。

二、相理：
　　（一）眼瞼開闊豐盈。
　　（二）地閣開闊飽滿。
　　（三）地閣骨微朝。
　　（四）無惡紋、惡痣、惡痕、惡痘、惡斑。
　　（五）氣色宜明亮，不宜出現雜氣色。

三、相理分析：
（一）眼瞼開闊豐盈：
　　眉、眼間之距離要較高、較寬，較高、較寬代表個性穩定、體力旺盛。
　　眼瞼寬，天倉寬，基本上田宅為父親或祖產所給的居多。
　　以田宅宮部位，如眼瞼與地閣，可以看論心性，眼瞼寬，地閣飽滿者，宅心仁厚，包容力相對為大。

　　由眼瞼可看出是否出身名門望族、貴族，出身望族眼瞼會較高、較寬。如蔣孝文、蔣孝勇，田宅宮寬敞。

　　貧困的小孩，田宅宮相對是狹窄，即所謂的「眉壓眼」。

　　田宅宮可看出祖先、父母所給的房地產多還是少；眉壓眼者，一般出身寒微，祖先留下的祖產、田宅相對為少。

　　眉壓眼：初期、年輕住的房子相對偏小，因非旺族後裔。

（二）地閣開闊飽滿：

　　地閣要骨肉相稱、骨開不偏窄，肉實不虛胖，是上乘的田宅相。

　　地閣骨攸關晚年居住之安定性，田宅的多與寡，還有能否與鄰居和睦相處，相理好，一切都好。反之則否。

　　眼瞼開闊豐盈＋地閣開闊飽滿：晚年居住環境好，居家寬敞、陽光充足。

　　眼瞼開闊豐盈＋地閣骨凹陷：早年居住環境良好，晚年卻越住越差。

　　田宅居住安定的界定：
1、有好鄰居，無惡鄰居。
2、子女有出息、會供養。
3、房屋格局好，不會漏水。

　　地閣飽滿表示子女有出息，賺錢能力好，會把父母帶在身邊，能供養父母，父母居子女家安心愉快。

　　天倉、人倉、地倉看論田宅宮：
天倉：先天給的、父母給的。
天倉距離愈寬，年輕時居住環境品質不錯。
天倉距離愈窄，年輕時居住環境較差。

中年居住環境看鼻子＋眼瞼。

晚年居住環境看地閣。

天倉開＋鼻寬、眼瞼寬＋下巴開闊：一輩子居住好的房子。

天倉窄＋鼻寬、眼瞼寬＋下巴開闊：年輕居住的房子不好，中晚年房子越住越大而且越好。

天倉開＋鼻寬、眼瞼寬＋下巴尖削：年輕、中年居住的房子不錯，但晚景不堪，晚年居住的房子不好。

（三）地閣骨微朝：

下巴飽滿＋地閣有朝：至少擁有三棟以上房產，男女同論。

晚年財務支配力得看地閣朝不朝。

地閣兩旁尖削＋地閣骨有朝：仍有支撐點，不至散盡家產。

陳履安：地閣尖削＋地閣不朝，子女表現差強人意。其晚年在台灣、大陸二地奔波、到處募款作功德，晚年居無定所，是當過院長級以上眾政務官中，下場最是淒慘的。其子陳宇廷出家又還俗，陳宇全也出家。

地閣尖削：晚年居無定所，晚年散盡家產（若有家產），晚年房地產只會少不會多。

地閣骨寬大又朝：晚年房子一間買過一間，且房子越住越大，晚運越來越好。

例如：

許水德、邱創煥：下巴骨寬闊飽滿，晚年可以頤養天年。

張秀政（建築界名人）：地閣內縮，晚年運不佳，但鼻大、顴高、眼瞼寬，中年運特好。

田宅宮在看居住的環境，也在檢視財力，同時看子女，加上晚年健康。

下巴田宅宮好的人，晚年居住環境相對安定。

下巴內縮：晚年要好，較為困難。

（四）違章建築：斑痕痣痘紋

眼瞼有受傷、有痣：住家房子會龜裂，房子會漏水，外面下大雨，屋內下小雨，讓居住者有分不安之感。

下巴有受傷：晚年居住起來不安定（心理上不安定）。

下巴有受傷會影響到子女，子女婚姻與事業，中年跌盪，會賣房資助子女，讓自己掛心操心，故心裡不安定。

下巴兩側有受傷或有痣：住所會遇到惡鄰居，與鄰居相處不好。

下巴開闊有痣：肯定為好鄰居，對鄰居很好，但會碰到惡鄰居。

下巴開闊無傷痕：為他人之好鄰居，碰到的也都是好鄰居。

下巴尖削＋傷痕、有紋痣：會碰到惡鄰居，本身亦為他人的惡鄰居。

下巴愈尖削、愈狹窄，個性愈是固執，所以無法與家人共同生活，通常會選擇獨居。

下巴有痘痘不宜買賣房地產，會引起爭訟或不愉快。

（五）氣色宜明亮

下巴痘也代表著居家排水系統阻塞不通，或潮濕。

田宅宮很少談到氣色的問題，但是下巴氣色赤紅，買賣房地產會有糾紛，或是子孫爭產；氣色暗青，是為子女憂心過度，也意味宅門後院污水沼氣。

小結語：

田宅宮攸關居家品質，房地產的擁有，與晚年的生活，有者勿喜無者勿哀，擁有正確的觀念，更勝家產萬貫。田宅宮也意味著自己的包容力，宅仁心厚者，心寬天寬，故能憑雙手自力奮鬥，白手起家；人生下半場，能受人尊敬，贏得掌聲，所以晚年咀嚼果實，甜美有味！

（八）夫妻宮

天有日月陰陽，人有男女陰陽，陰陽相合各司其職，是天道運行之本。夫妻是家庭的組合根本，夫妻宮要探索的問題，在於陰陽質量均衡，陰陽調合。天地陰陽調合，萬物茂生；夫妻陰陽調合，家庭和諧，家道興旺，父母無憂，兄弟無怨，子女是最大的受益者，社會因此更趨安定祥和。可見夫妻宮不僅僅只觀看男女感情問題，它還有家庭責任與社會責任的問題。

部位：奸門＋眼、眉、額中正＋印堂＋鼻。又稱婚姻神祕十字帶。

一、觀論：
　　（一）男女感情（含配偶及配偶以外之感情問題）。
　　（二）配偶心境與健康。
　　（三）夫妻感情出問題之責任比。

二、相理：
　　（一）奸門：宜微鼓不塌陷。
　　（二）眼睛要對稱、呈水平狀。
　　（三）眼珠黑白分明。
　　（四）眉要秀氣。
　　（五）鼻子不能破陷。
　　（六）無惡紋入侵。
　　（七）十字帶區氣色黃明潤亮。

三、相理分析：
　　奸門太陽穴要肉盈平整，宜骨肉勻稱，太陽穴不能凹陷。若太陽

穴凹陷，90%夫妻感情要很好很是困難，除非年紀已一大把不論。

奸門稱肝腦穴（肝心穴），心主七情六慾、主男女感情，肝主脾氣，如奸門凹陷：肝腦穴偏虧受損，情緒穩定度不好，七情六慾就不順遂，故感情失和。

奸門凹陷：夫妻感情不好（三、四十歲時）。

奸門凹陷：一般瘦的人常會有這種情況，胖的人不會有。

奸門嚴重凹陷，一般眼窩亦會跟著凹陷，是腎水虧虛。

奸門鼓鼓的，眼眶四周也鼓鼓的，表腎水足，女主內分泌好。

奸門凹陷：男主腎水不足，女主內分泌失調。若另一半或本身有此種現象，代表腎水、腎臟功能偏弱，男性主不能人道，女性主性冷感，男歡女愛需求情上容易往外發展。反之亦然。

太陽穴凹陷的人，共同特徵是魚尾紋亂、命門也會有細紋。這是精氣神透支的外徵。

男 太陽穴凹陷＋命門有細紋：體力嚴重衰退，男生之陽剛之氣不足，致陽痿，不能人道。

男 太陽穴凹陷＋命門有細紋：不能人道，若太太體力旺盛，則檢視先生眉毛可作推論。

論婚姻感情眼睛才是重要指標之所在，眼睛論婚姻如下：

一、形：對不對稱、高低、大小眼。

二、神：三白眼、四白眼、神定、神飄、神強、神耗。

三、氣：神濁、神弱。

眼形：

眼眶凹陷：腎水不足，主內分泌失調，致性無能、性冷感。感情未必出問題，但夫妻之間魚水之歡因體力不足，故據以推論難享正常婚姻生活。男女同論。

　　有眼眶凹陷尚需檢視其他地方加總推論，不能僅以眼眶凹陷推論夫妻感情、婚姻出問題。如要更精準的推論，看眼神、眼氣才是重點。

　　眼眶凹陷＋氣色偏暗：健康明顯走下波，有此種相之人要注意腦神經衰弱症，與睡眠障礙。

　　眼波（眼皮）：即多層眼皮，層次愈多，感情愈容易有問題。

　　眼皮多波：雙眼皮、三層眼皮、多層眼皮。

　　眼皮多波＋眼珠平整、非特凸：感情問題減半論處。

　　眼皮多波＋眼珠為外凸：感情的問題相對嚴重。

　　眼皮多波＋眼珠凹陷：自己能力不足，讓配偶有發展的空間。

　　眼皮多波＋眼珠特凸（主動）或凹陷（被動）：感情要經營，經營流年以37、38歲為分界點，37（→46）歲、38（→47）歲、中間鼻樑44、45歲。

　　多層眼皮＋眼睛偏大＋眼珠凸出：眼睛會放電，感情問題會是一輩子的負擔。

　　眼睛偏大＋眼睛含水（水汪汪）：眼睛會不經意的放不正常電。

　　多層眼皮＋眼睛偏大＋眼睛含水（水汪汪）：意志力較弱或較感性的男生，禁不起這種女生的勾引。

　　眼睛不含水、乾澀：內分泌失調，腎虧，眼睛會澀澀的、霧霧的、會癢、懼光。

　　女 吊眼梢：眼頭低、眼尾高，難享正常婚姻生活，有此種妻，先生生心理負擔大，若沒分手，命會提早掛掉。

　　眼瞼鼓鼓的、特凸、特苞：內分泌特旺，生理需求特強，男女同論。

　　眼瞼鼓鼓的＋吊眼梢：性需求特旺；男屬色狼，男女同論。但女生有此種相，一般聲音偏濁較粗，像男人個性。如藝界人士陳○佩、陳○潔。

女生眼瞼鼓鼓，音質粗濁，90%會淪落八大行業當媽媽桑（老鴇）。

「鴇」字上頭一把刀，匕下是千字，意思是要殺很多很多隻的鳥，才能當媽媽桑。

鴇母：眼瞼鼓鼓的＋聲粗＋吊眼梢：個性豪爽，體力旺盛，當領導者的料子。

如有正常婚姻，先生會被剋得受不了而落跑，所以無正常的婚姻生活，致易淪落入八大行業當鴇母，必要時需隨時配合接客。

眼睛 一大一小：37、38歲夫妻不離婚，就會吵得不可開交，離婚率很高。

當然還可以判斷其它部位，比如當陽13部位、橫帶區有無破陷。

感情十字帶以眼睛為首要，只要眼睛有破陷，如一大一小、眼內有痣、三白眼、鬥雞眼、斜眼、眼神不定，這幾種情形一律扣2分。點數加加減減，只要超過4～5點，不離婚困難，眼睛為重點中的重點。

眼神：

眼睛三白眼：眼睛很清楚見到三方（左、右、下）眼白，即黑眼珠被上眼瞼蓋掉一半，90%離婚。例如：

早期趙〇康（睡鳳眼、三白眼）、李濤（三白眼），37、38歲離婚。

李艷〇、白冰冰（嫁山口組）皆法令鎖口，均主非原配之相。

眼睛四白眼：眼白很清楚見到四方（上下左右）。例如潘迎紫、謝玲玲。

眼睛三白眼、四白眼：離婚率意外偏高。

眼神不定：指眼經飄來盪去，不正面看人，以斜眼看人，看東西眼睛飄來轉去的。

男 飄賊；女飄娼。

斜眼（鬥雞眼）：喜斜眼看人，很少正面看人一眼。例如黛安娜（飄眼＋斜眼），下飛機或有鏡頭照著她，她很少正面看鏡頭，或接受別人的歡呼。皆以眼睛餘光去飄視，故傳出婚外情，36歲意外死亡，這與相書文獻記載，完全穩合。

眼氣：

神強：眼神太強、太銳利、太光。例如：

某新聞女記者阮○祥，眼神強＋神飄，當主播時先生赴美留學期間有外遇，公公到家裡，結果被婆婆與小姑抓包，時年36歲，37歲離婚。

秦○珠：眼神特亮、特銳利，婚姻感情出問題。

黃○順：眼睛三白眼、四白眼、眼神睡鳳眼，故婚姻不幸福，37、38歲離婚。

慈濟發言人何○當主播時，眼睛睜大、特別亮，37、38歲宜防有婚外情。

神耗（神弱）：

神耗弱，90%婚外情即婚姻感情出問題，男女同論。

長期哭泣，無精打采，對人生沒有懷著深層的希望，眼神則會變耗弱，久而久之，眼睛會變濁，這即是精神壓力所造成。

眼神濁，是長期累積的，什麼樣的情況會造成眼睛帶濁氣呢？

1、 天生的：父母親非以歡喜之心來迎接你這個新生命。

2、 30歲以上眼神仍帶濁氣：是自己的問題，不是父母的問題，是感情受到壓力，物質受到壓力，眼珠會黑白不分。

當我們心理與生理，身心兩全皆愉快時，生理即健康好，心理即心情愉快，久而久之，眼睛會說話，會表達快樂的訊息。黑眼珠是黑的，白眼球是白的，即眼睛黑白分明。

　　但當我們本身如果有金錢的壓力、感情上壓力，精神上長期受到壓力，到最後黑眼珠外環會慢慢增大，稱為藍色環狀，而這是自生心理在下坡，偏青、偏暗，眼睛出現藍色環狀。

　　滿心歡喜，眼神散發出滿足感、有安全感，眼神是和樂的，看眼神就知道家庭生活是和樂的。如果眼神飄蕩、似沒睡飽，眼珠黑白不分，此種眼神直接推論婚姻有問題。

　　眼睛偏濁、充滿怨氣，自己有此種眼神，則需修身養性，只有改變自己的心態，才能改變自己的天空。

神濁之原因：
1、天生的：父母非以歡喜的心來迎接新生命。
2、30歲以上眼神仍帶濁氣：感情受到壓力。

眼袋（眼眶）四周氣色偏暗：
1、　健康方面，主先天過敏性遺傳，因過敏體質，肺金生不了腎水，故眼眶氣暗。
2、　當下女：是內分泌失調外徵，婦科病兆；
　　男：蠟燭兩頭燒，體力透支，縱慾過度或熬夜。

　　眼袋四周氣色偏暗＋眼眶赤紅：私存暗情，因興奮致腎上腺素上升；久而久之則眼眶赤紅，這氣色即會透露外在行為。正常婚姻生活眼眶不易赤紅。

　　話說10年前老師到北京旅遊，在全聚德吃飯，有位同事哪壺不開提哪壺，對北京地陪史嘟嘟小姐說：「地陪、地陪，我們領導會看相。」地陪史小姐當下央求沈老師看相，沈老師說：「看也得讓我吃個飽再說。」史小姐不死心，一

直纏著老師不放，當吃完飯沈老師離桌走進電梯，史小姐亦緊跟著進入電梯，電梯內還有那位多嘴的同事，當時老師對史小姐說：「給三個說，一、剖腹生產，二、生男孩，三、婚姻感情當下正出了問題。」只見地陪哇的大叫一聲，說三個都準。

她說先生也當導遊，在蘇州有小蜜，近日正鬧著要離婚。但她在意婚姻，直問沈老師是怎麼看的？未來婚姻穩定嗎？

幫她觀相，這回沒直接講出婚姻會破裂，沈老師只給建言是：「女生宜柔不宜剛，懂得退讓，妳才是贏家。」

按史小姐面手相特徵，沈老師歸結了四個重點，她婚情恐是離婚收場：

1、她額頭既寬又大，又稱照夫鏡，先生受不了她的脾氣，先生活得不快樂。
2、她的眼眶赤紅，眼袋氣青，是暗自哭泣，也可推斷正在鬧婚變中。
3、她法令紋壓嘴角，主非元配之相，會再婚。
4、又，她之手掌小指下面之婚姻線開岔，故婚姻不保。
女孩眼眶泛赤紅＋眼袋偏青、偏暗＋額凸亮、喜綁馬尾＋眉稀疏。不利婚姻經營。

案例分析：

重點在女性感情受到挫折時，求助無門，第一個動作就是哭，晚上睡不著覺，夜半會哭泣揉眼睛，眼眶泛赤紅且赤紅不退，眼袋偏青、偏暗。從這些外在符號解讀，當下婚姻出了問題。

照夫鏡：指女生額頭沒瀏海，額頭寬亮亮麗，個性倔強，會奪先生光彩。先生一舉一動一清二楚，常算先生新帳，又愛翻老帳，先生

會活得不自在。

眉毛：

為何眉毛與感情有關，因「眉目傳情」，眉毛與眼睛會傳遞感情。

司馬相如到卓文君家作客，當時女性不能拋頭露面，但客人到訪會送一些酒菜給客人享用，卓文君送了幾次酒菜後，當夜與司馬相如私奔。是為眉目傳情。

好眉＋好眼神，主交會出男女感情為正面、好情感。

不好之眉＋不好之神，則交會出男女之感情為負面、是不穩之情感。

男 眉特黑特濃：太太容易有往外發展的可能。

女 眉特黑特濃：先生不敢往外發展，對先生的掌控特別嚴密，先生無所遁形，日子過得不快樂。

女 眉特濃特黑＋額特凸亮、又喜亮額：

女 額特凸亮：照夫鏡，推理、判斷、記憶特別靈敏、高人一等，其顯示：

1、 奪先生光彩：與先生外出，先生的面子會被太太搶去。
2、 常會與先生莫名其妙吵架：先生日子過得不快活，會挑先生毛病引起吵架。

女 眉稀疏散亂＋額特凸亮、又喜亮額：夫妻感情不好。

女 眉特濃＋額特凸亮、又喜亮額：夫妻感情不好。

女 眉稀疏散亂：馭夫無術，駕馭先生不得要領，情緒不穩定，先生受不了。

日本男人為大男人主義，古代日本女人出嫁時，即主動剃眉，而在眉毛部位畫2點，日本是大男人主義的國度。

女 無眉者：管先生較情緒化、無法掌握要領，對感情是傷害。

女 眉稀疏：31～34歲注意先生之行為。

先生眉毛烏黑而亮＋奸門凹陷＋命門有細紋：太太會往外發展。

男 眉特濃特黑：31～34歲注意太太外在之行為。

眉受傷：31～34歲注意兄弟姊妹、本身之財運、健康、事業、運勢以外，眉毛受傷部位，觀看31～34歲夫妻之間的感情問題。如：

男 左眉頭受傷：31歲夫妻感情要經營。

女 左眉頭受傷：32歲夫妻感情要經營。

陰陽眉：眉前濃後淡；感情忽冷忽熱，傷夫妻感情，男女同論。

眉毛由眼頭隨鼻樑骨往上長，再隨眉稜骨長：其特徵鼻桿特別挺、眉毛特別黑濃；夫妻感情要很好，相當困難，因其情緒不穩定，係占有慾特強的女生。

女 眉毛由山根往上長，故轉角處會有小角揚眉。管先生特別強悍，不易妥協，容易情緒化，很不好相處。

小角揚眉：眉頭有3～5根特別粗，且豎起來之眉毛稱之；管先生管得很嚴，情緒穩定度不高，且固執。

小角揚眉＋嘴珠＋髮尖＋皮膚特白＋鼻兩翼不開：4者居3，有此妻，慘了！

此種女生會一哭二鬧三上吊。只要感情不順遂，就一哭二鬧三上吊，影響夫妻之間的感情，如于楓。

女 額有受傷：1、婚姻有危機；2、為夫辛勞。

印堂受傷：配偶活得不快樂，男女同論。

鼻樑受傷：婚姻穩定度不高，似家中樑柱傾斜、歪曲，事業、婚姻、感情破敗，男女同論。

女 當陽十三部位有傷痕，傷痕的影響力很大，加上子午線任何部位只要有一顆痣，影響比1＋1更大，夫妻吵吵鬧鬧感情不會好。

女 法令紋壓嘴角：非原配之相，要當元配，不是離婚就是剋

夫。

女 法令紋兩條：出嫁二次。

女 法令紋一邊一條、一邊很多條：出嫁多次。

女 法令紋不對稱，會影響婚姻；嘴巴歪一邊，亦會影響晚年婚姻。

奸門惡紋入侵：惡紋如亂紋、痣、斑、痘、痕、魚尾紋。

魚尾紋特多：不該有紋的年紀，而紋特別多。

魚尾紋特多：肝腦穴失調，是體力透支過度所致。

有一種說法，魚尾紋特多為淫亂、縱慾過度，這尚需看體質。若人瘦瘦的，魚尾紋特別多，蠟燭兩頭燒，亦即白天也忙，晚上也忙，這都影響夫妻感情。

倘太太右奸門下方靠近眼尾有痣，是為私人感情主動走私的外徵，痣在左是為被動受誘。

奸門下方靠近眼尾有痣：主自己的感情隱私不為配偶所知，意表外頭還有另外男女暗情糾葛，但不為配偶所知。

要成功要認識自己，瞭解朋友；要非常成功要認識敵人，要能辨別香花與毒草。換句話說，面相是一種符號，假設這個符號是你周邊的人，你要如何處理、解決。你要認識自己，改變自己，克制自己，超越自己。千金難買早知道，有什麼樣的符號，就會有什麼樣的事情發生。知道不好的事情會發生，想辦法避免發生，設停損點，避免事情惡化，妥善處理，這是學面相的意義與價值。

奸門有痣：

夫妻之間容易因小事有口角。

男 痣在左：偏主動。 痣在右：偏被動。女反之。

奸門之痣、痘、疣：感情上有第三者介入或桃花；若無上述主動或被動的問題，則39～41歲夫妻之間的感情濃密度相對會減弱。

　　桃花並無正、偏之分，重點在於以什麼樣的心態去處理得很圓滿。

　　如奸門之痣、痘特別多（眼尾有痣＋眼尾下方亦有痣）：桃花的情況偏嚴重。

　　奸門的痣、痘特別多（眼尾有痣＋眼尾下方亦有痣）＋鼻樑有痣：桃花更嚴重，男女同論。

　　男 鼻樑有痣：因色惹禍，因色失財，因色破業，事業受影響。

　　女 鼻樑有痣：此生感情受到重大挫折1次。

　　印堂有痣：

　　1、為配偶奔波、辛勞。

　　2、夫妻感情35至41歲不順利。

　　男 雙鳳搶珠：未婚戀愛時，會同時面對多位異性的追求，造成感情的三角關係。

　　女 雙龍搶珠：未婚戀愛時，會同時面對多位異性的追求，造成感情的三角關係。

　　上眼瞼有痣，痣在正中間：37、38歲感情波折、不愉快。

　　上眼瞼有痣，痣在內，眨眼才看得到：會有隱藏式感情（地下情，隱藏一段時間事後才發現）。

　　男 上眼瞼有痣，痣在左：主動，37、38歲注意夫妻感情或隱藏式感情。

　　男 上眼瞼有痣，痣在右：被動，37、38歲注意夫妻感情或隱藏式感情。

　　白眼球不應有痣，若有痣，對婚姻的傷害很大，37、38歲婚姻感情出問題。

潘迎紫，左白眼球有1顆黑痣，37、38歲在香港離婚，39歲來台灣發展，41歲拍「一代女皇」一炮而紅。

眼頭有痣（龍宮痣）：42、43歲流年在龍宮上下、鼻樑側，如蔡琴，眼頭下靠鼻樑外有痣，43歲婚變，44歲離婚。

人中痣：

生理上，反射婦科疾病、子宮方面的疾病，未必會有外遇。

女 若當陽13部位，在人中以上（含人中），有2顆痣（或傷痕、斑、痘）存在，則主夫妻感情出問題。

單1顆痣在人中，不致於會有夫妻感情的問題。

男 鼻樑有痣＋人中有痣：注意夫妻感情的問題。

男 鼻樑有痣＋眼尾痣愈多：相對花心。

感情十字帶有痣＋印堂、眼尾有痘：當下正在進行式；再推論眼睛、眼眶的氣色。

1顆痣扣1分，2顆痣扣2分，依此類推。痣愈多扣分愈多，再加上痘痘、不好之色，推論當下正在進行中或已在進行之男女感情問題。

奸門紋愈亂愈不好，愈多愈不好（夫妻感情愈不好）。

40歲以上，笑起來有2～3條魚尾紋，2條往上1條往下或 3條往上1～2條往下，則為最好的魚尾紋，夫妻感情很正常，夫妻之間關係濃密，可得配偶資財，即夫妻之間錢財互通。

60歲以下，笑起來有1條橫向特長之魚尾紋，劃過奸門破壞夫妻感情，是牛棚內鬥牛母（閩南俚語）。對太太很凶，對外面的女性朋友輕聲細語，愈長愈明顯，夫妻內鬥愈厲害，想釣凱子，這種人最好釣。

魚尾紋 紋痕交叉：夫妻感情濃密度不足，夫妻難同壽同終，有一方會先回去。

奸門氣色：

　　黃明氣色：好的氣色。其他種氣色皆不佳。

　　已結婚者 奸門赤紅、泛紅氣色：犯桃花，犯桃花紅。

　　已結婚者 奸門赤紅、泛紅氣色＋命宮亦泛紅：犯桃花。

　　眼睛水水的：犯桃花。

　　未結婚者 奸門赤紅、泛紅氣色：喜訊將屆；早期結婚年齡為
17、18歲，涉世未深，婚期將屆，心裡撲撲跳、緊張，臉會泛紅，面
對他人詢問，緊張、羞怯、興奮，此曰新娘臉、新郎臉。

　　見不得光之三角戀愛，因刺激、興奮，使腎上腺素上升，致奸門
（眼尾）泛紅，眼眶相對赤紅、水水的，稱「桃花面」。

　　桃花面：臉泛赤紅＋面帶笑意。

　　奸門赤氣色、青氣色：夫妻吵架。

　　奸門青氣色＋黑氣色：夫妻同床異夢、感情不濃密。

　　奸門 紋痕交會：配偶無法同壽同終，配偶健康相對不好。

　　奸門紋痕交會＋青、黑氣色會牽引至眼尾下：90%配偶健康出問
題或夫妻之間同床異夢。

　　奸門有雀斑，且牽引至眼尾下：夫妻同床異夢、形同陌路、情如
冰炭，曠男怨女，配偶強勢。

　　奸門青、黑氣色牽引至眼尾下＋奸門有痣、痘、疣（＋印堂有
痣、痘、疣）：夫妻分手機會大。

　　眼尾下之痣、痘：主自己的隱私全不為配偶所知。

　　神祕十字帶看論婚姻感情換算加減法：

1、　神祕十字帶：臉畫橫帶區與縱帶區，十字帶只要有破陷，如
　　　額頭受傷、有髮尖皆扣1分。

2、　如額有受傷、有痣，其位置在十字帶中間之印堂，扣2分。

3、　眉六害眉，眉毛受傷、小角揚眉，扣1分。

4、 眼瞼有痣、眼尾有痣、鼻樑有痣，有1顆痣扣1分，有2顆痣扣2分，依此類推。

5、 眼一大一小、一高一低、特凸、特凹陷、眼內有痣、含水（水汪汪）、眼珠黑白不分、眼神不定，只要有其中一項存在，扣2分。

6、 眼眶赤紅（當下）、眼四周長痣，扣1分。

7、 白眼球有痣，扣2分。

8、 眼尾下方斑斑點點：扣2分。

舉例說，若眼睛一大一小扣2分，三白眼扣2分，合計扣4分，則婚姻感情已亮紅燈；如果扣5以上，直接推論婚姻感情就是會出問題。扣減分在3分以內，婚情有影響，但不致於離婚。沒扣分的代表神祕十字帶區相理特好，男女婚情相對穩定。

小結語：

婚姻會不會出問題，就寫在這神祕十字帶上，好好觀察十字帶，夫妻宮大小休咎盡藏其中。

夫妻宮說穿了，是在談如何維持夫妻感情，男女婚情穩定，受益者是子女，反之，傷害最大的就是子女。

一個稱職的相師千萬記住，別在人多的地方去論斷別人的夫妻宮，如果因你的一句話掀開對方的情感隱私，對方鬧家庭革命。這不是造口業，什麼才是造口業？！

家和萬事興，家不和萬事消興。沒有夫妻不鬥嘴的，懂得退讓，懂得容忍才是雙贏！

十多年前，沈老師帶領實戰班學員街頭義相。其中一位女學員，論斷某友人婚情走私，因某友妻子也在場，場面尷尬。某友直否認沒這回事，幫論的女學員說，按老師婚姻神祕十字帶的推法，立論為真不假。這位某友當場生氣，直想揍人，但看在沈老師面子上而作罷，事後沈老師幾番向這友人道歉了事。

小結語：

夫妻本是同林鳥，大難來時各分飛，所謂：「十年修得同船渡，百年修得共枕眠」，既為夫妻本是前緣、善緣、惡緣、無緣不合。如有口角爭執，應理性為對方預留下台階，俗云：「家和萬事興，家不和萬事僥倖。」有和樂的家庭，才有優秀的子女；有穩定的婚姻，才有美麗的世界。

（九）子女宮

　　子女是父母生命的延續，希望的寄託，天下父母心，望子成龍望女成鳳；大家都想要子女既有出息又孝順，問題是，要收穫不能不用心栽植與教育。

　　別讓子女輸在起跑點，父母自己能量沒再提升，沒繼續學習成長，光靠棒下就會出孝子，那準是年度的大笑話。

　　部位：子女宮位居兩眼下淚堂或又名龍宮，且一定要兼看人中、地閣。

一、觀論：
　　（一）子女多寡。
　　（二）生兒或育女之比數。
　　（三）子女生心理遺傳。
　　（四）子女賢肖。
　　（五）自己與子女之健康。

二、相理：
　　（一）眼袋淚堂平滿。
　　（二）人中上窄下寬既直且深。
　　（三）下巴地閣寬闊飽滿。
　　（四）氣色要黃明潤亮。
　　（五）無惡紋、惡痣、疤痕、惡痘等違建。

三、相理分析：
　　子女宮位淚堂臥蠶，即眼袋，以肌肉豐滿，有平斜紋，氣色瑩黃是佳相。意味子女生理健康，平安順利。

人中又稱「子息宮」，相理以上窄下寬，人中寬深長正為佳相。主生殖系統發育健全，生殖功能正常，受孕率高，生下的子女健康好。

人中相理好，氣色好，子女身心健全，親子關係好，家庭相對和樂。

人中寬深長正者，無痣痘，女生主婦科健康，沒有婦科暗疾。

女 人中窄淺短歪者，患有不孕症，要懷胎不容易。如果先生小指特短，尤驗。

沈老師30年前，曾在台南北門蚵寮訪友，同時也為友人的朋友看相。這位王先生人中平淺，小指特短，沈老師對王先生說：「按這指相，與人中相理，這是無子嗣之相。」只見座上幾位朋友表情詭異，一會兒跑來一個5歲孩童，叫王先生「爸爸」。沈老師好奇的問，他是你兒子嗎？王回說：「是抱來養的。」瞬間大家掌聲加笑聲。

這事相隔不久，沈老師再度去了北門蚵寮，王媽媽特地找了沈老師問：「沈先生你幫我兒看過相，你說他是無子嗣的命，是真的嗎？」

沈老師面對王母的問，回了句說：「按他的手相與面相，是生不出小孩的。」

話語一落，王母向著老天說：「老天啊！我把不孕的責任都歸在媳婦身上，真是作孽，請老天原諒我吧！」見到這一幕，沈老師心頭酸楚又尷尬。

聽說這事後，王母對待她媳婦，特是溫馨有加。

人中寬深長正者，生男多於生女，反之，人中溝渠淺，沒有嘴珠，則是生女多於生男。

先生太太人中溝渠寬深長正，嘴唇帶珠（銳角），這輩子要生個掌上明珠，不容易。

先生太太人中溝渠淺平，嘴上乏珠（鈍角），這輩子要生男丁，困難。

先生太太一個是嘴上有珠，令一個唇上沒珠，可生男也生女。

下巴既寬且飽滿，對子女包容力特大，子女很受教；相對的，子女有出息又孝順。反之則否。

下巴是子女的舞台，下巴長相越好，子女越有才華能力，子女中年表現亮眼。反之則否。

下巴尖削，與子女不親密，無法享有子女給的溫情，子女兄弟手足情誼生疏。

淚堂子女宮肌肉乾枯低陷，露骨或有羅網紋者，生殖機能差，不容易懷孕生育；即使生有子女，其健康亦不佳或不爭氣。

淚堂子女宮亂紋侵入者，提示著太太難產，並主收養義子義女。

眼下淚堂凹陷，是心腎穴見弱，己身精氣神流失，是子女健康違和的外徵。

淚堂乾枯或人中平滿有直紋者，易有白髮人送黑髮人悲劇發生。

氣色：

老婆懷孕進入第五個月，眼袋氣色光朗如蛋清，這胎生男；氣色偏青偏暗，這胎會是生女的。

子女宮眼眶黑暗又帶赤紅者，當下子女健康欠佳，另主桃花兼重慾，易有三角戀情；女性則屬情場失敗的第三者。

整體淚堂、人中、地閣氣色光亮，子女學業、事業、健康、婚情，都可朝好的論述，反之則否。

地閣下巴呈赤氣色，意味父子爭鬥不合，有短暫的代溝。

地閣下巴呈青黑氣色，示意憂子過度，為子操心操勞。

斑紋痣痘痕之違建：

上眼瞼凸痣：家有過動或自閉症之子女，是為子女辛勞痣。

淚堂長痣，胸乳相位也會長痣，眼下痣是為憂子痣，也是子女小時體弱多病的表徵。痕，同論。

胸乳痣如果是硃砂痣，恭喜了！這痣是為貴子痣，可生養育很有出息的子女。

人中痣也稱憂子痣，會為子女憂心操心，卻不能得子女之感戴的心。紋痕，同論。

淚堂臥蠶眼皆下，往外3至5條之平斜紋稱為「陰騭紋」。陰騭紋是積德行善累積下的符號，可以庇佑子女遇凶化吉，是為善紋。

子女宮有「陰騭紋」是暗中助人濟人的表徵，為吉紋。主子媳富貴清高，子女身心健康，能成器有出息。

淚堂有網格紋稱「羅網紋」是為惡紋。有此紋者，生出小孩不健康或夭折，故這羅網紋又稱養子紋，會收養養子女。

下巴傷痕、下巴痣，下巴水波紋，都會影響子女的事業與婚情，同時也是代溝的外徵。

下巴尖削或內縮＋下巴痕、痣、水波紋：子女難有很大成就，晚年無法享子女承歡膝下之樂。

下巴痘：當下與子女意見不合的外徵；也示意子女心事重重，心理不安。

孕婦右淚堂氣色比左淚堂青，主生女，反之生男；或眼袋色澤紫黃明潤者，主生男，枯暗青黑者主生女。

子女宮有痣者子女健康不佳，或與子女有代溝，為子女操心；痣在左主男孩，痣在右主女孩；女性反向論之。如人中平滿、歪斜者更應驗。鼻樑上有橫斜紋者尤為應驗。

父母親眼袋下有陰騭紋者，其子女若遇災變可化險為夷。

很少看到耳朵反耳骨反得很厲害，而小孩很有出息的，很困難，

男女同論。

　　氣色紫黃主喜事臨門，青暗氣色主子女健康不佳，為子女憂心；黑白氣色主為子女悲哀；孕婦如淚堂青暗額頭氣色也暗灰，主生產厄難。

　　淚堂子女宮贅肉堆集、暗濁不清，子女健康不佳，為子女擔心。

氣色：宜紫黃明潤，忌昏暗污濁。

※比馬龍定律：

　　小孩的行為是隨著父母親的掌聲在引導，父母親的掌聲在哪裡，小孩的學習就在哪裡。父母用什麼樣的心態去期待小孩，小孩就用什麼樣的行為來回饋父母。父母親每天都用鼓勵的方式教育小孩，小孩就會往好的方向發展。

　　如果父母常打壓責罵小孩，小孩未來就會以打壓責罵回饋於父母與社會。

※曾國藩家書節錄：

　　家人有過，不宜怒，不宜暴，不宜輕棄，此事難言，藉它事引諷之，今日不悟，俟來日警之，如春風解凍，如祥和消冰，始為家教之典範。

小結語

　　子女賢肖愚賤在乎父母親施氣靄那間，父母行為端正，身心不狂悖，必有善報，福報子女，反之則否。

　　父母要以身教言教，來代替管教，不是光以打罵為能事，因此父母需要自我提升觀念，自我學習成長，多修心養性，必能導正子女的觀念行為，為人父母者不可不慎察。

　　古云：「兒女原是宿債、欠債、還債，有債方來。」我並不認

同，子女是老天派來的天使，老天派給你的功課是，如何讓天使以你而偉大，你因天使而榮耀。這才是談論子女宮的重點。

（十）疾厄宮

顧名思義，即是在探討疾病抵抗力及厄運的應變能力。

疾，指疾病，與對病之抵抗力，攸關健康，厄指厄運，意外災變，攸關生命。疾厄宮就是健康與意外的外徵。命宮為本命之所在，疾厄宮為本命之根。若沒有了健康，沒有了生命，這個「1」再大，也都要化之為零。

由此可知，疾厄宮在面相是個很重要的宮位，任何人都忽略不得。

部位：鼻子上半段（山根、年上、壽上）＋眼睛。

一般相書說疾厄宮在鼻子上半段（印堂～壽上）是錯的，尚需涵蓋眼睛（形神氣），與印堂（氣色）。疾厄宮若不看眼睛，則不能論疾厄之所在，所以還要看眼睛；疾厄宮要參看印堂氣色，因為印堂氣色是疾厄福禍的儀表版。

一、觀論：

（一）疾病抵抗力。

（二）厄運應變能力。

一個人若有很好的健康身體，疾病抵抗能力好，厄運應變能力好，反射出來是生命能量就高，無病無災。

二、相理：

（一）鼻子相理：

1、高：鼻樑骨要高起而寬。

2、寬：鼻樑骨與兩眼距離不能太窄，即鼻樑骨不能太削、太窄。

3、厚：鼻樑骨不能只有骨沒有肉，要骨肉相稱。

4、無違建：無紋、痕、痣、痘、斑、疤等不好的符號。

5、氣色明亮。

（二）眼睛相理：

1、眼睛黑白分明。

2、眼形對稱而正。

3、神定而和惠、不睜、不露。

4、氣色明朗。

（三）印堂相理：

1、印堂開闊平整。

2、氣色黃明潤亮。

三、相理分析：

符合以上相理，主健康沒問題，意外較少，一生少病無災，可安然度過一生。

先講疾病部分，疾病可透過臉上五官長相、符號（斑、痕、痣、痘）、氣色來解讀健康好或不好，以下就健康疾病相理觀論與分析。

眉：保壽官，保住壽命的官位。

眉頭不應長毛，若長毛，則主肺功能較弱，支氣管較弱，呼吸系統較弱。

眉尾該長毛，卻不長毛，係主肝功能異常，疾病抵抗力相對較弱。

眉形長相好，相對疾病抵抗能力較好，遇病疾可平安度過，健康較沒問題。

眉毛稀疏散亂，眉不成形，只要一有疾病就要去住院，因為疾病抵抗力很顯然偏弱。很少有老年人眉毛稀疏散亂，還能活到七、八十

歲；眉稀疏散亂的老年人，六、七十歲只要一生病，即一個個回老家了。

眉形長相好的人，相對長壽，長壽不是只有看眉毛，整體尚需看鼻樑骨。鼻樑骨要高寬厚實，代表健康比較好，骨質發育健全，本身五臟六腑的運作良好，代表生命力特旺，當然就有生病的本錢。

回過頭來複習一下，從臉上來看健康。

娃娃相法：

印堂：頸肩與心肺。

眉：手臂。

鼻樑：五臟與軀幹。

法令：腳足。

人中：生殖系統。

兩眉交鎖：肺功能不好，支氣管較弱，年老時含氧量不足。我們所說的心肺功能不好，會造成哮喘，心臟壓縮較大，心臟不舒服，若不做心肺功能保健養護，心臟細胞只要老化就不能再回復，與肝臟是不一樣的。肝臟能用休息及藥物治療加以改善；心臟只要不好，只會惡化，治療只能維持現狀，很難完全治好。心肺功能源自於肺，因肺功能不好，造成心臟壓縮大。故兩眉交鎖的人，心臟及肺功能都是晚年常見的疾病，肩頸酸痛，心肺功能較差。

眉頭上緣有直紋或雜紋或人字紋或川字紋（印堂雜紋）：頸部容易酸痛，此來自血液循環不好所造成，山根低陷者尤甚。

疾厄宮在當陽部位，一看過去，第一眼看到的即為印堂，印堂涵蓋幾個層面：

1、肺功能較弱，晚年會影響到心臟。

2、只要有直紋，都是血液循環不好。血液循環不好，血液會較濁，致頸肩會硬硬的，使人頭腦不清朗。

眉主手臂，眉稜骨愈凸，手臂愈有力道。棒球投手必須有眉稜骨，沒有眉稜骨，手的力道不足，眉毛與眉稜骨反射的就是手臂的健康。

山根：與心臟有明顯的關係，如：

1、山根高寬：心臟活動力較大，晚年一般心臟沒甚麼問題。

2、山根狹窄或低陷：心臟功能較弱，晚年疾病之所在即為心臟。

3、山根連結年上、壽上，即鼻樑山根下之骨。

山根若狹窄、低陷代表脊椎骨發育不健全，往後脊椎容易骨質疏鬆；骨質疏鬆後會壓住神經，故經常會腰酸背痛。

鼻特大，腸胃壁愈厚實，較有腸胃瘜肉增生的問題。腸胃54歲後開始退化，一些十二指腸、腸胃瘜肉增生，造成的腫瘤可能會變成癌症，流年在55～65歲為高危險期。例如，「台灣新電影」重要先驅，曾奪得坎城影展最佳導演獎殊榮的楊德昌導演，蔡琴前夫，其特徵鼻子偏大且厚實，瘜肉腫瘤變結腸癌於美國洛杉磯比佛利山莊去世，享年59歲。這樣的例子真的很多。

若鼻子看起來較小、狹窄，即鼻準（準圓）較小，兩翼（蘭台、廷尉）不開、偏窄，腸胃壁較薄，較少腫瘤的問題；但有胃潰瘍疾病，經常會胃悶、胃不舒服，吃太飽不舒服，餓了也不舒服。

鼻樑骨太削、太窄，健康必有一損一剋，損為血液循環不好，疾病之所在如心臟疾病。

法令紋為腳，腳為第二個心臟。

　　年齡有一把，法令紋不是很深秀（淺、窄、亂、短、斷斷續續、不很明顯），其疾病之所在為腳會酸痛；腳會酸痛就會懶得動，腳無法動，心臟就會比較弱，疾病相對也會比較多。故很多老年家，不是五臟六腑不好，而是源自於腳沒有力道，會酸痛痲，懶得去動，懶得走，致健康開始滑落。

　　年齡有一把，法令紋寬深秀長者，泌尿系統排解功能好，無尿酸結晶的問題；腳勁走起路來輕便，腳步較不會沉重，腳踝不會酸痛，所以法令紋被稱為「壽帶」。

　　人中：生殖系統，亦為血液循環交會之所在。
　　人中寬、深、直：泌尿與生殖系統功能較好。
　　人中短、平滿、淺：泌尿與生殖系統功能偏弱。
　　男生人中短、平滿、淺：精氣不足，活力不足，中晚年疾病多，健康差。
　　女生人中短、平滿、淺：氣血不足，生殖系統較弱，婦科疾病較多。

　　人中歪曲：
　　男：腎臟系統出問題，易腰酸背痛。
　　女：子宮後屈、異位，生理期不準，脾氣穩定度不好。其結果如下——
　　1、易不孕（排卵期不準）、婦科疾病。
　　2、易腰酸背痛，生理期人會極端不舒服，此種不舒服會影響人　際關係。

　　鼻歪：脊椎側彎，容易腰酸背痛，壽命很難活到80歲。
　　脊椎側彎，老年時腰無法挺直，肩膀會一高一低或側彎，頸椎與正常不太一樣。神經線原為直線分佈，因脊椎側彎產生局部擠壓，故

會腰酸背痛，同時會造成五臟六腑運作不順暢，健康會出大問題，少見到有鼻樑彎曲而能活到八十來歲的。

　　耳朵與腎臟的功能：

　　耳大：腎水足，女生殖系統發育較健全。

　　耳大：水氣足，故耳大稱「福氣」，因其壽命較長，能看到子息成家立業，是既長壽又福氣的耳相。

　　耳朵大，生殖系統發育較健全，腎氣足，壽命相對長壽，能看見子孫滿堂。

　　耳朵肥厚，腎水足，對小孩包容力大，小孩也相對有出息。

　　父母同時反耳骨反得很厲害，小孩在社會上很難有競爭力，沒福氣。

　　耳朵大，腎水足，活動力強，工作時間可以撐得比較久。若以時間勞力換取金錢，那耳朵大的人，相對賺得比較多的錢；至於壽命長，更不在話下了！

　　耳朵大的人，腎水元氣足，水氣為萬物之源，也為健康源頭。

　　耳開竅於腎。

　　腎開竅於耳，故腎臟形狀大小與耳朵形狀是成正比。

　　耳朵大，腎水足，人較有活力；耳朵小，腎水不足，人較易疲勞。

　　要打牌不要找耳朵大的人，因其腎水足，元氣足，能沉得住氣，要贏他的錢可能較困難。如果想贏錢要找耳朵小的人，因其膀胱容量小，容易沉不住氣，氣不足，會有頻尿的情況，精神不濟，輸錢的機率高。

　　耳朵小的人，不宜熬夜，耳朵大小是與健康成正比的。

　　從五官看健康，什麼相是健康相，由健康衍生的結果則為長壽，長不長壽從臉上肯定可以看得出來。

違章建築：

由臉上看疾病。

由眉看肝、肺。

由鼻子看心臟、腸胃。

由法令紋看泌尿系統、消化系統。

由耳朵看腎臟系統。

眼睛：

一、由眼睛的外眶來看：

眼睛外眶之上下眼瞼，是內分泌指標所在，看腎氣足不足，就看眼睛外形與氣色，若眼窩凹陷，腎氣不足，這是病態。若眼窩四周氣色偏黑、偏暗，腎氣不足，本身元氣不足，內分泌嚴重失調，水不濟火，睡眠有障礙。此種相很難長壽，原因如下：

眼袋偏暗，肺生不了腎，即金生不了水。眼袋偏暗，人會過敏，若嚴重過敏，因木火土金水生剋關係，金為肺，腎為水。肺功能弱，有過敏體質，一般腎水不足，男女同論。所以當我們看到眼袋凹陷＋氣色偏暗；則其肺功能偏弱。金不旺，生不了水，導致腎氣不足，人就會肝火旺盛，造成心火旺盛，這些為虛火、非實火。

虛火上升：舌苔為白色，且舌根為紅色。

實火上升：舌苔偏黃色。

眼袋偏暗：三焦火旺，其現象是：

1、心火旺，上焦容易口乾舌燥。

2、中焦火旺，腸胃會脹脹的或腸胃會有飢餓的感覺（中焦心如懸肌）。

3、下焦火，膀胱頻尿，因膀胱的火旺。

故眼袋凹陷＋眼袋氣色偏暗：先天不足，後天失調，要長壽困難。

二、由眼睛之眼白來看：

眼睛要黑白分明，即白眼球要白，黑眼球要黑。眼睛黑白分明為身心健康的表徵，如五臟有病變，眼睛也會跟著病變。就氣色來說，白眼球應為白。目主木、主肝，若白眼球氣色變青，主肝病之所在，即肝病者：白眼球帶青色＋山根氣色偏青色；心裡壓力過大，黑白眼球就不分明，黑睛外環會變成青藍環圈。

白眼球含水，水分不能過多或過少。

白眼球水分過多：內分泌失調，則腎水外泛（指內分泌水），致腸胃不舒服，會拉肚子。

白眼球水分過少、不足：腎水不足，眼乾澀、會癢，飛蚊症，常會眨眼、揉眼睛。男主敗腎；女主婦科疾病，內分泌失調，水分不足，易疲勞。

平常沒水，打哈欠，眼淚會掉出來。此代表水分無法控制自如，健康出問題，是腎氣不足，滋陰出問題。

眼白變污濁、變混濁：

1、肝：勞累過度，眼帶混濁，眼睛成赤紅後再變混濁，警告肝出問題。

2、腎：眼珠反應肝、腎，眼角眼白出現褐氣色 → 糖尿病、尿毒症，歸屬腎臟運作系統有毛病。

眼白論傷：有無受到內傷，可由眼白之青點判讀。

眼內淤青點：內傷。

白眼球由一橫線與一直線交叉分四部分。

眼球下半部：胸；眼球上半部：背。

靠鼻之下半側：胸部靠近心臟處有受到內傷。

靠鼻之上半側：背部脊椎靠近心臟處有受到內傷。

眼球外側上半側：背部脊椎靠近心臟處有受到內傷，但較遠。

看到眼白部分有瘀青之點，這是屬於內傷。內傷會反射在生理反應，受到內傷的人，因心臟血液循環不通，會有習慣性的由肺部發出暗咳的氣聲。聲音會因內傷而變得比較沙啞，內傷會造成中氣不足，說話會咳、不是很順，故聽到聲音可以判斷其人健康。聽聲音，可再檢視眼白的青點，青點愈多，內傷愈嚴重。內傷若不處理，就會造成氣血淤積不通。

黑眼球：

一般小孩子黑眼球偏黑，且沒有層次感；年齡愈高，黑眼球就會有層次感，有的地方偏黑，有的地方好似被硫酸侵染，呈顯凹陷。如果這種凹陷愈多，表示五臟六腑的內在疾病愈多。因健康體的人，黑眼球應該是很均勻的，不應有的地方為深褐色，有的地方是藍褐色，藍褐色愈多，代表愈不健康。

這個理論根據源自，黑眼球好似一個由十二指腸包著眼球，十二指腸這麼長包著，尾端在環狀內下處。根據凹陷的地方，就可論出疾病之所在，為何？因為十二指腸的每一個部位皆有五臟六腑對穴的位置，此種理論是為「虹膜論診。」（可上網查）

虹膜論診：

台灣學有專精的中醫師蔡冠漢先生（台南人），著有《虹膜論診》一書，他說由眼睛可判讀健康。而這一套理論原為中國傳統資源，卻被美國的醫學界所瓢竊，現今中醫師要學這一套理論需要去美國留學，台灣學不到。

「虹膜論診」中述及，由十二指腸包裹的黑眼珠，看其破裂、深褐色、凹陷之處，來論疾病之所在。其理論就是十二指腸與五臟六腑有對穴關係，這對穴關係為何會造成深褐色、凹陷，是因大腸宿便引起的。人有宿便，宿便為酸性，會腐蝕腸胃，而腸胃顯示出來為黑眼

球四周圍對穴的地方。例如，有肝病，在十二指腸某一固定之點，就會有深褐色的凹陷。

這本書所述是科學的診斷方法，但診斷需借助顯微鏡，用顯微鏡看黑眼球，由黑眼球凹陷的地方，對照「虹彩論診」中十二指腸那一個部位受傷。因十二指腸所在的部位有宿便，而宿便強酸會侵襲內臟，反射在眼黑珠相對穴位，黑眼球便留下符號。透過對照黑眼珠與病位圖，便能診斷出疾病所在。

「虹彩論診」指出，從黑眼球深褐色、凹陷的部位判斷健康，深褐色斑點愈多，就代表他不是一個健康體。故身體比較不好的人，黑眼球是不黑的，有深褐色的斑點卡在那兒，眼球看起來就是偏濁，且黑白不分。

臉上的痣：

痣與「誌」同音，痣、誌與閩南語「記」同音，意思是記住痣就是病變，是體內五臟六腑病變留下的記號。

痣是血液黑色素沉積於五臟反射在五官對穴，痣即是病變的符號，即曾經病變，在臉上的相對位穴送你一顆痣，所以痣我們叫它是「記」，記住它是曾經病變，未來還會困擾著健康的標誌。

與健康有很大關係的幾顆痣：

額頭有痣：小時發高燒之表徵，額頭痣是小時發高燒病變留下的符號。

眼頭上方眼瞼痣：是為有十二指腸潰瘍疾病，而此疾病來自遺傳，即父母之一方亦有十二指腸的疾病。

眼瞼中間痣：小時曾有腸胃疾病，表示父母之一方亦有腸胃之疾病所遺傳。

眉毛左上緣痣：痔瘡、腸胃。

眉毛右上緣痣：心臟痣。

兩眉間痣（印堂痣）：扁桃腺發炎、腫大，肺部支氣管弱。

山根有痣（中間及兩旁）：心臟曾經病變，80%以上會舊疾復發。

年上、壽上有痣：脊椎曾經病變，故脊椎會酸痛，腰酸背痛。

鼻樑有骨無肉、骨多肉少且長痣：痔瘡，嚴重痔瘡，男女同論。

女 鼻樑有痣：婦科疾病，子宮、卵巢病變，1顆即成立，2顆則是95%以上的機率。

鼻準有痣＋明顯腰酸背痛：婦科疾病、脊椎病變。

鼻準有痣：小時腸胃病變。

鼻翼痣（鼻翼內側）：腸胃。

鼻翼痣（鼻翼外側）：肺，支氣管相對較弱，晚年需注意呼吸道，因痰咳不出來，卡住而病終。

鼻翼有痣者：肺功能弱，不適合抽煙。

鼻孔特別大：似澎恰恰，膀胱無力，因鼻中膈面積不足，膀胱比較弱。

鼻中膈痣：

男：腎臟曾病變，可能提早性無能，生活失去色彩，活得不快樂，又稱自殺痣。日本生活相法也有這一說法。

人中有痣：生殖系統曾病變。女生為子宮、卵巢病變、下體分泌異味。

人中外側、法令紋內側之食倉、祿倉、仙庫有痣：女 內分泌異常。

人中有痣＋鼻樑有痣：子宮、卵巢病變摘除，流年在44、45歲。（人中直向）

人中有痣＋仙庫有痣：子宮、卵巢病變摘除。（人中橫向）

法令紋有痣：

鼻翼偏下一點點之法令紋痣：腎臟結石，腰會酸。

鼻翼下、嘴角上的法令紋痣（中間段）：膀胱結石，輸尿管結石，腳會酸、會麻、會痺。

鼻樑外側有斑斑點點＋ 2至3顆痣：膽結石。（鼻外側稱肝膽穴）

肺、心臟不會結石，胃腸會有息肉腫瘤的問題，膀胱、泌尿系統會有結石。

法令紋由嘴角與鼻翼間往下有痣：腳會酸痛，冬天或天氣較冷，腳會酸、會痛、會麻、會痺，不適宜游泳，因溫差，易造成腳抽筋，易發生溺斃意外。

古相書云：下巴嘴唇下四周外側的痣：凶，水厄；腳會酸、會痛、會麻、會痺。

下巴之痣：皮膚膚質不好，會酸痛。

下巴特長：心臟病的表徵，會有血液循環方面的疾病，如李登輝（晚年心臟裝支架）。

耳朵痣：

耳上停：小時發高燒所致，會有偏頭痛。

耳中停：五臟曾經病變。

耳下停（耳垂）：膀胱、泌尿系統曾經病變的表徵。

耳垂痣：孝親痣。

男 左耳垂有痣：對父親很孝順、百依百順。女 反向論之。

男 右耳垂有痣：對母親很孝順、百依百順。女 反向論之。

痘：

當下五臟六腑之相對位穴虛火上升所致。如：

印堂痘：心火旺。

女 16～50歲生理期易長痘，血氣兩失，氣不足，體質偏弱。

男 蠟燭兩頭燒，提示該休息了，氣不足，體質偏弱。

鼻準痘：腸胃燥熱。

山根兩側之痘：勞累過度，心臟發出抗議的訊號，需適當休息。

人中或人中外側的痘：子宮、生殖系統病變，男生膀胱發炎，女生婦科疾病。

若此種痘，經常性一、二個星期即長出痘子，持續一、二個月以上，都有此現象，90%以上是當下子宮、卵巢發炎、腫瘤的表徵。

子宮、卵巢腫瘤之前兆，會在人中送上1、2顆痘，這痘摳掉會再長出，至於會不會發展成腫瘤或腫癌，還要看此痘痘是不是有如蜘蛛網狀，放射出的血絲跑出來，如痘痘四周有放射狀的血絲跑出現，則必為是腫瘤或卵巢肌瘤。

當下有腫瘤或卵巢肌瘤者，眼睛水分會偏多，這是揣外測內的技巧。

臉上長痘皆為虛火旺，五臟虛火上升，會在相對位穴長1顆痘。如：

人中長痘：子宮卵巢發炎之表徵。

鼻準長痘：腸胃發炎之表徵。

耳珠長痘：膀胱發炎之表徵。

下巴長痘：腎臟發炎、內分泌失調之表徵。

常見的痘痘：

年輕 額頭長青春痘，額為「火」之所在，因為陽剛火旺（實火），不忌。

年輕 額頭長痘：血氣方剛，火氣大。

年紀有一把，四、五十歲以上，額頭長痘，為虛火，勞累過度，

即會長痘。

長在下巴、鼻子以下的痘痘：內分泌系統、膀胱系統、生殖系統等有病變，會在人中、仙庫長痘。

腎臟水外泛，沖剋土（脾胃）。下巴長痘，會造成虛火旺，因腎水無法歸位、亂竄。結果，沖剋土，土為脾胃，反射出來為「滑腸」，即是瀉肚子。

斷掌之人，易內分泌失調，下巴易長痘，排便時間不準，情緒會受干擾。有人說，斷掌不論男女，情緒翻臉如翻書，這與內分泌失調有關。

法令紋長痘：膀胱、輸尿管需注意保養。

法令紋經常長痘：長痘當下，腳之力道較不足，腳筋骨會較不舒服。

紋：
男 額頭抬頭紋：正常紋路，不涉及健康之問題。
女 額頭抬頭多細紋：婦科疾病之指標，氣血兩失所反射出來。
女 額有明顯細橫紋，我們說黃臉婆，因氣血兩失造成皮膚含水量不足。含水量不足，使額頭有明顯的抬頭紋、雜紋、細紋。體質「冷底」，人易疲倦，婦科疾病暗疾的一種。

印堂有紋：以直紋、斜紋、人字紋較多；血液循環不好，致頸部酸痛，屬於不正常之紋路。

印堂有細紋、直紋交織似網狀紋路：晚年疾病所在，屬於心血管疾病見常。

懸針紋、左眉頭直紋、右眉頭直紋：皆為印堂直紋；肩膀會酸痛。

山根橫紋＋印堂直紋：心律不整之表徵。

山根橫紋＋印堂直紋＋耳垂斜紋：三者中有二者同時存在，主心

血管疾病。

山根橫紋＋印堂直紋＋耳垂斜紋：三者同時存在，肯定為心血管疾病，需慎防中風或心肌梗塞；如下耳垂又浮顯青筋，主當下將發生或已經發生（如已裝支架）。

四、五十歲有幾條魚尾紋為正常紋路。

魚尾紋太多，則為不正常，此係勞累所造成；在太陽穴（肝腦穴），用腦太過勞累會有此紋，健康上為體力衰退之表徵，為不好的紋路。

鼻有虛花紋（直紋或偏斜紋）：遺傳父母親不好之疾病。

鼻有蟹爪紋（似蟹腳狀）：注意慎防肝癌。

正常人有法令紋。若無法令紋，則泌尿系統不好，腳容易酸痛、痛風；腳比較沒有力道，不能久站，不能長跑，不能登山，腳衰退得比較快。如——

馬英九：法令紋寬深秀長，腳很有力道，常參加長跑。

胡志強：法令紋偏淺、偏短，腳沒有力道。

李登輝：法令紋寬深秀長，腳很有力道，仍可健步如飛。

陳水扁：法令紋偏淺，腳沒有強勁之力道。

法令紋是該有的紋路，若沒有反而是不好的。

法令紋斷斷續續：不健康之紋路，事業經常變動，腳勁無力；晚年由腳開始退化，腳開始退化後，健康開始走下坡。

人中橫紋：子宮卵巢病變，其功能較弱，會腰酸背痛。

女 人中有橫紋，其共同之表徵就是笑起來會很清楚露牙齦。為何人中有橫紋會腰酸背痛？因為人中溝洫淺平，血氣不通所致。

人中為神經之總匯，人中若一壓會痛，意味血氣不通，有婦科暗疾。

人中因上、下顎碰觸，若上牙床長得很標準，是垂直非暴牙，當

上、下顎碰觸,即會刺激到整個脊椎神經穴道。能刺激到脊椎神經穴道,則身體就是屬於健康的。

如暴牙或牙齦外露之人,是牙床不正,笑起來人中會較短,橫紋即會跑出來,無法正常刺激人中溝涶百穴。時間一久,因神經穴位刺激不足,此種神經刺激不足,血氣流通循環系統阻塞,身體經常腰酸背痛。

女生暴牙生產會有難產或剖腹生產之現象。因暴牙之女生,骨盆腔神經感應不靈敏,生產困難會有難產的現象。

耳朵之皺摺紋愈深,表示心臟血管硬化嚴重,如果耳垂斜紋上呈不規則表皮,或耳垂上浮出青筋,就得趁還會呼吸,趕緊去就醫,這是心肌梗塞或中風的先兆。

眼袋下方羅網紋(橫紋、斜紋交叉似編織之網紋):表示體力透支衰退,健康已出問題,睡眠狀況不是很好,腦神經衰弱症之前兆。

法令紋鎖口:晚年因不能進食而死亡,如食道癌、口腔癌見常。

下巴之水波紋與男生之額頭紋,與健康無關係。

疣:

眼睛四周長疣:膽固醇沉積過量,為不健康之表徵。

眼袋下方長疣,這些疣間會有1到2粒像米粒,呈金黃色會亮,表示血脂肪過高。

耳棘:耳朵表皮突出之顆粒。

耳上停長棘:腦長腫瘤。

耳中停長棘:四臟六腑長腫瘤或癌(排除心臟)。

耳下停長棘:膀胱、攝護腺、卵巢腫瘤或癌症方面之疾病。

痕:不是病變,為外在撞傷,健康上不計。但若是痕傷及鼻樑

骨，則會有腰酸背痛症狀。

氣色：有青、赤、黃、白、黑，但只有黃色與赤色會透光，其他色皆不透光。

臉上標準氣色為黃明潤亮，違反這標準氣色，則是不佳的氣色。

黃：黃色；明：清；潤：有水分；亮：有光澤、光彩。

青 不透光之青：肝病。

赤 透光之赤色：看印堂、顴骨；高血壓之病徵，有高血壓同時眼珠（眼瞼）會偏赤紅。有高血壓之症狀，反射在耳朵，耳垂正面不平整，耳朵之血管青筋浮起的、清晰可見。

黃 不透光之蠟黃、枯黃：腸胃疾病。

白 不透光之偏慘白：肺之疾病，如SARS期間，中SARS者，其共同特徵，臉兩頰呈不透光之白＋眼袋偏黑。

眼袋偏黑：過敏，肺功能之問題。

黑 不透光之黧黑：臉偏黑或耳朵偏黑皆主腎功能出問題，如尿毒症者、糖尿病患者，皆與腎臟有關，腎臟疾病出問題。

洗腎、換腎之人，常有臉偏黑或耳朵偏黑暗之氣色。

意外：

重點在鼻子＋眼睛。

鼻子橫斷（山根～鼻準間）之人，容易意外，意外之流年看鼻子受傷之部位。

疾厄宮一定要觀論眼睛。

眼睛之形、神、氣：

一、形：

形不對稱：大小眼、高低眼、一圓一三角形……；意外連連，容易有意外災變。

形不對稱＋鼻子有破陷（見結、斷裂、山根特凹陷）：容易發生

意外，形成厄運。

二、神：

神強：

標準眼神要定而和惠，定即眼神要在一個點，不要左右飄移。和惠就是當我用眼睛望著你，你也用相對的眼神看著我，我都不會心生恐懼，同時感覺有友善和樂的感覺。

眼神瞬間遇事變，驚慌過度，眼神睜露強銳，是鹿駭之眼神。在面相的角度來說，因心裡恐懼，瞬間眼神睜露強銳，其動作反應過度。人長期處於精神緊繃，會容易發生意外，也會傷剋婚姻感情。

如果你的眼神，只要你眨一下眼，會讓人有不寒而慄，看到即嚇得要死，你的眼睛就是睜露帶凶煞。

為何黑道兄弟出門都要戴墨鏡，因其眼神強銳或睜露帶煞，讓人看見，心生恐懼不安。

黑道兄弟如果要拼砸場輸贏或討債，會拿下墨鏡。拿下墨鏡後，兩眼神帶煞氣，像兩支箭射出，讓人看了會害怕、會恐懼。

若眼神帶煞，其因：1.眼神銳利，2.眼神睜露，為不和善的眼睛。

若眼神帶煞，會反射出1.眼神很銳利，2.眼神會睜露。而銳利與睜露讓人看了會身心恐懼，這皆為凶相。

黑道兄弟「菜蟲吃菜腳下死」，被槍殺、刀殺死掉。

很多死於非命的黑道兄弟，都是眼睛的形、神出了問題。

眼神耗弱：似燈泡沒電、不亮，如似睡不飽，眼睛乏神無彩，容易意外身故。

眼神濁、眼睛污濁：生理上來自健康出問題，心理上受到很大的壓力所致。

抗壓力不足，累積殘存，量變到一定程度致眼睛黑白不分。

眼神濁、眼神污濁，眼珠藍色之睛環愈來愈大，致眼睛帶濁氣，本人精神不清爽。長期累積下來，腦筋思維運作會短路，易造成意

外。

三、眼氣不明朗：

眼睛四周氣色暗滯：因經常熬夜、賭博，該睡覺不睡或嚴重之身心失調。

有腦神經衰弱、精神分裂症之人，多數眼睛四周之氣色偏暗，眼神偏耗弱，眼神脫根的現象，這些人容易發生意外。過馬路或開車，紅綠燈都分不清楚，很容易出意外。

眼睛之形、神、氣，三者中只要一個有所偏虧，即清楚告知會容易發生意外。

形與神的中間夾著三白眼之問題；三白眼、眼睛不對稱、眼神太強銳、眼神飄浮不定、眼氣又耗弱，以上只要有一樣，意外就明顯存在，若有二樣以上存在，就會意外連連，甚至會遭受意外死亡，而讓人生歸零。而這凶罹年齡通常在明九與暗九之流年。

眼睛之形、神、氣出問題，意外流年大多數落在明九、暗九之年齡。

所謂明九：指9的明數年歲，如19、29、39、49、59……。

所謂暗九：是9的倍數年歲，如18、27、36、45、54……，依此類推。

如 武將 岳飛：39歲。張巡：39歲。張飛：54歲、戴笠：54歲。

關羽：赤鳳眼＋三白眼，眼神特強、帶凶煞，身首異處，54歲死於非命。

戴笠：情報頭子，中將，四白眼，54歲因飛機失事而亡。

疾厄宮：厄運之所在，觀疾厄宮，離開眼相就失準。

車禍者一般眼神出問題，流年在明九、暗九。

例如三洋維士比小開吳昱廷29歲時，騎單車行經台北縣石碇鄉，疑因下坡煞車不慎，連人帶車翻落山谷，意外死亡。

台灣飛機失事，無論軍機或民航機，駕駛與乘客有死亡者，皆駕

駛眼睛出問題。只有華航東京失事，無人傷亡，駕駛眼睛之形、神、氣皆沒問題就是案例。若今天搭飛機出國，看到駕駛眼睛一大一小，給一個良知的建議，趕快退票。在台灣飛機失事，駕駛眼睛之形、神、氣出問題，幾乎90%以上。

駕駛員眼睛一大一小，最好不要搭他的車或飛機。

眼睛之形、神、氣失陷，特別要慎防厄運發生。

眼睛一大一小很容易意外死亡，死亡流年在明九、暗九。這裡有涉及周天運的問題，駕駛就是你的中周天，搭這部車子或這台飛機，這是中周天在控制著你的生命。你只不過是小周天，小周天運改變不了中周天運。

在金門太武山忠烈祠，八二三炮戰陣亡烈士們的相片，就約有70%以上是眼睛出了問題，才會為戰爭而死。這也是意外，眼睛沒問題就較不會戰死沙場。

黃花崗七十二烈士，多數也存有眼神的問題，林覺民是其中一例。

鼻樑氣色泛青：容易受到驚嚇與發生意外。

鼻樑氣色泛青，牽引到整個印堂泛黑色，稱為「烏雲罩頂」，也是意外之表徵。

小結語：

生命寶貴，沒有健康就沒有生命的多彩，厄運纏身，甚至意外身故，都是人生一大憾事。生命的密碼就寫在臉上，疾厄的符號會出現在眼睛、印堂與山根；任何人只要在意生命，就不能忽略疾厄宮上的相理特徵。命運沒有絕對的，只有相對的；認識自己，改變自己，福雖未臻，厄運則已遠離。

（十一）財帛宮

俗語說：「糜飯助人元氣，金錢使人快樂。」所謂財帛指的是錢財物質條件，物質條件好，是你對社會的貢獻付出，社會以對價錢財物質給的回饋，又稱為所得。所得多或少，整體來說又叫做賺錢能力，財帛宮主要探討的就是其人的賺錢能力。

部位：傳統相書以鼻子下半段為財帛宮位，其實眼睛、眉毛、天庭、印堂，無一不是財帛宮的重要部位。

一、觀論：
（一）財帛多寡。
（二）不動產數量。
（三）賺錢能力與支配能力。

二、相理：
（一）鼻子高寬厚實正。
（二）地閣要開闊飽滿。
（三）眼睛要和惠明亮。
（四）眉毛秀麗尾要聚。
（五）整體氣色黃明潤亮。
（六）十字帶區沒有斑紋痣痘痕。

三、相理分析：
鼻子雖是財帛宮位，光看鼻子大小就去推斷財帛盈虛，會有失準時候。
看問財帛，一定要把眼睛納入第一順位，其次是印堂與眉毛。
以鼻眉眼官位看財帛，除五官長相外形，更重要的是眼睛，眼睛

在面相上的重要性，幾乎占相理的50%以上。眼睛太重要了，缺少眼睛形神氣的元素。

看論財帛宮，宜分三階段來說明：

1、 上停：主年輕時的財運，重點在額頭，自己財包括祖產與父母財。

2、 中停：主中年時得的財運，重點在眉眼鼻顴，是自己與配偶創造的事業與錢財。

3、 下停：主晚年時的財運，重點在地閣，除了表示自己一生累積的財富，還得包括子女賺的錢財。

上中下停相理不陷不破，六府勻稱，一生財豐，衣食不缺，享盡榮華。

六府指的是額頭兩旁、顴骨、下巴兩旁，一共六個部分的位置。

觀論財帛宮，宜以三停相理做分析：

1、 上停好，家道旺，財帛早獲，是占盡先天的優勢；上停不好，環境條件劣勢，年輕阮囊羞澀。

2、 中停好，財帛來自自身與配偶的努力，抓住了賺錢的機會；中停不好，多數是健康威脅，個性不好，一分努力未必會一分收穫。

3、 下停好，晚年之財運及房地產多，子女有成就奉養給的錢也多：下停不好，晚年家產保不住，子女沒成就，三不五時回家要錢，對晚年的財帛就是種威脅。

從這裡再做交叉分析，我們可以得到論證，什麼叫年少早發，晚景淒涼，什麼是困在年輕，旺在中年，守成在晚年。

看論財帛運，長遠是看五官骨肉相，當下則以氣色與眼神為量度。

閩南諺語：糜飯助人元氣，金錢使人快樂。有錢就快樂，氣色好是心裡快樂的反映，眼睛和惠沒有愁容，只因衣食不缺。有無錢財運，是從這裡看得出來的。

閩南語說：「鼻那有起，沒本也做得到生意」，即鼻子高、寬、厚實有肉之人，沒本即做得到生意。其原因有二：

一、鼻高起厚實之人，身體較健康，較有活力，可以用很長的工作時間來賺取金錢；長久累積，錢財就會比別人多。反之則否。

二、鼻若高起厚實之人，健康好，個性好，情緒穩定，有自信心，所以能賺得到四面八方之財。鼻若無起如塌鼻、低鼻、鼻乏肉，皆屬無信心，無主見，個性就影響了財運，不討喜，財神爺不會眷顧你。

我們畫一隻貓，貓鼻較小，若把鼻畫大，貓就變成老虎，故鼻子大小攸關信心度，貓只能小口吃食，老虎可大口吃肉。這是鼻大與鼻小用在財帛宮的比喻。

鼻較大，較霸氣，因身體健康，較有信心。有信心＋健康好，相對發展出來的能量比較強，能賺比較多的錢。故鼻若有起，沒本也做有生意。

鼻大有肉較有錢，有錢人都是鼻子較大的人，沒錢的人都是鼻子細小較短或較塌；鼻子較短沒信心，鼻子較塌也沒信心。

鼻字文字的組合為「自」＋「畀」是為「鼻」，鼻就是自己之能力，如用在財帛宮則是意味自己賺錢的能力。

如再以天人地三倉來說明賺錢能力：（同上中停說法）

天倉：老天給的財物。

一、年輕財物、財運看天倉、額頭，如髮際長相好＋額頭長相好

＋天倉長相好，年輕之財運就比較旺。天倉另個解讀是指，老天賜給的，父母、祖先給的財產，天倉寬闊者，繼承的家產相對多，反之則否。

二、人倉：憑自己的能力賺來的。

眉毛長相好＋鼻子長相好＋眼睛長相好：中年之財運比較好。

人倉：憑自己的能力賺來的。憑眉毛、鼻子、眼睛三者做結合，才能產生那樣的能量。而這三者的結合產生的能量，是中年31～50歲的賺錢運。

以這理論來說，人到45歲沒有賺到錢，說以後要賺到錢是騙人的，除非地閣相理佳好，是子女職場給帶來財運。

三、地倉：子女賺來的，在子女宮一起來探討。

地倉相理以地閣開闊＋地閣微朝，是為好晚運的相。

我們就以眉毛、鼻子、眼睛，人倉的部位來說明：

人倉：眉毛＋鼻子＋眼睛。

眉毛：眉毛要尾聚，尾聚才能存錢。能賺錢不厲害，能存錢才厲害；很多人賺很多錢，但都沒能存到錢。只因眉尾散亂稀疏不聚。相書說，眉為鼻之根，眉毛是鼻子的根，如果說，鼻子為財庫，眉毛就是財倉。所以能賺得到錢，能不能存得住錢，要由眉毛來做檢視。

眉毛稀疏散亂的人，沒有理財觀念。換句話說，眉毛稀疏散亂的人，做事情沒有計畫，往往率性、隨性，隨著自己的情境在做事情，比較感性、隨性，所以錢存不住。若被朋友灌了幾杯酒，心情很輕鬆、很爽，朋友鬧窮手頭緊，他會不理性的仗義輸財。

眉稀疏散亂：聚不了財，因較感性，而不理性，會拿錢仗義贊助別人；吃飯續攤會搶著付帳，若不給付帳，他就會翻臉、翻桌揍人等。我們說，連續的錯誤會造成貧窮，指的就是眉毛稀疏散亂這類形的人。

　　與眉毛稀疏散亂的朋友喝酒，只要黃湯下肚，他會很興奮、很感性，就會搶著付帳，其實他身上沒什麼錢，又要搶付帳，甚至賒帳，若不給付帳賒帳，甚至就要動手打人、翻桌。請問？揍人、翻桌後要不要賠錢？朋友交情還在嗎？所以只為了感性不理性，直讓鈔票一直流失。相書指的眉疏不聚財，道理在此。

　　我們看到的大老闆，鼻子大＋眉毛尾聚，表示既有收入，又能有存款，錢財要用就有，不會為財所困。

　　眉毛攸關錢財運，若眉尾稀疏散亂之人，經常口袋空空的。眉毛稀疏散亂的人，說自己很有錢是假象；如要借錢，最好別借他，倘借過手了除非不想要，如想向他要債，就如同在老虎嘴巴掏虎舌（即討不到錢了）。

　　眉毛稀疏散亂的人，自我情緒管理不好，理財能力先天上就是不足，不可能很有錢；因為很有錢的人，不可能眉毛稀疏散亂。

　　就財帛流年運來說，鼻是財庫，眉為財倉；鼻大而眉毛稀疏散亂者，能真正存到錢，則要等到52歲，才能有積蓄。這是論財帛宮千古不變的定律。

　　鼻子：攢財的能力。

　　鼻子愈大，攢財能力愈好。鼻子愈大，那邊有錢賺，就往那邊鑽，可以勞少獲多。

　　鼻子愈大，鑽，就可以賺到錢。是鼻小者望塵莫及之處。所謂：「鼻若有起，免本嘛做有生意。」

　　眼睛：正財與橫財

　　眼睛要明亮、和惠（溫柔）、神定，正財旺。

　　神不定者，財來財去，如八大行業的撈女、兄弟、賭場裡的賭徒，眼睛偏而不定、會飄，賺的錢不屬於正財，而是偏財。

　　眼睛飄來飄去，會把錢財飄掉，故眼睛沒事不要飄。

眼神和惠是親和力。眼神不和惠、呆滯，臉上無特殊表情，聚不了財。

眼神和惠臉上的表情顯現出來很祥和，財神自來。眼神為心理反射所造成的磁場感應，請問我們去買東西，是要向態度好的人買，還是向態度不好的人買？態度就寫在眼睛裡。

我們去市場看，生意好的商家，一定面帶笑容，面帶笑容自然眼神就會和惠。

若做生意時，一付老K臉，好像別人欠他很多債，買者看到即閃之。

生意好的商家，老闆共同特徵，都是態度很親切，眼神很和惠，生意才做得眼神明亮和惠意味錢財運穩定，若眼神一副橫霸相，讓人看到其眼神心生畏懼，避之猶恐不及，這眼相他哪來會有正財運？這種人要賺八方財，會很困難。

眼睛要亮，但不能讓他人覺得凶煞。眼睛也不能太柔，柔到讓人覺得無神。

眼睛無神則無財，然而，眼太亮太凶煞、太會算，但千算萬算也不值老天爺一撇。眼太亮之人，雖然很會賺錢，但都存不了錢，因為神強則氣強，愛當老大，不服輸，所以財來財去。很有錢的大企業家，不會有凶煞之眼神；眼睛講求明亮是基本，但不要過亮或過於強銳。

鼻大之人，還要配合要顴骨微微起突，光靠鼻子大賺不了大錢，鼻大顴小，孤我獨我，只能靠自己賺錢，如果鼻顴相配，可以借力使力，朋友兄弟會幫你的忙，所以事業能發展順利，財帛自然要比沒顴骨的人來得多。鼻大＋和惠眼神：協調能力是一流的。

鼻子偏窄、偏小：重視精神層面，錢夠用就好，不需要賺很多錢，因其注重精神層面，他會把錢財捐獻出來。

鼻翼愈尖削的人，愈不在意別人的感受，重視精神層面，若認為

有意義、有價值的事物，不計成本大力投入，會無限去追求，故無法變大富翁。

另個層面來說，鼻窄鼻尖，腸胃不好，中土不足，所謂：有土斯有財，中土不足，難積大財。

女 鼻高挺：先生賺錢能力強，賺錢能力好，所以女生鼻高挺是為財富之徵。

女 鼻子為配偶座，鼻樑高挺，表示先生有能力。

女 鼻塌：先生賺錢能力弱，很少看到鼻塌的女生嫁很好的先生。

女 鼻高挺：先生有社會競爭力，財帛相對較多。

鼻子高挺的人，他有錢財也會懂得施捨，為了精神層面，為了自己的理念，把錢財散發出去，一擲千金在所不惜。

鼻子寬大之人：賺錢能力好，理財能力好，較有財力。

印堂斑斑點點、雜氣色：是此刻當下破財的表徵。

案例

沈老師在某場合，遇見從事洗衣廠老闆，閒聊幾句。臨走時沈老師見蔡老闆印堂呈現斑斑點點，鼻準有痘，便對她關心詢問：「小心最近錢財有損失，會為錢財傷腦筋。」

蔡老闆為性情中人，毫不忌諱的說：「你是怎知道的？」老師告知，妳印堂有斑斑點點的雜氣色，鼻準長痘。依據這些符號判斷，目前當下妳有錢財上的困擾。蔡老闆回說：「剛被朋友周轉300萬元，可能收不回來了。」

過幾天，蔡老版來到辦公室，向沈老師證實說：「300萬真的要不回來了。」

案例相理分析：

1、印堂左右是紫氣羅睺與計都的星曜，星曜不亮，氣色暗雜，主破財。

2、蔡老闆當下印堂斑斑點點、雜氣色＋鼻準有痘，是典型的損財的相。

財運不好、財運不繼之眼相：

1、眼睛無神、耗弱：沒有財運，如久病臥床、長期失眠、腦神經衰弱、精神分裂症、唐氏症、蒙古症、大腦症者。

2、眼睛特銳亮而漂：有短暫之財，而無長久之財，此為定律。因為眼珠特亮，真光不含藏，眼珠漂移不定，這種人有聰明精明，但缺少大智慧，所以既使擁有小財，但不長久。

眼睛特亮＋眼睛會轉來轉去、飄移不定：有小財沒有大財，有偏財沒有正財。

眼神飄漫不定，說會很有錢，未必；因為很有錢人心靜、心定，內心很靜、很定。有了安定感，眼神不會亂飄財運自然就來，沒錢的人奔波多勞，沒有安定感，會反射在眼神，眼神飄浮無根，一臉無奈。

好久沒見面的朋友，一見面，他的眼神飄來飄去、會閃爍，不用說，是心懷不軌，是借錢來的。

我們常說男飄盜、女飄娼，都屬於這種眼相，都是心裡沒安全感，需錢孔急。

鼻樑有痣：損財消災；年上44歲，壽上45歲，流年44～47歲就是會損財。

若鼻樑有很多痣，顴骨也會有痣，44～47歲皆會損財。鼻準有痣，48歲。鼻翼受傷，看那一個部位有受傷，流年之所在為損財的流

年。

顴骨有痘：因朋友借款而有損財的跡象，這只是一個符號，回過頭來看當陽十三部位，尤其是印堂氣色。

面相有感情十字帶，面相當然也有財運的十字帶。

財運十字帶：以眉、眼、印堂為橫帶區，以中正、印堂、鼻子為縱帶區，橫縱畫一個十字架。

看當下的財運：以眼睛眼神之強弱、飄定＋氣色為度衡。

看長期的財運：依眉形、眼形、鼻形，天庭與印堂相理好壞做判讀。

六曜就在十字帶上，以六曜的氣色論財帛，騙不了人。

六曜：羅睺、計都（眉），月孛（鼻），太陰、太陽（眼），紫氣（印堂）。

六曜亮不亮有關係，亮 錢財運好，不亮 錢財運不好。

有的人有財無庫，有的人有庫無財，如何解讀？

直帶區、橫帶區皆亮：有財有庫。

直帶區皆亮：鼻子亮，有財庫。

橫帶區皆亮：財帛豐收。

橫帶區亮：眼睛、眉毛亮，表示能進財也能存財。

橫帶區亮＋直帶區不亮：有財無庫，財不入庫；很會賺錢，但錢都被花掉轉借走了。

直帶區亮＋橫帶區不亮：有庫無財。

眉暗、眼睛惺忪似睡不飽：無財；鼻暗：無庫，兩者加起來，是無財又無庫，如乞丐、流浪漢，臉色偏暗、偏暗澹不亮。

成功的大老闆、生意人，財運十字帶都是亮的。

財帛宮重點在看十字帶，論形狀、論違建、論氣色，都可以很精準的論其財務狀況好不好。

小結語

　　財帛宮是賺錢能力強弱的指標，探討財帛宮，其實就是在探討生理健康與心理健全。能賺大錢的人，無一不是身體健康，心理健全，個性好，智慧高。所以在身心交匯運作下，所反射出來的行為，端正而不偏，見容群體，能在職場發出正向能量。從這角度分析比較，財帛大與小，貧與富，立刻可見分曉。

（十二）奴僕宮

　　成功者總是挾高位以令下屬，故奴僕宮旨在探討高位者與下屬奴僕的關係。有人駕馭下屬得心應手，能激發下屬的潛在能力，又得到下屬的愛戴，創造雙贏局面；也有人馭人無方，結果上司與部屬兩敗俱傷，命乎？運乎？說穿了，奴僕宮相與心相才是其中的關鍵。

　　部位：居地閣及地庫，在下巴左、右面頰，兼看印堂與法令紋。

一、觀論：
　　（一）領導統御力。
　　（二）對部屬包容力。
　　（三）有無得力部屬或晚輩。
　　（四）奴僕晚輩擁戴力。
　　（五）晚年生活品質。

二、相理：
　　（一）下巴部位顎頦方圓端正。
　　（二）地閣骨豐隆有勢。
　　（三）口大唇紅、嘴角朝上。
　　（四）印堂寬平。
　　（五）法令紋寬深秀長。
　　（六）無惡紋痣痘痕。
　　（七）氣色明潤。

三、相理分析：
　　奴僕宮與子女宮之部位相重疊，看論奴僕宮論法與子女宮大致是一致的。

廣義 指以鼻準為準劃一橫線，此橫線以下稱下停，是以下停論。

奴僕宮部位為整個地閣，包含法令、人中、口、地閣、下顎、下頦、腮。

下顎需開闊、下頦微朝，主有盡心之部屬，手下有強將。

下顎開闊＋下頦微朝，主晚年愉快，子女有出息，得部屬擁戴。

下頦愈寬，地閣朝上，主部屬盡心、有擁戴力。

下顎愈寬，對部屬越有包容力。

下顎開闊＋下頦微朝，主手下有強將，班底運作較一般人強，能受部屬擁戴。

李登輝、郝柏村：下顎開闊＋下頦微朝；有班底，能受下屬擁戴。

陳履安：下巴窄，無班底，與下屬不密。

劉兆玄：地閣開闊度不足，無強而有力的僚屬。

孫 震：懸壁內縮，地閣不寬，無班底，也不會拉幫結派。

下巴無腮骨，地閣尖窄：沒有得力部屬，對部屬缺乏關心愛護，所以不能擄獲部屬的心，缺乏部屬的擁戴。

長官腮骨見角（外翻）：會提拔部屬，但對不擁戴或意見相左的屬僚也會毫不留情面的打壓。

地閣骨有腮骨的長官，法令紋深，只要是人才，一定會提拔。但如有鬥爭時，記住，你鬥不過這樣的長官。李登輝鬥宋楚瑜就是活生生的例子。

無下巴骨：無班底可言，且無得力部屬可言，如陳履安。

蘇志誠：下巴尖削，年56歲後，將會在政壇銷聲匿跡，晚年運勢偏弱。

違章建築：

痕：

法令斷續：無得力部屬，事業穩定度不高（不特別好）。

法令紋有受傷或痣：會被部屬奴僕欺負，所帶領的部屬有時會恃才而傲：倘地閣飽滿，還能管得動這些惡劣部屬；若地閣失陷，當主管的累，受管的部屬也跟著累。

法令紋有受傷（或痣）＋下巴尖削（晚年根基不穩）：會被部屬背叛，部屬會威脅到長官之領導威信。

下巴傷痕，主部屬抗上，部屬窩裡反，與部屬衝突不斷。

30年前斗六為生產毛巾之大本營。13年前斗六某家大型毛巾工廠，黃老闆相貌堂堂，唯一遺憾的，黃老闆地閣下巴有傷，右顴骨有痣。在黃老闆年47歲那年，因部屬背叛，窩裡反拐走了600萬台幣，黃姓老闆事業一時由雲端跌落到谷底，人生斷崖式下跌。

流年入61歲更慘，因他之下巴傷痕，太太地閣也尖削，子女成就平平，過其少爺小姐生活習慣了，不知現在家境大不如前，花錢仍如流水。黃好意勸其子女要簡約生活，子女聽不住勸，還老是伸手要錢，致兩代代溝嚴重，親情變得不和諧。

案例相理分析：

黃君是1996年沈老師的第一批免費的白老鼠學生，時年45歲，鼻子隆起，事業當旺。

黃君右顴骨長痣，地閣巴痕，沈老師當年給良知的建言，要他妨範部屬背叛，流年就在47歲。當時黃的事業正旺，不在意沈老師的話，結果開獎了。

　　黃君過去曾當過扶輪社、獅子會、同濟會重要幹部，見過大世面。但嘴巴形如四字，說起話嘴唇表情變化特大特多，又有著話多話急的現象，故56歲至64歲見困。

　　黃君地閣下巴痕深，流年65至71歲，還得面對子女中年事業挫敗這一關。

　　屋漏偏逢連夜雨，更糟的是黃大嫂地閣又尖削，這家子人要東山再起，還真是難上加難。

　　面相有趣，二年前黃很神祕的單獨拜訪沈老師，寒暄中沈老師問，您家小女孩額頭受傷乎？黃老闆點頭說是。這就是沈老師獨門的推論與反推論法。

　　老闆嘴相：

　　說話要口形平穩＋說話之氣、音、聲有韻不濁不急。

　　大老闆說一句話就能表達清楚，不要說二句或三句，否則對運勢會是傷損。

　　領導者動腦少開口，才不會傷元氣或與部屬有不愉快之爭執。

　　人到晚年走「口」的運勢，基本上少開口。56歲以後少開口，話越多，傷剋愈多，有礙晚年的運。

　　子、媳、婿皆可歸之晚輩血親姻親，若當公婆長輩的嘴巴碎碎唸，則媳、婿不會對尊親長輩婆婆很好。

　　晚年眼睛會傳遞內心的情感，散發出內心的符號。但嘴巴會全盤托出內心的世界，該說的說，不該說的不要說，說的愈多，會傷到子女、奴僕的情感。

　　晚年 下巴長痘：與子女、部屬有代溝或是非爭執。

　　下巴長痘＋當陽子午線之氣色暗：奴僕相互傷害。

小結語：

　　奴僕宮存在著上下隸屬的關係，基本上雖意味著主為尊奴為卑，但奴僕宮在一定層面上，也在教化我們要如何當個稱職的長官，如何以包容的心去關心部屬。

　　相雖說：有物有則，物則相應。下巴相理好，能對部屬包容與關愛，也能受部屬晚輩以擁戴回饋；但下巴有缺陷者，如果能對部屬仁慈以待，則不失為彌補奴僕宮不足的方法之一。

二十八、五行

　　五行論相在面相中是屬於比較高階的課程，一般人聽五行論相，可能無法搞清楚它他到底在說甚麼，因為五行論相是有其深奧的複雜性。容我們先從概念談起。

　　古人認為，天地萬物，必有其相，相就是天地萬物生命流動的表徵；人活動在天地萬物之中，其形其態，亦即人之生命形態的反映。從這種生命形態的現狀，推論其行形相，就可預知未來；因此，老祖宗便很自然的拿自然界的生物來與人的生命作一種象徵性的比附。相術關於生命的象徵，主要包括飛禽走獸象徵，和木火土金水五行特性象徵。以動物象徵和人作比附，似乎幾近神化，就探討相理的真實性及實用性言，是模糊且缺乏說服力，但如就五行論相來說，是有其獨特的理論體系與實用之處。

　　依照易經的五行觀念，宇宙萬物均可視為由木火土金水等五種元素的組合，相學研究者認為：人秉天地之氣，故人相亦可區分為五行或稱為五形，即木、火、土、金、水五種形態。

　　就內在之特質而言，凡一切具有化育特質其五行屬木；有上炎特質的屬火；有穩定特質的屬土；有凝斂特質的屬金；有就下特質的屬水。就外在之形式而言，細瘦者屬木；尖露者屬火；濁厚者屬土；方正者屬金；圓肥者屬水。

　　一個人的降生，不一定五氣皆全，有獨得一行之氣，有由多氣混雜而成，形形色色，不一而足。但不論如何，總離不開五形之內，故以五形論人，若能先察知其人行形的根本所在，再指出其兼形，主從行形區分清楚後，而定其分數，分別評估，加減計算比重；根據相生相剋的原理（如附表），分析好壞，再據以分析富貴貧賤、吉凶昌蹇。五行彼此間相對待的關係則是：木生火，火生土，土生金，金生水，水生木。木剋土，火剋金，土剋水，金剋木，水剋火。相學家認為，瞭解五行生剋制化的關係，理解其中的論述關係，不僅可幫助人類洞悉大自然之常道，更可幫助人類締造美好和諧的人生。

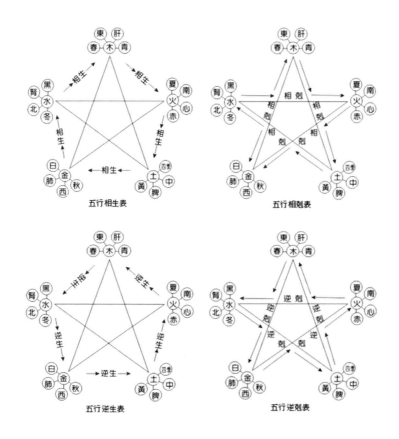

圖表六 · 五行生剋圖

　　人相之五形分類，以正格局與中和格局者為佳，兼偏相生格局者為次，雜而相剋格局者為下乘，而五形之分類大抵可歸納如下：

（一）木形人特徵：

　　面：眉髮疏秀、頭隆額聳、眼分黑白、鼻長露節、面色蒼青、喉結外見。

　　身：清秀瘦挺、下身搖擺、重心仍穩。

　　手：指長而瘦、掌紋多雜。

耳：瘦堅見廓、天（輪）大地（輪）小、子午不直、孔大無毫。

聲：音脆而實、嘹揚高暢。

特質：發跡較遲，個性嚴正，耿直不阿，不愛慕虛榮，不操權弄術，但易流為固執己見。

代表性人物：如王永慶、辜振甫。

忌諱：

（1）禿頭露頂、色枯浮薄。

（2）膚色土黃或赤金紅。

（3）行時腳跟浮鬆離地。

（4）坐時身震腳搖。

（5）骨重肉肥、神氣混濁。

（6）最忌秋季。

生剋：

（1）木形帶火，木形人面色微紅，為木火通明之象，雖為人勞碌，能小富小貴，受人尊重；木形人火氣不宜大，火氣大雖有成就，但易生勞怨，具固執個性。

（2）木形帶土，是為木土相制而相化，為中等富貴，少有疾病災難，惟土重如面色偏黃，個性上有好逸惡勞傾向。

（3）木帶金形，為金雕木斲，中年成器，發達遲，晚運好；如果帶重金，如臉方肌膚白皙，謂「金木相剋」、「金重削木」，成敗無常，一生潦倒不堪。

（4）木帶水形，為水資相通，水能生木，生意盎然，且能以柔剋剛；惟水不宜多，水多飄木，反是少小離鄉，一生不發，水多指的是發胖，皮膚黑。

（二）火形人特徵：

面：眉髮白黃、顴尖骨露、上闊下尖、面色紅活、睛露神強、唇口掀露。

身：筋骨俱露。

手：指尖節露。

耳：耳孔翻張、輪飛廓反、耳高於眉、尖長且硬。

聲：焦烈急躁、如炎烈烈。

特質：積極進取，發達頗早，性急易衝動，喜怒哀樂表現非常強烈，惟不能遜讓，易走極端。

代表性人物：蘇貞昌、陳幸妤。

忌諱：

（1）膚色白皙、髮鬚濃密。

（2）臀鼓腹圓、鼻扁而小。

（3）眼圓口大、音濁緩滯。

（4）最忌冬季。

生剋：

（1）火形帶木，木能生火，火得木助，火能歷久燃燒，做事有始牖終，任勞任怨：如木過多，如太瘦，臉色泛青，個性食古不化，不易溝通。

（2）火形帶土，相生不化，富多於貴，土不宜過多；如體態變胖，動作趨遲緩，則性格小氣浮亂，不夠大方穩定。

（3）火形帶金，是為火爍金毀，雖富貴卻多驚險，多成多敗，有放縱自己之性格。因此，金重如肌膚白，顴骨特高，自我刑剋，反傷健康。

（4）火形帶水，水能剋火，是為水火不交，故火形人最忌嘴大，膚色偏黑，發胖，主挫折失敗，疾病損壽。

（三）土形人特徵：

　　面：頭頂平正、鼻大準圓、地闊方厚、唇厚頤豐、枕骨平實、面色金黃、厚髮濃眉。太清神鑑：額小面廣，貴處人上。

　　身：頸粗頭短、項背微隆、腰部圓垂、肉實骨重。

　　手：指節厚實。

　　耳：厚實肥大、垂珠朝口、耳色紅潤。

　　聲：聲出丹田、音沉響亮。

　　特質：端重守信，篤厚能容，負重耐勞，善於謀劃，不慕虛榮，精力充沛，遇事不懼，惟動作緩慢。

　　代表性人物：顏清標、陳菊。

忌諱：

　　（1）骨細肉薄、骨露神露。

　　（2）聲昏音細、言談急激。

　　（3）步輕腳浮、坐不穩定。

　　（4）肩削腰瘦、臀細肚小。

　　（5）背薄身輕、四肢常動。

　　（6）最忌春季。

生剋：

　　（1）土形帶木，為木剋土受制相犯，為人勞碌，小有名氣，恐因私心而有挫敗。

　　（2）土形帶火，火能生土，土氣不寒，萬物滋長，故主事業順利，長久不衰；若火重則為火爍土燥，萬物乾枯，為人勞苦奔馳，因此土形人脾氣不宜過於躁急。

　　（3）土形帶金，金土相生相化，可憑技術揚名；但金不宜過重，金重則個性孤僻自恃。

　　（4）土形帶水，水不宜過多，水多會沖剋土，因此有敗有成；

性情狹小慵懶，為生活勞碌苦惱。

（四）金形人特徵：

面：頭圓面方、鬚髯不密、齒白唇紅、顴骨突起、三停勻稱。

身：背寬腹圓、胸平有肉、骨肉調勻、膚色白皙。

手：掌平方厚。

耳：耳白過面、輪廓分明、正而方直、子午相應。

聲：聲韻清亮、嘹遠和潤。

特質：頗具才華，很重義氣，守法不踰矩，精明剛強，堅決實在，耐力特強，惟易與人衝突。

代表性人物：江澤民、馬雲。

忌諱：

（1）聲音沙啞、膚色赤紅。

（2）毛髮粗糙（亂）、脖長身瘦。

（3）行飄搖浮擺、腳跟浮離。

（4）最忌夏季。

生剋：

（1）金形帶木，為剋化為用，富貴多祿，子孝孫賢，性拘謹而多勞；但金形人忌高瘦，太過高瘦，木硬則反傷金。

（2）金形帶火，為火剋金，火輕無患，煉金成器，須勞碌而得富貴；火重必災，性剛不易妥協，促壽而多困，因此，金形人忌諱氣色赤紅。

（3）金形帶土，因土生金相生而化，為人持重，有聲望與成就衣食不缺；金形人不能太土，如過度肥胖，頸短背高，是厚土埋金，會有小成小敗的際遇。

（4）金形帶水，雖能成功但有挫折，雖能成富但消耗也大；水

太多，如人太胖太感性，反而失去金形興革的屬性。

（五）水形人特徵：

面：面圓氣浮、面闊而厚、眉髮粗濃、唇厚頦滿。

身：飽滿渾圓、圓而不肥、筋骨內藏。

手：掌厚而軟、指根粗壯、指尖圓滑、人紋手直。

耳：圓厚貼腦、耳高於眉、孔小廓顯。

聲：圓而滑、急而暢。

特質：圓通多智，隨遇而安，人緣極佳，很懂得自我保護。

代表性人物：蘇嘉全、吳碧珠（前台北市議長）。

忌諱：

（1）骨露肉削、臀平腹扁。

（2）皮粗肉冷、皮白如粉。

（3）色紅無鬚、眼小口細。

（4）氣沉音啞、言行急躁。

（5）最忌農曆三、六、九月。

生剋：

（1）水形帶木，水木相生而化，事業有成，任勞任怨；惟若面色帶青，則會淪入易偏才自用，孤而不群。

（2）水形帶火，有成有敗，火性只要不過旺，皆無大礙；如果面色紅赤，無鬚膚滑，是為火重剋水，個性會自我刑剋。

（3）水形帶金，象徵金能生水，水得金生，名利雙收，柔中有剛，作事果決；倘肉薄骨露，面色慘白，是為金重水濁，一生潦倒。

（4）水形帶土，土水相剋，故水形人最忌土重；土太重，如氣色枯黃，肉多肥胖，肉質變軟，則疾苦連年，終身偃蹇困

窮，一無是處。

　　五形論相是相學中較為高階的一環，易懂難精。一般初學者大多以外形五官定論其行形，以為端視外貌即將分辨行形之所在。倘若真的如此，會見樹而不見林，會失之毫釐而謬以千里。

　　面相五形的判讀，雖以臉型和身型為主，但臉與身體是屬靜態的，若僅以靜態的外形來觀論五形，是有其不足之處。居於相不單論的原則，論五形除了外形，還要再細察人的動態面，諸如舉止動作，聽辨聲音的音質、音速、音色、音量，以及氣色變化，再作綜合論判，才能更精準的區分出五行形的態樣。

　　陰陽五行家認為，陰陽既相互對立又相互依存，應當保持均衡；否則，陰極則陽生，陽極則陰生，這是宇宙生生不息的常理常規。剛柔之間的關係也如此。所以《易經・繫辭》云：「剛柔相推，而變在其中矣。」因此相學家認為，觀人看相，必須先察其本性，作為原始論據。

　　面相之五行，多則洩少則補，如果人相五行「有餘」，則就其他部位加以損減或削弱：如行形不足，可就其他方式，如內五行或外五行加以彌補改善。這就是「剛柔相濟，截長補短」的改變方法。

　　舉例說，如果顴骨過高，是太過追求完美，如果能改變內在的個性，這就是內五行所謂的「泄」。

　　又如，生性懶散，就不宜再穿黑灰色系，宜穿亮麗微紅色系，因為紅主火，火能溫水。

　　再如，個性急躁，急躁為火，若配偶微胖，個性緩和，一急一緩，可為互補。

　　相家云：「不足用補，有餘用泄」，是告誡人們，看相識人要樹立總體觀念，運用五行生剋原理，從總體上全面地把握對象，不僅可以見木，而且還能見森林。

　　觀論五行是可以運用「不足用補」，或「有餘用泄」，惟在補補

泄泄之餘，必須遵循事物盈虛消長的原理，即陰陽均衡、剛柔相濟、五行生剋的規律，因為這一切均「與命相通」。

　　換言之，「不足用補」就是強化個人德行的修持功夫，以仁、義、禮、智、信內五行之五常，彌補外五形的不足，或者說，得外五形之體，還得要有內五行相互輔佐，才能發揮其行形的特質與功能。否則，僅具外五形之體，沒有內五行之德行修為，即使事業仕途雖可鴻圖發展，如德不配位，終是不能維持得長久。

二十九、面相休咎總歸納

長壽之相：

一、印堂

    1.印寬廣   2.天柱骨凸起

    3.表皮平整無雜紋   4.氣色黃明潤亮

二、眼睛

    1.眼珠炯炯有神   2.眼神閒定不驚

    3.眼睛黑白分明   4.眼睛四周氣色清朗

三、眉毛

    1.眉頭開闊退印   2.眉毛居額不壓眼

    3.眉毛清秀見底   4.眉毛過目眉尾聚

    5.眉毛光亮有彩   6.眉尾有壽毫

四、鼻子

    1.鼻樑高挺平寬   2.鼻直正長適中

    3.準圓厚實開闊

五、人中

    1.人中溝洫寬闊   2.人中直正而長

六、法令

    1.法令紋寬而深   2.法令紋秀而長

七、嘴巴

    1.嘴巴開大闔小   2.唇型端正

　　3.上下口唇相副　　　　4.嘴巴氣色紅潤
　　5.牙齒密齊而潔白

八、地閣
　　1.地庫骨開闊　　　　　2.地閣骨微朝

九、耳朵
　　1.耳朵長而貼　　　　　2.耳垂大而厚
　　3.輪廓分明　　　　　　4.耳風門長毫
　　5.耳氣色白潤

十、毛髮
　　1.眉髮烏黑光亮　　　　2.眉髮無異常脫落

十一、氣色
　　氣色黃明潤亮透光

十二、聲音
　　1.清而揚　　　　　　　2.宏而潤
　　3.舒而緩　　　　　　　4.聲氣傳遠

重點提示：以上符合項次愈多愈長壽。

乏壽之相：
一、印堂
　　1.印堂狹窄　　　　　　2.雜紋侵印堂
　　3.印堂無光彩

二、眼睛
    1.眼圓且大儕   2.眼神呆滯
    3.珠轉神驚   4.眼露三白
    5.眼球黑白不分   6.眼窩深陷
    7.眼框黧黑

三、眉毛
    1.眉頭交鎖不開   2.眉毛壓眼
    3.眉毛散亂不貼   4.眉短眉尾不聚
    5.眉毛焦枯無彩

四、鼻子
    1.鼻樑山根狹窄低陷   2.鼻偏短小
    3.鼻樑不正   4.準圓低扁或尖窄
    5.鼻孔朝天

五、人中
    1.人中溝洫狹窄   2.人中溝洫短淺
    3.人中橫紋阻斷   4.人中歪斜不正

六、法令
    1.法令紋斷續不秀   2.法令紋淺短不開
    3.法令紋鎖口

七、嘴巴
    1.嘴巴薄小   2.唇型不端正
    3.上下口唇不相副   4.嘴巴氣色欠紅潤
    5.牙齒上下交錯不齊

八、地閣
　　1.地庫骨偏狹窄　　　　2.地閣骨內縮不朝

九、耳朵
　　1.耳朵小懸張　　　　　2.耳無垂而廓反
　　3.耳朵命門氣色蠟黃不透光

十、毛髮
　　1.眉髮焦白無色澤　　　2.眉髮異常脫落

十一、氣色
　　1.晦暗　2.蠟黃　3.不透光

十二、聲音
　　1.聲沉氣弱　2.音濁不清　3.聲不應氣

重點提示：以上符合項次愈多愈促壽。

肝膽疾病：
一、眉毛
　　1.眉毛特黑濃面色帶青（肝臟異常）
　　2.眉毛掉落（肝臟異常）

二、眼睛
　　眼白呈青黃色（肝炎）

三、鼻樑
　　1.周圍長痣（膽易結石）

　　2.表皮乾燥有蟹爪紋（肝癌）

　　3.色澤青黑（肝臟病變）

四、氣色
　　臉呈青色不透光

重點提示：肝膽疾病臉上青氣色會通風報信。

心血管疾病
一、額頭
　　1.低窄（心臟病）

　　2.中央長痣（心臟病）

　　3.冒出細微小痘（胸悶）

二、右眉
　　眉頭長痣（心臟病）

三、印堂
　　1.懸針紋（心肌梗塞）

　　2.偏窄有雜直紋（血液循環系統差）

　　3.時而長痘（心火旺）

四、眼睛
　　1.眼偏赤紅（高血壓）

　　2.眼框凹陷鰲黑（胸悶、心律不整）

　　3.眼珠睜亮（高血壓）

　　4.眼白血筋浮現（高血壓）

　　5.四周有肉疣（膽固醇高）

6.淚堂有黃亮肉疣（血脂肪高）

五、山根
    1.低陷（心臟功能弱）
    2.狹窄（心臟功能弱）
    3.長痣（先天心臟異常）
    4.長痘（心火旺）
    5.橫紋（胸悶、心律不整）

六、人中
    1.歪斜（血液循環系統差）
    2.偏短、淺、窄（血液循環系統差）

七、法令
    1.紋路斷續（尿酸高）
    2.紋路淺短（尿酸高）

八、鼻樑
    低陷偏短（心臟功能弱）

九、耳朵
    1.色澤赤紅（高血壓）
    2.血管筋脈浮現（高血壓）
    3.耳垂斜紋（胸悶、心律不整）

十、氣色
    臉呈赤紅透光（高血壓）

重點提示：心血管疾病，印堂直紋、山根橫紋、耳垂皺折紋是基本的判讀捷徑。

胃腸疾病

一、鼻樑

    1.露骨結節長痣（痔瘡）   2.斑點（胃出血）

二、準圓

    1.低扁（胃腸功能弱）   2.尖窄（胃腸消化弱）

    3.鼻準肥大寬闊（胃腸腫瘤）   4.鼻準斑點（胃出血）

    5.長痣（胃腸功能弱）   6.長痘（胃腸燥熱）

    7.發暗青色（胃腸不適）

三、鼻翼：長痣（胃腸潰瘍）

四、懸壁：長痣（便秘、瀉肚）

五、嘴巴

    1.唇薄（晚年胃腸功能弱）

    2.色澤紫黑（十二指腸潰瘍）

六、氣色：臉呈枯黃不透光

重點提示：鼻準圓特大特小，都是腸胃疾病的原始表徵。

肺支氣管疾病

一、印堂

    1.眉頭雜毛交瑣（氣管功能弱）

　　2.長痣（扁桃腺腫大症）

　　3.淚堂眼袋鰲黑凹陷（鼻子過敏）

二、鼻子

　　1.鼻孔井灶特小（氣管功能弱）

　　2.鼻翼長痣（氣管功能弱）

三、顴骨

　　1.左顴長痣（氣管功能弱）

　　2.兩顴粉白（肺結核、肺癆）

四、氣色：臉呈粉白不透光

重點提示：印堂是肺功能重要對穴。

腎臟、生殖與泌尿疾病

一、眼睛

　　1.眼袋鰲黑（腎臟虛弱）

　　2.眼窩凹陷（腎臟虛弱）

　　3.眼神耗弱視脫（腎臟虛弱）

　　4.眼球含水（內分泌失調）

　　5.眼球乾澀（腎水不足）

二、鼻子

　　1.準圓尖窄（腎水不足）　　　2.鼻孔特大（膀胱功能弱）

　　3.鼻孔特小（睪丸炎）　　　　4.鼻中膈長痣（腎臟病變）

三、人中
1.歪斜（子宮後曲）　　2.短淺（子宮功能弱）
3.橫紋（生殖系統疾病）　4.長痣（生殖系統疾病）
5.長痘（子宮卵巢病變）　6.周圍長痣（婦科分泌異常）

四、法令
1.紋淺斷續（尿酸痛風）
2.無法令紋（泌尿系統差）
3.周圍長痣（泌尿系統結石）

五、命門
很多直細紋色青蠟黃（腎虛）

六、耳朵
1.偏小（頻尿）
2.反耳骨無垂（泌尿系統差）
3.耳垂痣（泌尿系統差
4.耳色澤暗黑（糖尿病症）

七、氣色
臉呈暗黑色不透光（洗腎）

重點提示：人中、法令紋、耳朵是腎氣所在，生殖與泌尿系統疾病與這三個部位息息相關。

婦科疾病
一、額：細紋多（血氣不足）

二、眉毛：交鎖雜亂色枯（血氣不足）

三、眼睛
　　1.四周氣晦暗（內分泌失調）
　　2.淚堂偏青或黑（內分泌失調）

四、鼻子；鼻樑長痣（中年婦科疾病見常）

五、人中
　　1.歪斜（子宮後曲）
　　2.短淺（子宮功能弱）
　　3.橫紋（生殖系統疾病）
　　4.長痣（生殖系統疾病）
　　5.長痘（子宮卵巢病變
　　6.周圍長痣（婦科分泌異常）

六、嘴巴：唇線消失周圍白霧（子宮糜爛）

七、耳朵：反耳骨無耳垂（子宮機能弱）

八、氣色：臉呈枯黃皮皺

重點提示：鼻樑與人中痣是婦科疾病重要指標點，其次為眼袋氣色。

難產之相
　　1.額頭骨偏寬高凸。
　　2.笑時上牙齦明顯外露。

重點提示：孕婦額頭骨偏寬高凸，須注意胎兒胎位不正問題。

產難之相

    1.額頭骨偏寬高凸。   2.笑時上牙齦外露。

    3.淚堂偏暗。   4.產期屆臨額頭呈烏黑。

    5.丈夫奸門呈青灰之氣色。

重點提示：產難孕婦額頭灰濛，是血小板不足的表徵，最易血崩。

意外身故之相

一、額頭：氣色如烏雲罩頂不亮

二、眼睛

    1.眼形不對稱：一大一小／一高一低

    2.眼神偏差：驚露／睛凸／耗濁／呆滯／斜視／飄浮

      ／三白眼／四白眼／紅絲貫瞳

三、鼻子：

    1.山根低陷狹窄   2.鼻樑彎曲結節

    3.鼻樑歪斜   4.鼻樑紋痕入侵

    5.相關人之相理

    父母：／無陰騭紋／地閣短窄／地閣氣色晦暗。

    兄弟：／眉毛一高一低／眉中長痣／斷眉。

    配偶：／上中停當陽破陷／尖門氣色暗黑。

    子女：／髮際低陷不齊／額頭有痣紋痕。

重點提示：

    1.眼睛形神氣破陷者，最易意外身故。

2.身故之年以流年明九暗九居多。

尋短者相理分析：

一、額頭：氣色晦暗不亮

二、印堂
    1.兩眉交瑣   2.氣色暗黑

三、眼睛
    1.眼神耗濁呆滯   2.神情脫視若有所思

四、氣色：晦暗無光

五、動態體相：移步緩慢

重點提示：尋短者眼氣暗而無神見常。

出身名望者相理分析：

一、額頭
    1.髮際平整   2.額頭寬闊無紋

二、印堂：開闊無紋無痣

三、眉毛：清秀居額

四、眼睛
    1.眼瞼盈鼓開闊   2.眼形秀正對稱
    3.眼神定而清朗

五、鼻子：鼻樑高寬有勢

六、耳朵
    1.耳朵偏大而厚
    2.耳形端正子午相朝
    3.耳色白皙

七、皮膚：細皮嫩肉肌膚白

八、氣色：白裡透紅潤澤明亮

九、聲音：氣舒而緩

十、相關人之相理
    1.妻子山根偏高   2.父母下巴飽滿
    3.子女額頭寬大

重點提示：論出身背景應以上停及眉眼為主要觀論點。

出身寒微者相理分析
一、額頭
    1.髮際不平整   2.額頭天倉低窄
    3.有傷痕、抬頭紋

二、印堂
    1.狹窄不開闊   2.有雜紋

三、眉毛
　　1.散而零亂　　　　　　2.眉壓眼

四、眼睛
　　1.眼窩凹陷　　　　　　2.眼形短圓無裁
　　3.眉壓眼　　　　　　　4.眼波多層
　　5.眼神不足　　　　　　6.眼神睜露睛浮不定

五、鼻子：鼻樑低陷短小

六、耳朵
　　1.耳朵偏小　　　　　　2.耳形廓反輪飛
　　3.耳色晦暗黑無澤

七、皮膚：粗糙偏黑

八、氣色：氣暗透光性不足

九、相關人之相理
　　1.妻子山根偏低偏短
　　2.父母中停不佳

重點提示：論出身背景應以上停及眉眼為主要觀論點。

白手起家之相理分析
一、額頭
　　1.額低窄或髮際不齊
　　2.有紋痕痣

　　3.有明顯之伏犀紋、偃月紋、華蓋紋

二、印堂
　　1.有八字紋或旗杆紋
　　2.兩眉退印堂

三、鼻子
　　1.鼻骨貫天庭　　　　2.山根偏低
　　3.年壽隆起　　　　　4.鼻準高厚

四、眉毛
　　1.眉毛清秀　　　　　2.符合龍眉八要之相理

五、眼睛
　　1.眼形秀正　　　　　2.眼珠黑白分明
　　3.神足有餘　　　　　4.真光含藏

六、耳朵：耳貼後腦

七、人中：寬深長正

八、法令：深寬秀長

九、嘴巴
　　1.開大合小　　　　　2.唇形上下相稱

十、地閣
　　1.開闊飽滿　　　　　2.閣骨微朝

十一、聲音：宏亮清潤

十二、相關人相理
　　　1.父母親：上中停相理有瑕疵、下停飽滿開闊。
　　　2.妻子：眼神定而和惠、山根偏低、準圓厚實、地閣開闊。
　　　3.兄弟姐妹：眉形秀麗、顴骨凸起無破陷。
　　　4.子女：眼神和樂不驚慌、耳朵形偏小、額頭高寬髮際整齊、皮
　　　　膚偏白、肉質細嫩。

重點提示：子女以最小兒女做定論。

敗家子之相理分析
一、額頭
　　　1.寬廣無奇骨　2.髮際不平整　3.額頭受傷

二、印堂：雜紋、雜毛入侵印堂

三、眉毛：眉尾散而不聚

四、眼睛
　　　1.眼形圓偏大　2.眼珠黑白不分　　3.神飄不定
　　　4.神耗而濁　　5.眼神睜露或過強銳

五、耳朵：耳骨反廓

六、鼻子：
　　　1.鼻樑見結　2.鼻樑高而乏肉　　3.準圓尖削
　　　4.兩翼不張　5.有惡紋痣斑痕

七、顴骨

兩顴不起凹陷，性格優柔寡斷，事業難有大成，即使有官運也不佳。

八、法令

1.斷續不秀　　2.法令紋內縮

3.螣蛇鎖口　　4.法令紋痕特顯

九、嘴巴

1.唇薄嘴小　　2.嘴角無弦　　　3.唇色紫暗

十、地閣：

1.消瘦偏窄　　2.閣骨短縮不朝　　3.有惡紋痕痣

十一、相關人之相理

妻子：／鼻子低陷而短／地閣尖削／聲音噪濁。

兒女：／額頭破陷。

父母：／下巴相理差／媽媽聲音粗濁語急。

重點提示：上停相理優於中停相理，中下停相理多破陷。

少年得志之相理分析

一、額頭

1.髮際整齊不壓額　　2.額頭寬廣形如覆肝

3.有日月角骨或奇骨　　4.無惡紋痣斑痕

二、印堂

1.開闊平整　　2.鼻骨貫天庭　　　3.無惡紋痣斑痕

三、眉毛
　　1.兩眉退印　　　2.眉形微揚
　　3.眉尾有聚　　　4.眉貼柔順

四、眼睛
　　1.眼形秀正　　　2.眼神定而足

五、鼻子：山根高寬

六、氣色：黃明潤亮

七、耳朵：耳色白皙光亮

八、氣色：黃明潤亮

重點提示：少年得志者，上停相理特優，眉毛揚起、眼神明亮不飄。

中年發達之相理分析
一、額頭：有二至三條平行橫紋

二、印堂
　　1.印堂寬闊眉不交鎖　　2.無惡紋痣斑痕

三、眉毛
　　1.眉形清秀　　　　　　2.眉毛微揚（31歲起運）
　　3.眉毛平眉（35歲起運）

四、眼睛
  1.眼形秀正對稱　2.眼睛黑白分明　3.眼神定而明亮

五、鼻子
  1.山根不塌不橫斷　　2.鼻樑挺起有勢
  3.準圓豐隆厚實　　4.無惡紋痣斑痕

六、顴骨：兩顴骨起而對稱

七、耳朵
  1.耳貼不懸張　　2.耳正形正色白

八、人中：寬深長正

九、氣色：黃明潤亮

十、相關人相理
  1.母親地閣開闊飽滿
  2.妻子鼻子高起、地閣飽滿
  3.兄弟眉毛秀麗
  4.子女眼神和惠、額頭高而寬

重點提示：中年發貴者，鼻顴耳三者貫氣，中停相理特佳。

晚年昌隆之相理分析
一、眼睛
  1.眼睛黑白分明　　2.眼神定而明亮
  3.眼神不濁不飄

二、鼻子
　　1.鼻樑形正　　2.鼻準不壓人中

三、人中：寬深長正

四、法令：紋理寬深秀長

五、嘴巴
　　1.上下唇相稱　　　　　2.嘴大而開合則密
　　3.唇色微紅如含丹

六、地閣
　　1.兩頤豐盈　2.閣骨寬闊微朝　3.無惡紋痣斑痕

七、氣色：黃明潤亮

八、相關人相理
　　1.妻子地閣飽滿
　　2.子女眼神和惠、額頭高而寬

重點提示：下停相理特佳，聲音有韻不急不緩不嘶。

富裕者之相理分析
一、額頭
　　1.額頭寬廣　　　　　　2.伏羲紋紋尾朝上

二、印堂：開闊平整、無惡紋痣斑痕

三、眉毛
　　1.眉頭退印　2.眉尾尾聚　3.眉毛有光彩

四、眼睛：明亮神足

五、鼻子
　　1.鼻樑高起　2.準圓圓大　3.無惡紋痣痕

六、顴骨：兩顴骨起

七、耳朵：耳朵氣色白皙

八、法令：紋路秀而寬

九、嘴巴：
　　1.上下唇相稱
　　2.嘴大而開合則密
　　3.唇色微紅如含丹

十、地閣
　　1.兩頤豐盈　2.閣骨寬闊微朝　3.無惡紋痣斑痕

十一、語音：說話不急不徐音韻有韶

十二、氣色：黃明潤亮

十三、相關人之相理
　　1.妻子地閣飽滿

　　2.子女額頭高而寬

　　3.手足眉毛秀麗不亂

重點提示：三停六府勻稱，眼睛明亮，氣和音輕。

貴氣者之相理分析

　　與富裕者相理類似，最大差異在：

一、眼睛散發出溫柔祥和之眼神。

二、舉止高雅而雍容華貴。

三、氣色黃明潤亮呈玉白之色。

重點提示：貴氣之人，神清，氣清，聲清。

貧窮人之相理分析

一、額頭

　　1.低而窄無奇骨　　2.髮際壓天倉　　3.抬頭紋零亂

二、印堂

　　1.印堂狹窄，有雜紋　　2.氣色晦暗不亮

三、眉毛

　　1.眉頭縮鎖　　　　　2.眉毛壓眼睛

　　3.眉毛逆亂　　　　　4.眉尾不聚

四、眼睛

　　1.眼珠黑白不分　　2.兩眼神不足

　　3.眼氣色昏濁

五、耳朵
　　1.耳懸張無珠　　　　2.色澤灰濛

六、鼻子
　　1.鼻短塌陷　2.鼻樑見結　3.僅骨乏肉
　　4.準圓尖削　5.兩翼不張　6.有惡紋痣斑痕

七、顴骨
　　1.兩顴不起　2.兩頤削窄　3.雜紋破顴

八、法令
　　1.斷續不秀　2.螣蛇鎖口

九、相關人相理
　　1.妻子：鼻子低陷而短、地閣尖削、聲音噪濁
　　2.子女：額頭破陷、眼神乏力
　　3.手足兄弟：眉不秀、眉六害

重點提示：六府不匀稱，當陽多破陷，講話聲相不佳。

近期破財之相理分析
　　一、印堂：雜赤色氣。
　　二、眼睛：失去明亮。
　　三、鼻子：冒痘痘，氣色黑朦。
　　四、顴骨：冒痘痘，氣色黑朦。
　　五、氣色：赤紅或偏青晦暗。

重點提示：以氣色為主要觀論，在檢視流年部位是否有缺陷。

會被倒債之相理分析

一、印堂：眉頭上緣有痣、橫紋、傷痕

二、眉毛：
    1.眉尾散亂不聚　　　　2.傷痕劃破眉毛

三、眼睛：
    1.眼白長痣　2.眼睛神弱　3.眼不聚焦

四、鼻子
    1.山根橫斷　　　2.鼻樑歪斜
    3.鼻樑、準圓、鼻翼有痣紋痕
    4.鼻孔朝天　　　5.準圓壓人中

五、顴骨
    1.斜紋破顴　　　2.有痣痕斑

六、嘴巴
    1.唇齒不相依　　2.嘴巴不正

重點提示：
    1.當陽破陷加六曜失陷。
    2.檢視有缺陷之部位便是破財損業之流年。
    3.債被倒之當時印堂呈赤雜氣色。
    4.倒債者與被倒債者之相理相似。

升官進財者相理分析

一、額頭：日月角及遷移宮氣色明亮透光

二、印堂：
　　1.開闊平整無雜紋　　2.氣色瑩亮發光

三、眉毛
　　1.眉頭退印　　2.眉毛有光彩

四、眼睛：神足有餘

五、鼻子：氣色黃明潤亮

六、顴骨：氣色黃明潤亮

七、嘴巴：唇色微紅如含丹。

重點提示：陞官者臉上會發出明熠氣色，眼睛神定，一副神清氣朗之相。

婚期喜訊之相理分析

一、額頭：氣色微紅

二、眉眼：展現眉開眼笑之喜悅感

三：奸門：氣色嫣紅

四：言語
　　1.言語羞澀又興奮　　2.話語欲語還休
　　3.微笑羞怯　　　　　4.臉頰泛紅

重點提示：喜訊完全從氣色與眼神反射之。

婚姻幸福之相理分析

一、印堂
  1.開闊　2.無紋痣痕痘斑　3.氣色明潤

二、眉毛
  1.眉秀柔順　2.眉尾有聚　3.無散亂斷

三、眼睛
  1.兩眼形對稱　　　2.眼珠黑白分明
  3.眼神和惠不怒　　4.眼睛四周氣色明朗

四、奸門
  1.無散亂惡紋、痣、斑
  2.約二至三條魚尾紋偏向眉尾

五、鼻子
  1.鼻正不偏　　　2.鼻無惡痣痕紋
  3.鼻不宜過長或過短　4.鼻準不尖窄

六、嘴巴
  1.歡待紋明顯　　2.唇角微揚
  3.唇色朱紅　　　4.唇不偏厚或薄

七、氣色：明亮有光澤

八、相關人相理
    1.兒女眼睛明亮神定，額頭無破陷
    2.父母下巴相理沒缺陷
    3.兄弟：無眉六害

重點提示：觀論男女婚情，神祕十字帶是重點。

婚姻不幸福之相理分析

一、額頭：
    1.髮尖沖印堂　　2.明顯傷痕　　3.當陽疣痣

二、印堂
    1.眉頭交鎖　　　2.有雜紋、疤痕、疣痣侵印

三、眉毛
    1.眉形逆亂　　2.眉身中斷　　3.毛薄脫落
    4.眉尾不聚　　5.眉稀疏　　　6.眉痕痣

四、眼睛
    1.眼形不對稱　　　　2.一高一低
    3.一大一小　　　　　4.眼神耗弱視脫
    5.神似昏昏欲睡　　　6.眼神強銳如怒
    7.眼白痣　　　　　　8.眼睛黑白不分
    9.眼珠含水神流波泛　10.眼珠乾澀眨眼頻仍
    11.眼睛四周氣暗不朗

五、鼻子
    1.鼻樑僅骨無肉　　　2.鼻樑起伏不順

　　3.鼻樑歪斜不正　　　　4.鼻子有痣紋痕
　　5.鼻樑特長或特短

六、法令
　　1.紋斷、紋亂、紋不秀　　　2.紋鎖口（女主非原配）

七、嘴巴
　　1.嘴唇鬆弛不收　　2.唇薄齒露不相依
　　3.嘴如鷹啄、嘴巴特小

八、相關人相理
　　子女：額髮破陷、眼珠閃爍不定、眼神不足。

重點提示：眼睛破陷不符相理者，三七、三八歲流年尤甚，婚情不穩定，神祕十字帶會顯示出來。

外遇者相理分析

一、額頭：氣色為泛紅

二、眼睛
　　1.睛珠特別明亮　　2.眼神飄浮不定
　　3.眼眶泛赤氣色　　4.眼睛時而泛水
　　5.眼白泛紅

三、奸門
　　1.魚尾紋多而雜　　2.有暗痘浮現

四、鼻子：鼻樑有痣

五、嘴巴
　　1.不經意時而舌唇舔動
　　2.唇角濕沫
　　3.稜角嘴又嘴唇鮮紅。

重點提示：眼神霎間神飄珠移者尤驗。

居家安定（財產支配力）之相理分析：

　　（分少年、中年、晚年）
一、少年以額頭為主
　　1.髮際平整，忌形如鋸齒狀、美人尖、額低窄。
　　2.額頭寬闊表皮平滑，忌亂紋、疤痕、當陽痣、日月角骨高低不
　　　對稱。
　　3.山林髮際開而退，忌髮際壓山林、驛馬與天倉。

二、中年以中停為據
　　1.眉毛形秀有彩、位居額頭，忌眉散亂不聚、眉壓眼。
　　2.眉心田宅微鼓豐盈，忌眼窩塌陷。
　　3.眼睛形秀、明亮而定、兩眼對稱，忌神昏神濁、如醉如癡如
　　　睡。
　　4.鼻形高寬厚實、準圓明亮，忌鼻樑歪斜、鼻短孔朝、準圓灰
　　　濛。

三、晚年以下停做觀論
　　1.法令深、寬、秀、長，忌斷續、雜亂、鎖口。
　　2.嘴巴開大合小、稜線分明、色如含丹，忌唇口不依、唇鬆齒
　　　漏。
　　3.地閣開闊、閣骨微朝，忌地閣尖削、骨縮骨短、亂紋惡痕痣浮

現。

重點提示：眼濁不清、體態怪異、衣衫不整者，居家不定，財產支配力準此分析。

人際關係之相理分析

　　1.與父母、師長之關係：

　　（1）髮際高而平整，忌髮際低窄、髮尖或形如鋸齒。

　　（2）額頭開闊、光亮平整，忌額頭窄縮、疤痕、亂紋與惡痣。

　　2.與兄弟朋友之關係：

　　（1）眉毛形秀不破陷，忌眉尾下垂、形亂、眉斷、眉脫落。

　　（2）顴骨對稱、微微凸起、隱圓無缺陷，忌（不宜）低平、斜紋、疤痕、惡痣。

　　3.與配偶之關係：

　　（1）當陽十三部位無破陷。

　　（2）三停當陽中下停失陷，依序為中晚年關係不好。

　　（3）眉毛形秀符合八要要求，忌眉亂、眉散、眉稀疏、眉痕、眉痣。

　　（4）眼睛形、神、氣佳好無破陷，忌形不對稱、神不定、氣色昏濁。

　　4.與子女部屬之關係：

　　（1）法令紋寬深秀長，忌法令紋斷續不接、痕痣壓紋。

　　（2）嘴巴宜方正不偏、厚薄相稱，忌：唇不著齒、嘴角歪斜或如覆舟、嘴鬆唇薄。

　　（3）地閣寬闊飽滿無缺陷，忌地閣尖削陷縮、有水波紋、惡

痕、惡痣、惡斑。

重點提示：
　　1.人際關係以神祕十字帶部位做檢視，相理好，人際關係好。
　　2.印堂、眼睛與鼻子是人際關係重點中的重點。
　　3.鼻樑歪斜、結節起伏，顴骨不起者，是人際關係的受害者。

幫夫運（貴夫人）之相理分析：
一、額髮
　　1.髮際平整　　2.髮質細柔
　　3.額寬闊適中　　4.無惡紋痕

二、印堂
　　1.天柱骨隱約可見　　2.兩眉不迫印堂
　　3.表皮平滑　　　　4.氣色光亮明潤
　　5.無惡紋痕痣斑

三、眉毛
　　1.眉形清秀　2.眉頭退印　3.眉貼柔順

四、眼睛
　　1.眼形秀正對稱　　2.眼神定而和惠
　　3.神帶笑意而不邪　　4.眼睛氣色清朗明亮

五、鼻子
　　1.山根高寬　　　　2.年壽骨起如柱
　　3.準圓圓潤厚實　　4.兩翼微開
　　5.井灶不露　　　　6.無惡痕惡痣

六、耳朵
　　1.厚長而　　　　　　　2.色白於面

七、人中
　　1.上窄下寬　　　　　　2.深長而正

八、嘴巴
　　1.形狀端正　　2.嘴角微揚　3.上下唇相稱
　　4.歡帶紋明顯　5.氣色丹紅

九、法令：紋秀不雜亂

十、地閣
　　1.地閣飽滿　2.地閣骨隱約可見　3.骨肉相稱

重點提示：凡有幫夫運者，無不鼻子高寬厚實，眼神柔中藏威。

貴婦儀容舉止及相理分析
「女子端好儀容，緩步輕如出水龜；
行不動塵言有節，無肩定做貴人妻」
　　　及
「天庭端正五官平，口若塗朱行步輕
　含庫豐盈財祿厚，一生常得貴人憐。」

重點提示：
　　1.皮膚色白細嫩，兩肩寬平不縮不聳。
　　2.聲音宜潤不宜噪，宜清不宜濁。
　　3.話語宜少不宜多，宜緩不宜急。

缺乏幫夫運之相理分析

一、額頭

1.髮際不平整　　　　2.髮質粗而枯焦
3.額過於寬闊或低窄　4.額頭有惡紋痕痣

二、印堂

1.兩眉侵迫印堂　　　2.表皮粗糙不平滑
3.氣色晦暗不亮　　　4.印堂有惡紋痕痣斑

三、眉毛

1.眉形散亂不秀　　　2.眉頭小角雜毛
3.眉稀尾疏　　　　　4.眉毛粗濃
5.眉毛壓眼

四、眼睛

1.眼形不秀不正不對稱　2.眼窩深陷
3.眼瞼拋腫　　　　　　4.三白眼鬥雞眼
5.眼神不定似驚　　　　6.眼神飄浮珠光不聚
7.眼神情如愁如哭如驚如困　8.眼睛氣色混濁不清朗

五、鼻子

1.山根低陷不起　　　2.年壽見結
3.鼻柱彎斜　　　　　4.準圓尖窄或平扁
5.井灶外露　　　　　6.鼻子有惡痕惡痣

六、耳朵

1.小薄不貼　　　　　2.城廓不分

七、人中：歪斜淺短

八、嘴巴
　　1.嘴角歪斜　　　　　　2.唇緊嘴繃
　　3.嘴唇鬆弛　　　　　　4.上下唇不相稱

九、法令：紋雜斷續不秀

十、地閣
　　1.地閣狹窄　　　　　　2.地閣骨內縮
　　3.骨肉不相稱　　　　　4.惡痕痣紋斑

十一、皮膚
　　1.色澤偏黑乏光彩　　　2.膚質粗糙

重點提示：
　　女生語音急而多噪，濁而不清，有傲僻急躁之特性，是為敗家之主因。

雙夫命之相理
　　一、眼梢上揚，後眼瞼鼓起。
　　二、額頭當陽長痣，鼻樑也長痣。
　　三、眼睛三白，嘴唇呈稜角狀或偏斜。
　　四、法令紋壓嘴角，懸壁（嘴角外側）稍陷。
　　五、雙法令紋或紋雜而亂。
　　六、手掩其嘴，常顯笑臉迎人。
　　七、眼睛圓大，目不聚焦，眼飄神流。
　　八、眼瞼偏薄，氣色赤紅。

重點提示：上列項目同時具有兩項者，是為雙夫命之相，另一般雙夫命之手相，婚姻線都是開岔見常。

父母對子女遺傳之不好相理分析

一、眉毛

    1.兩眉交鎖   2.眉形雜亂

    3.小角揚眉   4.眉尾不聚

    表示父母常酗酒、動怒

二、眼瞼

    1.眼瞼痣   2.眼窩痣。

    表示父母腸胃宿疾

三、眼瞼塌陷：表示父母出身貧窮

四、眼睛

    1.眼形不對稱   2.眼神耗濁不清

    3.眼神驚露不定   4.眼神飄浮不定

    5.眼神視邪或斜、睜露

    （以上意味母親遭精神虐待，父母舉止狂悖不羈）

    6.眼袋黧黑（父母過敏性遺傳體質）

五、鼻子

    1.鼻樑塌陷偏短：父母貧窮

    2.鼻樑雜紋：父母健康不佳

    3耳朵偏小：父母其一泌尿功能弱

重點提示：

    1.父母施氣霎那決定了子女之一生。

    2.父母身心情況會垂直影響小孩。

    3.父母身心兩全所育子女相理相對為好，反之為劣。

急躁個性者之相理分析

一、額頭

    1.髮際見尖不齊　　2.額頭明顯傷痕

    3.額頭明顯痣疣

二、眉毛

    1.小角揚眉　　　2.眉粗而散亂

    3.眉毛壓迫眼睛　　4.眉尾稀疏不聚

三、眼睛

    1.眼形短圓　2.眼波多層不秀　3.睛珠外露

    4.目露睛光　5.眼飄神驚

四、鼻子

    1.山根狹窄　2.鼻樑短小　3.鼻翼不張

五、耳朵

    1.耳小無珠　2.輪飛廓反　3.耳朵懸張

六、法令

    1.紋路多條　2.斷續不秀　3.法令紋淺

七、人中：歪斜淺短

八、嘴巴
1.上唇短薄　2.嘴如鷹啄　3.外弓牙、鬼牙。

重點提示：皮膚色白較皮膚色黑者急性子，語多湍急、聲揚而噪者性多急。

傲僻不群之相理分析

一、額頭：
1.額骨大而懸凸　　　2.額頭低窄壓印

二、印堂
1.明顯爪字紋　2.懸針紋特深　3.印堂眉鎖

三、眉毛
1.眉形特揚　2.眉身尖短　3.眉特稀疏
4.眉骨凸出　5.眉毛壓眼

四、眼睛
1.眼瞼特凸或深陷　　2.眼細長睛露三白
3.眼珠斜飄瞬間移轉　　4.珠光特亮顯露驚慌

五、鼻子
1.鼻樑特長而高　　2.鼻樑高挺曲折
3.準圓尖鼻翼偏小　　4.準圓歪斜不對正
5.準圓如鉤壓人中

六、顴骨
1.兩顴平塌骨不起　2.顴肉橫生　3.明顯破顴紋

七、耳朵：耳反無垂珠

八、嘴巴
    1.嘴唇特薄　　　　　2.嘴角下朝如覆舟
    3.抿嘴如鷹啄　　　　4.牙內弓參差不齊

九、法令
    1.明顯粗直紋　　　　2.紋路極深而長

十、懸壁（臉頰）：深陷削窄

十一、地閣：地閣骨削窄

重點提示：貧者傲其志，賤者傲其性；傲僻急躁，非富貴之相。

當下宜投資之相理分析
一、額頭：中正驛馬宜明亮，不宜晦暗。

二、印堂
    1.表皮平滑不宜長痘　2.氣色明亮照人

三、眉毛
    1.睽計都不宜長痘　　2.眉毛不宜脫落

四、眼睛
    1.神定睛亮，不宜驚慌神飄
    2.眼睛分明、不宜神耗烏濁

五、鼻子
1.鼻樑清淨無雜色斑痘
2.準頭瑩亮剔透忌灰濛

六、顴骨：顴骨光整不宜長斑痘

七、法令：不宜長痘

八、地閣：氣色明亮不宜暗滯或長痘

重點提示：
1.以六曜部位觀論為主。
2.用九執流年法輔助推論。

出外旅遊之相理分析

一、額頭：
1.中正光亮無痘痘　　2.遷移宮氣色明潤

二、印堂：印堂明亮鑑人無痘痘

三、眼睛：四周氣色清朗

四、鼻子
1.鼻樑潔淨無蒙塵　　2.鼻準圓明潤透光

重點提示
1.出外旅遊以觀氣色為主。
2.忌氣色晦暗不清及長痘。

3.眼瞼有痣痕痘者旅遊會鬧烏龍事件。

考運相理之分析
一、額頭：
    1.額頭高寬、髮際平整。
    2.流年部位無痣、痕、痘、斑、髮尖、亂紋等。
    3.氣色黃明潤亮。

二、印堂：
    1.兩眉退印   2.表皮無破陷   3.氣色如蛋清熠熠透光

三、眉毛
    1.眉清不亂   2.眉秀不散

四、眼睛：
    1.眼神定而亮   2.眼睛四周清朗

五、鼻子：鼻準晶瑩剔透發亮

重點提示：
    1.額頭破陷者求學過程會不順暢。
    2.考運當以氣色為主宰。
    3.七十五與九執流年部位不宜失陷。

好會計之相理分析
一、上停
    1.額宜寬不宜窄。   2.印堂宜清不宜雜。

二、中停
    1.眉尾宜聚不宜散。   2.鼻樑宜直不宜斜。
    3.山根宜高不宜塌。   4.鼻準宜大不宜小。
    5.眼形宜正不宜偏。   6.眼神宜定不宜飄。

三、下停
    1.法令宜深秀不宜淺亂。
    2.嘴巴宜正不宜歪。

重點提示：
    1.掌財務者首重操守，操守看鼻眼。
    2.進帳大小看鼻準，鼻準是財庫。
    3.理財重原則，法令是原則所在。

好鄰居之相理分析

一、印堂
    1.兩眉退印堂：忌交鎖。
    2.開闊平整：雜紋痕侵印。

二、眼睛
    1.眼神定而惠：忌神飄神散神濁。
    2.眼睛氣色明朗：忌眼睛凹陷赤暗不清。

三、耳朵：肥厚且貼：忌耳朵懸張或反廓無城。

四、鼻子
    1.鼻樑宜端正：忌鼻歪、鼻塌、鼻伏吟。
    2.鼻準開而肥厚：忌鼻翼不張。

五、懸壁：兩頤肉貼豐盈　忌臉頰凹陷無肉。

六、嘴巴：嘴唇宜寬有收且端正　忌唇薄、唇尖、嘴歪、唇齒不依。

七、地閣：形開闊骨上朝　忌地庫削窄短縮。

重點提示：
　　1.行有好友相伴，住必有好鄰居相比鄰。
　　2.好鄰居之相理與下停的相理成正比。

歇斯底里之相理分析

一、髮際：
　　1.髮際不平整　　　　2.髮尖沖印堂

二、眉毛：
　　1.小角揚眉　　　　　2.眉質粗而不柔
　　3.眉身黑濃而長　　　4.眉稀疏眉尾見白
　　5.眉毛起自鼻山根　　6.眉毛壓眼睛

三、眼睛
　　1.眼睛圓大而凸　　　2.眼成三角如鷹目　　3.眼窩深陷
　　4.眼睛黑白不分　　　5.氣色偏昏暗

四、鼻子
　　1.鼻樑骨露　　　　　2.鼻準狹窄
　　3.鼻翼不張　　　　　4.山根高而窄

五、嘴巴
　　1.嘴唇帶珠　　　　　2.嘴尖唇繃

五、懸壁：臉頰凹陷不鼓

六、地閣
　　1.閣骨不開闊　2.僅骨乏肉　3.下巴尖錐形

論神
相眼十訣：
　1.視遠者智。　2.視下者毒。　3.視平者德。
　4.視專者狠。　5.視反者賊。　6.視流者奸。
　7.視注者愚。　8.視斜者陰。　9.視狹者妬。
　10.視歉者愧。

論神有餘：
1.眼光清瑩。　2.眉秀而長。　3.容色神清。
4.目不斜視。　5.久視不脫。　6.遇變不耗。

論神不足：
1.似醉非醉。　2.不愁似愁。　3.似睡非睡。
4.不哭似哭。　5.不畏似畏。　6.容止昏亂。
7.神色凄愴。

重點提示：
　　神居內形不可見，氣以養神為命根，
　　氣壯血和則安固，血枯氣散神光奔，
　　莫標清秀心神爽，氣血和調神不昏，

神之清濁為形表，智愚賢肖最堪論。

論相與心理諮詢（輔導）之差異：

1. 論相是被論者不用開口，便可推論其問題所在，心理諮詢則否。
2. 論相可快速提供解答於當事人，心理諮詢則需時間方可為之。
3. 論相可以居主動地位，心理諮詢則是被動地位。
4. 論相沒有後續的追蹤驗證與紀錄，心理諮詢則須記錄追蹤。
5. 論相可對實體之人也可以對照片，心理諮詢則是要面對當事人。
6. 論相一般常人居多，心理諮詢則是以有心理情緒問題者為對象。
7. 論相不需具備證照，心理諮詢需專業知識與證照。
8. 論相範圍較廣，心理諮詢較局限。

論相者具備之條件

1. 有相當之人生閱歷。
2. 有正確之人生觀。
3. 有哲學之素養。
4. 有敏銳之觀察力。
5. 有口才表達能力。
6. 有輔導建設能力。
7. 有多方面學科之基本常識。

看相者忌諱

1. 自己精神不濟不論。
2. 自己心情不佳不論。
3. 自己大喜大怒不論。

4.端重正經不聳言訛詐。

5.心存善念少說負面話語。

論相應謹守與注意之事項

1.場合不對不論。

2.嘈雜地點不論。

3.人多無序不論。

4.對方酒色喜怒不論。

5.對方邪奸不正不論。

6.對方不問不論。

7.年邁老人不論。

8.僧侶教士不論。

9.大限將至不論。

10.孤男寡女不論。

11.居善意之第三者。

12.不介入是非關係人。

三十、結語

一、面相為探索命運之鑰

探索命運，要先知道「命」與「運」的不同。所謂「命」是先天的，受限制的，是不可變的，是老天給的，就是所謂的天命；既然是天命，你只有承受。至於，所謂「運」是後天的，不可限制的，可以改變的；運既然是後天可以改變的，這改變又叫做自覺性的改變，透過本身自覺自省，並身體力行去實踐，提升自我能量。當能量提升到某個層面，從量變達到質變，由貧變富，由賤轉貴，這才是真正扭轉了不好的命，即是所謂的「以運載命」。

二、面相是中國神祕古文化的一環

開場白我們開宗明義的講，面相是中國神祕古文化，它是中國哲學主流的一個旁系，這旁系古神祕裡涵蓋著儒家思想、道家思想與佛家思想：

1.儒家思想：著重於四維八德，三綱五常，教忠教孝，談群己關係，論家庭的維繫，再到大同世界的理想國，重點在於角色的扮演，角色的扮演無不以德行為規範，慎獨行、不二過，不欺暗室，故曾子曰：「吾日三省吾身：為人謀而不忠乎？與朋友交而不信乎？傳不習乎？」要求君子經常反省自己。易經云：「天行健，君子以自強不息。」儒家給世人的教導，真如醒世洪鐘，不外就是要有自省與實踐的功夫。

2.道家思想：崇尚自然，主張清心寡慾，有所為，有所不為，談有與沒有，論陰陽並濟，剛柔並用，恩威並濟／並重／並用／並施（以上擇一），是為黃老之術；道家重養身練功，因此發展出中醫歧黃之術；又道家喜窮天地之理，五術之道於焉而生。

3.佛家思想：談前生今世因果輪迴論，講善根善念與行善，勸諸惡莫作，眾善奉行，以追求無上菩提與極樂世界。佛家認為萬物有生有滅，一切都是借的觀念，肉體是借來的，借給靈修所用，故佛家倡四大皆空，教化眾生要禮敬供養、佈施捨得、持戒忍辱、淨罪集資、生生增上，進而離苦得樂，直至菩提。

三、面相學存在著中國哲學思想的諸多因子

從這角度來說，面相學存在著中國哲學思想的諸多因子，如果說以面相論吉凶福禍，貧富貴賤；不如說，誰懂得這些哲學思想觀，誰就能擁有心理上的「精神長相」；誰有「精神長相」，誰才能擁有很好的五官「物理長相」；職是之故，「精神長相」才是雕塑五官「物理長相」的一把刀。

四、先聖先賢的論述

反對相術先驅荀子《非相篇》謂：「相形不如論心，論心不如擇術；形不勝心，心不勝術。」這句話無意中，為面相術開啟一扇理性論辯的大門；同時也補足面相學在某些立論的不足，且使之立於不敗之地。因此，與其說，以五官看論面相吉凶福禍，不如說，從心相去探索其人之吉凶福禍、貧富貴賤，會來得更貼切有據。

五、「吉吝凶悔」在面相的解讀

1、吉是我們一生追求的主要目標，凶是人人避之惟恐不及的惡，然而吝是凶的朋友，吝能生凶。如果吝於改變，吝於助人，吝於學習、吝於反省、吝於謙讓等等，諸多的吝會讓你缺乏正面能量，所以貴人遠離了你，福神喜神也都遠離了

你。久而久之，從量變到質變，豈能不吉而墮入凶境，如果這些吝嗇者，不墜入凶境，那天理豈又安在？

2、吉是悔的朋友，能悔者可以離凶近吉。故想要持盈保態，就得要從經常自悔自省做起，如能不時自我反省，不時學習，不時的保持慈悲心，知悔則近乎吉。久而久之，你貴人漸多，福氣漸增，你豈能不昌吉？所以「天道酬勤」這個勤字，指的是「吾日三省吾身」的自省功夫，這是所謂「趨吉避凶」的道理所在。

六、面相是古先人生活經驗累積的創發

面相是古先人以無數生活經驗累積，創發出休咎福禍的機制類比。它雖不完全是科學的，但基本上，說它一種經驗累積值，這累積值是屬於統計學的一種。

七、「面相筆記」的緣起

本面相筆記是本於前人研究的基礎上，吸取精華，剔除糟粕，避開玄虛荒誕的內容，沈老師透過上課方式，精要且有系統的，分類講解與歸納，讓面相初學者藉由課堂的講授，進入面相學的領域，一窺面相學的堂奧。同時，也期盼諸位學習者，一起掀開面相古神祕文化的面紗，讓這門老祖先智慧的結晶，薪火傳承，這才是沈老師開班授課最大的殷盼。

三十一、謝誌

　　本筆記由朱文秀小姐摘記自沈老師2013年至2014年，於救國團台南永康面相班課堂講授內容。2014年中老沈因健康因素暫別講台，無法繼續講授聲相、面相12宮、五行形論相、與休咎總歸納課程，然朱小姐為了建構筆記的完整性，自費購買老沈十多年前教學光碟（註：2018年轉為隨身碟），一面繼續自我學習，一面再予補摘記，本面相筆記才有完整的架構與內容。

　　承蒙朱文秀小姐器度寬宏，同意老沈就其原筆記內容，增補修訂後出版。本書得以付梓，老沈藉此特別要向朱文秀小姐，致上最高的謝忱！

國家圖書館出版品預行編目資料

面相筆記／沈全榮主講，朱文秀摘記. --初版.--
臺中市：白象文化事業有限公司，2021.8
　　面；　公分.
ISBN 978-626-7018-06-4（平裝）
1.面相
293.21　　　　　　　　　　　　110010667

面相筆記

主　　講　沈全榮
摘　　記　朱文秀
校　　對　陳盈璇
發 行 人　張輝潭
出版發行　白象文化事業有限公司
　　　　　412台中市大里區科技路1號8樓之2（台中軟體園區）
　　　　　出版專線：（04）2496-5995　　傳眞：（04）2496-9901
　　　　　401台中市東區和平街228巷44號（經銷部）
　　　　　購書專線：（04）2220-8589　　傳眞：（04）2220-8505
專案主編　陳逸儒
出版編印　林榮威、陳逸儒、黃麗穎、水邊、陳婷婷、李婕
設計創意　張禮南、何佳誼
經紀企劃　張輝潭、徐錦淳
經銷推廣　李莉吟、莊博亞、劉育姍、林政泓
行銷宣傳　黃姿虹、沈若瑜
營運管理　林金郎、曾千熏
印　　刷　基盛印刷工場
初版一刷　2021年8月
二版一刷　2023年9月
定　　價　700元